CONG YANG ZHENNING
DAO TU YOUYOU

# 从杨振宁到屠呦呦

## 科学天空里的华人巨星

杨建邺

著

武汉出版社
WUHAN PUBLISHING HOUSE
HAN BOOK 版

(鄂)新登字 08 号

**图书在版编目(CIP)数据**

从杨振宁到屠呦呦:科学天空里的华人巨星/杨建邺著.
—武汉:武汉出版社,2016.6(2020.8 重印)
ISBN 978-7-5430-9737-7
Ⅰ.①从…　Ⅱ.①杨…　Ⅲ.①华人-科学家-生平事迹-世界
Ⅳ.①K816.1

中国版本图书馆 CIP 数据核字(2015)第 317711 号

---

著　　者:杨建邺
责任编辑:王远彦　方　雷
封面设计:刘福珊
出　　版:武汉出版社
社　　址:武汉市江岸区兴业路 136 号　　邮　编:430014
电　　话:(027)85606403　85600625
http://www.whcbs.com　　E-mail:zbs@whcbs.com
印　　刷:武汉中科兴业印务有限公司　　经　销:新华书店
开　　本:787mm×1092mm　1/16
印　　张:16　　字　数:300 千字
版　　次:2016 年 6 月第 1 版　　2020 年 8 月第 5 次印刷
定　　价:32.00 元

---

# 目　录

# 前 言

诺贝尔奖颁发以来，共有9位华人科学家获得诺贝尔奖。他们是物理学家杨振宁、李政道、丁肇中、崔琦、朱棣文，化学家李远哲和钱永健，光纤之父高锟和药学家屠呦呦。他们是华人的骄傲。还有一些名冠全球的华人俊杰虽没获诺贝尔奖，但他们在他们研究的领域里，都是世界最出色的。这本书仅介绍了几位获诺贝尔奖的华人科学家，想从他们的人生历程中，一方面介绍他们所获得的重大成就，另一方面是想由他们的生活、研究的轨迹里，寻找他们获得成就的原因。

谈到他们的成就，最值得庆幸的是，杨振宁和李政道在1956年提出弱相互作用中宇称不守恒一年以后，就迅速获得诺贝尔奖，是诺贝尔奖颁奖史上成果从发表到获奖最快的一次。那年李政道只有31岁，杨振宁也只有35岁，这么年轻就获得诺贝尔奖，而且他们提出的理论预言，改变了整个宇宙时空结构，让全世界科学家非常震撼。

杨振宁更是值得我们注意的一位伟大的物理学家，他被科学界普遍认为是继牛顿、麦克斯韦、爱因斯坦和狄拉克之后，20世纪最卓越的物理学家，他提出的非阿贝尔规范场理论（即杨-米尔斯理论）被认为是当今物理学的“圣杯”。

丁肇中是一位实验物理学家，但是理论上他也有非凡的造就。他在大部分科学家还不相信有第四个夸克存在的情况下，就组织庞大的试验队伍，寻找这个粒子，并取得巨大的成功！

得知他们的卓越贡献之后，我们会深思：他们为什么能够取得这些非凡的成就呢？这也是本书写作重点之一。他们每一个人的经历各不相同，但是他们都有许多共同之处，那就是非常热爱他们所研究的学科，并且从年轻时代就决心为他们喜爱的学科努力学习，努力锻炼自己，在任何不利的情况下，绝不马马虎虎，绝不放松对自己的严格要求。

李政道年纪很小，为了民族的尊严毅然离开温暖舒适的家，来到艰苦的江西求学；由于战乱，他历经风险、四处奔波，终于来到西南联大成为吴大猷的得意门生，为自己创造出一条通向成功之路！

李远哲说过："年轻人应该动手改善不良环境，不能够总是抱怨、发牢骚，更不能怨天尤人，逃避现实。"还说，如果连自己生活中的不利环境都不能改变，何谈在科学事业上作出贡献？这是每一位年轻读者不能不注意的，很多年轻人总是牢骚不断，埋怨这埋怨那，就是不设法自己改善一下不利的环境。

崔琦最喜欢的格言之一就是："只问耕耘，不问收获。"崔琦在普林斯顿大学的同事詹姆斯·韦介绍说，崔琦在物理专业之外有着广博的知识，从不为自己索取什么，总是为他的学生及研究人员操心。他特别相信"信"、"爱"、"望"这三个字，也就是说做人要有信心、爱心、心中充满希望。

朱棣文说："只要我自己觉得有意思，而又有人让我做，我就继续做下去。这样，我们才会看到结果。现在，你搞物理不要期待拿高薪，你搞这一行是为了兴趣。只要有人让你搞，你就做下去。但世事千变万化，如果真的到那时，人家不让你搞了，你就离他而去。你可以对自己说：'也好！我已经尝到了不少的乐趣，我在建设性的严谨思维方面训练有素，我可以应用它去攀登任何其他学术方面的高峰。'就这点来说，对你更有利。所以，你始终没有损失任何东西。"

在这本书里，笔者在这方面写得比较多，也许会让读者耳目一新，给读者带来一些新鲜的空气，振奋自己，仔细计划未来的人生。

# 登上奥林匹斯山顶峰——杨振宁

杨振宁教授是自爱因斯坦和狄拉克之后20世纪物理学出类拔萃的设计师。

美国哲学学会

杨振宁教授

## 幸福的儿童少年时代

1922年的农历8月11日，即公历10月1日（星期日），在安徽省合肥县城西大街西古巷，杨家大院杨武之的家里喜得贵子，这个圆头大脑的男孩就是杨振宁——20世纪伟大的物理学家之一。

杨振宁出生后仅10个月，他的父亲考取了安徽省官费留学美国。此后5年，杨振宁便和母亲生活在一起，两人相依为命。

1923年秋天，杨武之离开合肥，告别妻子和不满10个月的长子，经上海乘海轮到美国旧金山。临行前，他和抱着小振宁的妻子在四古巷居家的窗前拍了一张照片。这可是一张极为珍贵的照片，因为它是杨振宁最早的一张照片。

在父亲留学期间，母亲罗孟华肩负起教育儿子的重任。除了让儿子懂得做人必须三立（立德、立功和立言）以外，从振宁 4 岁时开始教他识字。杨振宁后来回忆说：

> 我 4 岁的时候，母亲开始教我认方块字，花了一年多的时间，一共教了 3000 多字。现在，我所认得的字加起来，估计不超过那个数目的两倍。

罗孟华有很早就辍学的痛苦经历，加之丈夫为了追求知识而离开她和儿子远渡重洋，这使她感受到在学习上严格要求儿子的重要性。有一次，杨振宁在习字时大约心不在焉，把字写得歪歪扭扭，更糟糕的是还写错了几个字。罗孟华十分生气，罚他重写，直到她满意了为止。

杨家大院里有不少小孩子，到杨振宁 5 岁时，杨家请来了一位私塾老先生，来教与他差不多大的一群孩子。杨振宁回忆说："我的家那时是一个大家庭，有好多堂兄弟姊妹。从我五岁那年起，请了一位老先生到家里教我们'读书'。我记得很清楚，念的头一本书是《龙文鞭影》，我背得非常之熟。"

杨武之与妻子和杨振宁摄于厦门（1929 年）

《龙文鞭影》是我国古代非常有名的一本儿童读物，最初由明朝学人萧良有编写，后来由杨臣铮进行增补、修订。全书上下两卷，每卷 15 小节，主要介绍中国历史上的人物典故和逸事传说，四字一句，两句押韵，读起来抑扬顿挫，朗朗上口。

这位私塾先生教了一年之后，

父亲杨武之获得芝加哥大学的数学博士学位，回到祖国。杨振宁的生活，也随之发生了极大的变化。

1928年夏天，杨武之乘海轮回国，在上海登岸。杨振宁和母亲从合肥到上海专程迎接父亲的归来。对于6岁的小振宁来说，爸爸简直是一个不认识的人，他后来在回忆中说："我这次看见他，事实上等于看见了一个完全陌生的人。"但对于母亲来说，那可是让她激动不已的时刻。

杨武之离开祖国去留学时，杨振宁还在襁褓之中，5年过去，儿子已经成了一个漂亮的小孩子，他心中的高兴可想而知。他问这个已经有点陌生的儿子："你念过书没有？"

杨振宁回答说："念过。"

"念过什么书呢？"

"念过《龙文鞭影》。"

杨武之高兴地说："那你就背给我听一听，可以吗？"杨振宁从小聪慧，背书自然不在话下。他流利地背完了之后，杨武之又问："书上讲的是什么意思呀？"

这下杨振宁傻了眼，老师只让他们死记硬背，何尝让他们知道是什么意思啊？他小心地回答说："不知道。"

杨武之并没有责备儿子，反倒送了一支钢笔给儿子。杨振宁从来没有见到这种"自来水笔"，又惊讶，又高兴。

杨武之回国后，厦门大学聘他为数学教授，于是杨振宁随着父母到了厦门，并在这儿度过了幸福的一年。

厦门是海边城市，比起落后的合肥要"现代"多了。杨振宁的回忆是：

> 厦门一年的生活，在我的记忆中是很幸福的。厦门大学的校舍很漂亮。记得教授的住宅设备也很现代化，有抽水茅坑，对我是非常新鲜的。

更大的变化也许是杨振宁进了比较现代化的小学，而不像原来在私塾先生面前整天背经书。那时，厦门大学职工的子弟都在校内设立的一所小学念书。杨振宁在学习中对国文、数学两门课程很有兴趣，成绩很好。但他的手工课似乎并不让人称赞。有一次老师让同学们用泥捏一只鸡出来。他捏好以后大约还十分骄傲地带回家让父母看,以显示他的能耐,但父母却说:"做得很好,是一只藕吧?"

杨振宁听了一定大为泄气。他日后成为一名理论物理学家,恐怕与他"手工不太成功"有关。他后来留学美国时曾经想用一篇物理实验的论文作为博士论文,无奈实验做得实在不理想,只好半途改变决定,做了一篇理论上的论文获得博士学位。

厦门大学位于海滨,隔海相望就是风景美丽的旅游胜地鼓浪屿。每到闲暇之时,杨武之就会带着妻子和儿子到海滨散步。到了海滨,小振宁最高兴的事情就是在海边拾贝壳。大弟杨振平曾写道:"大哥挑的贝壳常常很精致,但多半是极小的。父亲说他觉得那是振宁的观察力不同于常人的一个表现。"

杨振宁在厦门还留下一张珍贵的照片,那是他在厦门鼓浪屿日光岩拍下的照片。从照片上看,他长得胖胖的,十分可爱,他的左手拿的似乎是一顶遮阳帽。从他面部表情上看,他眉头紧锁,嘴唇抿得很紧,显得很不高兴。后来到了1960年,杨武之才道出杨振宁不高兴的真情。杨振宁曾经提到这件事:

> 30多年以后,在1960年父亲与母亲自上海飞到日内瓦跟我团聚以前,三弟翻出这张照片要他们带去给我看。父亲说:"不要带,不带,那天我骂了振宁一顿,他很不高兴。"

杨武之在厦门大学只任教一年,就由他在芝加哥大学的同学请到北平的清华大学数学系任教。1929年秋,杨武之举家北迁,来到文化名城北平。

到了北平以后,杨武之一家住进清华园西端的西院19号。到20世纪30年代西院扩建以后,门牌改为11号。这是西院东北角上的一个四合院。在这所全国知名的学府里,杨振宁度过了他童年、少年和青年前期的8年幸福时光。这对杨振宁的今后一生的道路,应该说影响深远。杨振宁曾回忆说:

> 我们在清华园里一共住了8年,从1929年到抗战开始那一年。清华园的8年在我的回忆中是非常美丽的、非常幸福的。那时中国社会十分动荡,内忧外患,困难很多。但是我们生活在清华园的围

墙里头，不大与外界接触。我在这样一个被保护起来的环境里度过了童年。在我的记忆里头，清华园是很漂亮的。我跟我的小学同学们在园里到处游玩。几乎每一棵树我们都曾经爬过，每一棵草我们都曾经研究过。

清华大学校园里有一所职工子弟学校，在清华园中心地带稍靠东，叫成志学校。杨振宁在这儿读了 4 年小学。

杨振宁除了学习成绩优秀以外，在玩上也自有一套主张，充满了冒险精神，很有刺激性，让一群孩子们佩服得没得说。他是这帮孩子的头，人称“杨大头”。

骑自行车是杨振宁的拿手好戏，平地上骑不算功夫，要在危险兮兮的狭窄的木板桥上冲过去，那才叫做真本领，那才叫做过瘾。他和一帮子朋友最感到过瘾的是从气象台所在的坡顶上，骑车向一座没有栏杆只有两块木板搭成的小桥上呼啸而过。那种刺激，那种风险，那种准确的判断和机敏的技术，真让杨振宁得到一种巨大的精神享受！只是到后来回想起来，才感到后怕，觉得那是一桩极其危险的事情。

除了会玩，杨振宁的学习成绩非常好，在清华园里已经小有名气。学习对他来说，是一件很轻松的事。

1933 年秋，杨振宁考上了崇德中学。这是一所教学质量享有盛誉的教会中学，从初一到高三，共有 6 个班，每个班只招 50 名学生，全校共有学生 300 多名，其中约有四分之一的学生住读。杨振宁的家离学校比较远，因此是住读，每周周末才能回家一次。

在崇德中学，杨振宁受到了良好的中学教育，不仅在数、理、化等自然科学课程中打下了很好的基础，国语和英语也得到良好的训练。杨武之对于如何教育儿子有一套很好的方法。杨振宁对此曾深有感受：

我九、十岁的时候，父亲已经知道我学数学的能力很强。到了 11 岁入初中的时候，我在这方面的能力更充分显示出来。回想起来，他当时如果教我解析几何和微积分，我一定学得很快，会使他十分高兴。可是他没有这样做：我初中一与初中二年级之间的暑假，父亲请雷海宗教授介绍一位历史系的学生教我《孟子》。雷先生介绍他的得意学生丁则良来。丁先生学识丰富，不只教我《孟子》，还给我讲了许多上古历史知识，是我在教科书上从来没有学到的。下一年暑假，他又教我另一半《孟子》，所以在中学的年代我可以背诵《孟子》全文。

父亲书架上有许多英文和德文的数学书籍，我常常翻看。印象最深的是G.H.Hardy和E.M.Wright的《数论》中的一些定理，和A. Speiser的《有限群论》中的许多space groups的图[①]。因为当时我的外文基础不够，所以不能看懂细节。我曾多次去问父亲，他总是说"慢慢来，不要着急"，只偶然给我解释一两个基本概念。

杨振宁。摄于清华园西院11号（1935年）。这时他13岁，从他的眼神可以看出，他已经开始具有相当的自信心，对世界也似乎充满了乐观的期望。

这种"慢慢来，不要着急"的教育思想，以及重视人文科学教育的理念，正是杨振宁身心得到全面健康发展的基础；他日后辉煌的科学成就和高尚的人格，与他父亲的正确教育有着密切的关系。

杨振宁在学习上优秀的表现，尤其是数学上表现的异禀，杨武之早有察觉。1935年，在杨振宁的一张照片上，他亲笔写下了一段话"振宁似有异禀，吾欲字以伯瓌"。这段话中的"伯瓌"，是他父亲给他取的字。对于"伯瓌"两字，香港中文大学童元方教授曾经解释说："'瓌'这个字通瑰奇的'瑰'，多出现在赋里面。比如曹子建的《洛神赋》有'瓌姿艳逸，仪静体闲'的句子。从外在看是美丰仪，从内在看自然是异禀了。《晋书》上记阮籍，就说他是'容貌瓌杰，志气宏放'。'伯'是长子，杨武之在端详十二岁时的长子的

① space groups是"空间群"。

相片，越看越心有所动，而‘欲字以伯瓌’，其期许多深啊！”①

但杨武之并没有拔苗助长，而是全面加强振宁的素质教育。有一天，杨振宁在学校图书馆看到一本名为《神秘的宇宙》的书，他被书中所讲的奇妙的宇宙和最新的研究成果所吸引，所激动，回家竟对父母亲说："将来有一天我要拿诺贝尔奖！"那时，杨振宁 12 岁，上初中才一年左右。杨武之听了也没放在心上，只当作少不知事的儿子一时聊发少年狂的妄语罢了。哪知 23 年之后，一句"妄言"竟成了事实！每思及此，杨武之不免感到世事之微妙。

杨振宁的"异禀"，在清华园里流传很广，人们常常用"杨武之之子"来教育、鼓励自己的儿女。

1937 年，"七七事变"时，杨振宁已经在崇德中学读完高中一年级，放假回到清华园。这时杨振宁的母亲正怀着小儿子振复。考虑到大战在即，杨武之决定将妻子和儿女送到老家合肥，离开势若累卵的北平。他带着全家妻儿，沿途经过天津、南京和芜湖，回到了合肥的故居。

9 月，杨振宁进了合肥庐州中学继续读高中二年级。庐州中学位于大书院（现在的省招待所），原来是省立第六中学，1934 年改名为庐州中学，但一般人仍然习惯地称为六中。开学后不久，大约是 11 月份吧，为逃避日本侵略军飞机的轰炸，庐州中学由合肥迁到合肥南边 70 多里处的三河镇，继续在那儿上课。据说后来停了课。那么杨振宁在庐州中学总共读了大约一个学期的书。

这期间，杨武之把妻儿交给了弟弟杨力瑳后，只身一人来到湖南长沙。在长沙，清华大学、北京大学和南开大学加上中央研究院成立国立长沙临时大学。杨武之就在临时大学任教。好不容易坚持到 1938 年 2 月，完成了一个学期的教学任务。杨武之立即经汉口赶回安徽，在三河镇附近不远的桃溪镇终于与分别近半年的妻儿们会了面，其高兴真个是"相思长有事，及见却无言"。

长沙临时大学于 1 月上旬得到最高当局的批准，迁往云南省会昆明。杨武之据此也决定将全家迁到那儿去。他们共有 10 人（杨武之家的 7 人，弟弟杨力瑳的长女杨振华、长子杨振声和佣人牛妈），浩浩荡荡从桃溪镇出发，经过六安、宿松和湖北的黄梅，过武穴到武汉，然后从武汉乘火车到广州，与临

---

① 这段话见《一星如月·散步》，陈之藩著，黄山书社，2009，17页。

时大学的同事们会聚，再经香港、越南河内到云南河口，最后乘滇越铁路到达昆明。这时已是 1938 年 3 月初。这时三所大学被正式命名为国立西南联合大学。

到了昆明以后，杨振宁进入昆华中学，继续读高中二年级下学期的课程。

## 西南联合大学艰难求学的日子

杨振宁在昆华中学读了半年书，即以同等学力从高二直接报考西南联合大学。在总数有 2 万名的考生中，他名列第二，被西南联大化学系录取。

在西南联大，杨振宁度过了艰苦而又欢乐的 6 年时光，这是他人生道路上极不平凡的 6 年。1988 年 9 月 9 日在南开大学 1988 级新生开学典礼上，他激情地说：

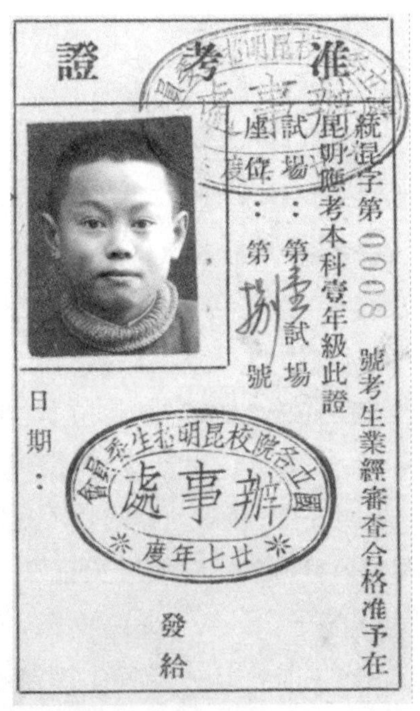

准考證

統混字第 0008 號考生業經審查合格准予在昆明應考本科壹年級此證

試場：第 試場

座位：第 號

日期：

國立各院校昆明招生委員會 辦事處 廿七年度

發給

杨振宁报考大学时的准考证（1938 年）

> 回想在西南联大的情形，我有非常亲切的感觉，而且非常感谢我有那样接受良好教育的机会。……那时全校只有 1000 多人。我们的校舍是非常简陋的，现在还有相片呢，可以看见，宿舍是茅草房子，没有楼房；教室的屋顶是铁皮的，下雨时，丁丁当当的声音不停。教室和宿舍的地面是坑坑洼洼的土地，一个宿舍有 40 个人，就是 20 张上下铺。饭厅里面，没有椅子、没有板凳。那个时候没有什么菜吃，而米饭里面至少有十分之一是沙子。除了这许多困难以外，还有不断的空袭，日本的飞机常常来轰炸，所以有一段时间，我们上课是从早晨 7 点到 10 点，因为差不多 10 点的时候，空袭警报就要来了，然后下午再从 3 点钟上到 7 点。在这

样一个困难情形之下，西南联大造就了非常之多的人才。今天国际上，非常出色的第一流学者中，有科学方面的，有工程方面的，有文史方面的，很多是联大当时造就出来的。联大前后只有8年的时间，所以毕业的学生人数不过3000人，这3000毕业生为世界作出的贡献，是一个惊人的成就。……我一生非常幸运的是在西南联大念过书，因为西南联大的教育传统是非常好的，这个传统在我身上发挥了最好的作用。

由于师资力量强大，再加上联大为学生的全面发展提供了有利的条件，营造了人才培养的良好环境，这就使得联大的3000多名毕业生，除800多名投笔从戎以外，许多人都成为世界一流的学者，如杨振宁、李政道、邓稼先、黄昆、林家翘、朱光亚、王宪钟，等等。

但是西南联大师生们的艰难困苦、英勇卓绝，在现在看来，实在难以想象。

自1938年3月杨武之全家到了昆明以后，他们在昆明度过了八年抗日战争时期。他们家庭如同其他教职员工的家庭一样，都处于非常艰难的状况。杨振汉曾回忆说："那时昆明的物质条件极差，父亲的工资因为通货急遽膨胀，实际收入大概只及战前的几十分之一，生活十分艰苦。在这些艰苦的岁月里，父亲母亲十分注意我们兄妹五人的身体成长和家庭教育，很有限的收入，都用在我们子女身上，希望我们能获得起码的营养，能健康成长，还为我们买些书本和文具。母亲持家有方，她的全部身心都奉献给这个家，奉献给我们五名子女。她日夜操劳，从无节假日，开门七件事加上买菜、烧饭、洗碗全亲自动手。抗战八年我们兄妹几人几乎很少买衣服买鞋袜，这些都是母亲自己动手缝制或改制。母亲还特别爱清洁、爱整齐，衣服每天洗，到了深夜，就为我们补衣服，钉纽扣，家里一切东西都安排得井井有条。"

杨振宁作为大哥，在昆明那段艰难的时期，已经开始为父母分忧，帮助父母照料和教育弟妹们。那时他的4个弟妹都还是12岁以下的孩子。为了帮助弟妹们好好读书，不给母亲带来更多的麻烦，杨振宁想出了一个颇受弟妹们喜欢的办法：每天如果谁能好好念书，听母亲的话，帮助做家务，就记上一个红点，反之就要记下一个黑点。一周下来，如果哪一个有了三个红点，就可以由他骑自行车带着到城里看一场电影以资奖励。

这规则定出来以后，几个弟妹听话多了，读书也自觉多了，而且每周都急切地盼望周末的到来。周末大哥从联大回来，不仅要总结一周的成绩，看谁的红点能达到三个，以便幸运地跟大哥进城看电影，而且大哥还会接着讲上周没有讲完的故事。

1938 年 9 月初西南联大正式复课后不久，就遭到日本空军的轰炸。9 月 28 日，日本飞机轰炸昆明时，西南联大被作为轰炸的主要目标之一。这次联大房屋被炸毁不少，师生亦有伤亡。1941 年前后，日本空军对昆明的空袭达到了高潮，其中有几次也是明显针对西南联大的。日本侵略者的罪恶目的是，企图通过对这座大后方民主和文化的重镇进行摧毁性的轰炸，摧毁中国民众和联大师生誓死抵抗侵略者的不屈精神。

在这种极端困难的条件下，杨振宁和他的同学们一样，按照校训所说"刚毅坚卓"，发奋读书，努力使自己知识丰满，成为国家有用之材。杨振宁喜欢唱歌，在校园走路时哼，在家里做功课时也哼。他唱得最多的就是他父亲教给他的《中国男儿》：

中国男儿，中国男儿，要将只手撑天空。
睡狮千年，睡狮千年，一夫振臂万夫雄。
…………
古今多少奇丈夫，碎首黄尘，燕然勒功，至今热血犹殷红。

杨振宁对这首歌一定很有情感，他说过："我父亲诞生于 1896 年，那是中华民族仍陷于任人宰割的时代。他一生都喜欢这首歌曲。"

这首歌使杨振宁热血沸腾，深感天下兴亡，匹夫有责。因为他说过："假如有一天哪位导演摄制邓稼先传，我要向他建议背景音乐采用五四时代的一首歌，我儿时从父亲口中学到。"他说的这"一首歌"就是《中国男儿》。

1941 年的秋天，杨振宁升到大学四年级。十分幸运的是，这时由吴大猷给他们讲授古典动力学和量子力学两门课，这对杨振宁日后科学上的发展方向起了决定性的作用。正是从吴大猷和他的父亲杨武之那儿，杨振宁进入了物理学的对称性领域。事情的起源还得从学士论文讲起。

1942 年，杨振宁大学毕业后，和黄昆、张守廉一起，被录取为西南联大物理系的研究生。杨振宁成为王竹溪教授的硕士研究生，与他同时成为研究生的黄昆成为吴大猷的研究生，张守廉则成为周培源的研究生。

杨振宁在王竹溪的指导下，走进了当时正受到物理学界重视的、有着广阔应用前景的统计物理学领域。

1944年夏，杨振宁获得了物理系硕士学位。按当时规定，研究生由三所学校分别招生和管理，但课程统一开设。杨振宁的硕士研究生属于清华大学。

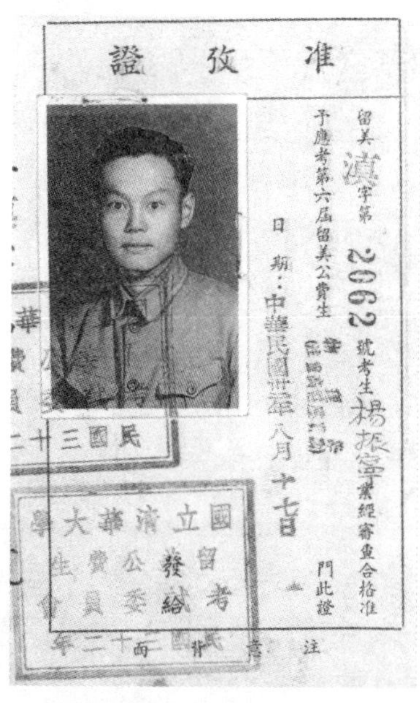


报考清华大学第六届留美公费生的准考证（1943年）

正好在这年的前一年，即1943年秋天，教育部发出了通知，宣布停止了七八年之久的庚款留学美国的考试即将恢复。所以杨振宁在获得硕士学位以前就报了名。从他的准考证上可以清楚看出，他报考的专业是“高电压实验”，准考证批复的日期是1943年8月17日。第二年，在他获得硕士学位以前，他已经得知自己榜上有名。总共有22位学生录取，学物理的只有他一人。

杨振宁在1944年夏得到硕士学位以后，在联大附中教了一年《范氏大代数》。在他教过高中一、二年级的学生中，有国民党高级将领杜聿明的女儿杜致礼，由于有这段师生之情，后来竟使得杜致礼成了他的夫人。

1945年8月28日，这是杨振宁终生难忘的一天。这一天，他要离开23年与母亲相伴的家，离开从小用正确方法教他的父亲，还有4个可爱的弟弟妹妹，乘昆明到印度加尔各答的飞机，然后从印度再转乘海轮去美国开始他人生新的一页。

## 芝加哥大学

1945年11月下旬的一天，杨振宁横渡重洋来到美国，1946年1月，杨振宁在芝加哥大学正式注册，成为该校的博士研究生。他之所以选择芝加哥大学是因为意大利裔美国物理学家费米（Enrico Fermi，1938年获得诺贝尔物理学奖)在这所大学任教。杨振宁非常钦佩费米。

但是杨振宁想跟随费米做实验的计划落空了。因为费米那时在阿贡实验室做实验,而阿贡实验室是对外国人保密的国家实验室,杨振宁初来乍到,根本不被准许进入这个实验室工作。

费米建议杨振宁跟爱德华·特勒(Edward. Teller)教授做理论方面的研究,实验方面的研究可以到阿里森的实验室去做。

特勒后来被称为"美国氢弹之父",在杨振宁第一次见他,请他做自己博士论文的导师的时候,他在美国已经是一位十分重要的科学家了。

费米亲自向特勒推荐了杨振宁。杨振宁很快写出一篇不错的论文,特勒十分满意。于是特勒决定安排一次学术报告,让杨振宁讲述自己的研究结果。杨振宁说:"这是我在美国做的第一个学术报告。"

(左起)杨振宁、邓稼先、杨振平,1949年夏摄于芝加哥大学。

在做特勒研究生期间,杨振宁经常参加特勒和费米专为研究生开设的课程和讨论班。通过亲身的接触和耳濡目染,杨振宁更深刻领会了费米善于抓住物理现象本质的能力。费米也逐渐发现杨振宁是很优秀的年轻人。1949年春天的一天,费米在讲授核物理学期间因为有事要出差几天,他就让杨振宁代他讲一堂课。杨振宁回忆说:"行前,他和我一道将全部内容讨论了一遍,解释每一个讲法后面的推理过程。"

杨振宁在芝加哥大学当研究生的时候,像原来在中学、大学时一样,慢慢又有了名气,成了"学生老师"。

1946年的秋天,由于杨振宁很想通过物理实验做博士论文,因此费米就把他推荐给阿里森(Samuel Allison)。阿里森是费米的老搭档,两人关系十分融洽。在费米活着的时候,他们两人合作得很好。

杨振宁到阿里森实验室的时候，这个实验室正在建造一个 40 万电子伏的考克饶夫-瓦尔顿小型加速器，准备用它来做一些低能核物理实验。实验室原来就有六七个研究生，杨振宁加入进来以后就和他们一起来建造这个加速器。大约干了一年半的时间，加速器装备完成，然后他和其他几个研究生开始利用它做一些实验。但是，杨振宁在 1946 年秋到 1948 年初的 20 个月中，他觉得自己工作得并不很如意，因为他逐渐发觉自己似乎在实验方面缺乏一种敏感性之类的东西，也许就是缺乏一种所谓“灵气”吧。杨振宁后来说：

> 我初到美国，本来想写有关实验物理的论文，倒不是我擅长或特别爱好实验，正因为我自己没有接触到实验物理，在这方面是一片空白，实验物理又是物理的精神所在。后来到了实验室之后，发现这并不是我的特长。在实验室里，看到了一些同学，理论物理念得不太好，但是实验本领特别大。当时给了我一些自卑感！有一位叫阿诺德(W.Arnold)的同学，他对实验室内发生的问题有一种直觉的感觉，而且知道自己用什么办法去解决。我记得很清楚，我们实验室内常常会漏气，需要找到什么地方在漏气，由他去找，往往两分钟就找到，而我往往要花上两个钟头还不得要领。他找到了之后，我问他为什么能找到漏气的地方，他也解释不出来。第二天仪器又漏气，我到了昨天漏气的地方，可惜，位置又不同了，而他却能很快又找到了。通过这些印象，我的印象是有一些人对实验有直觉的了解，而我是没有的。

杨振宁原来计划写一篇有关物理实验的博士论文①，但后来却发现自己实验能力确实有问题，往这个方向使劲，堪可忧虑，因此不免有一些苦恼。特勒不愧是一个好老师，他察觉到了杨振宁的苦恼和不安。有一天，他关切地问杨振宁：“你的实验是不是做得不大成功？”

“是的。”杨振宁坦率地回答。

特勒就建议杨振宁写一篇理论物理学的文章做博士论文，还说：“我可以做你的导师。”

---

① 这个实验要求分辨$He^5$和$P_{1/2}$和$P_{3/2}$态。

杨振宁听了特勒十分直率的建议之后，也知道特勒的建议十分中肯，但心中仍然感到很失望。从接到留美录取通知书的那一天起，他就希望在美国实现自己做一个实验物理学家的愿望；虽然在阿里森实验室一年多来已经意识到自己动手能力比较差，但性格坚强的他，还不愿轻言放弃。所以，特勒的建议对杨振宁来说，虽说是意料之中的，但仍然是一个很大的打击。他对特勒说，请容许他考虑几天再做决定。

在接下来两天的思考中，他终于明白自己必须面对现实，应该扬长避短。这正是："量力而行则不竭，量智而谋则不困。"

杨振宁接受了特勒的建议之后，就开始专心致志地写他的博士论文。1948 年 6 月，杨振宁顺利通过了博士论文答辩，获得了芝加哥大学物理系哲学博士学位。

20 年前，他的父亲杨武之也是在这所大学获得博士学位。人生中的一些巧遇，也真会让人觉得神秘而不可思议！

## "θ-τ之谜"和宇称不守恒

从 1949 年到 1966 年，杨振宁在普林斯顿高等研究所工作了 17 年。这 17 年是杨振宁的学术黄金时期：1954 年，他与罗伯特 · 米尔斯（Robert L. Mills）合作提出了杨-米尔斯规范场理论，这使得杨振宁成为 20 世纪继爱因斯坦、狄拉克之后的又一位伟大的理论物理学家，并于 1994 年因为这一工作获得北美地区奖额最高的科学奖鲍尔奖（Bower Prize）；1956 年他与李政道合作提出在弱相互作用中宇称不守恒的理论，为此他和李政道获得了 1957 年诺贝尔物理学奖。除以上两项最重要的工作之外，他在这一时期还发表了 110 多篇学术论文，在粒子物理学和统计力学两个领域里，取得了重要的研究成果。

在这一时期的开始，杨振宁还认识了杜致礼小姐，并且在 1950 年 8 月 26 日与她喜结秦晋之好；他们的三个孩子杨光诺、杨又礼（女）和杨光宇，也是在普林斯顿工作期间出生。

杨振宁在物理学上有四大重大贡献：提出杨-米尔斯理论、发现宇称在弱相互作用中不守恒、提出杨-巴克斯理论，还有极低温下玻色凝聚态的行为。本文只介绍 1957 年杨振宁获得诺贝尔奖的工作。

20 世纪 60 年代最重大的事件大约应该是"θ-τ之谜"和由此发现弱相互作用中宇称守恒定律的崩溃。一部物理学史，真个是充满了离奇惊人的事件，如果撇开那些令人生畏的数学公式和一些读起来令人别扭的专业术语，其离奇曲折的程度，绝不亚于一部《福尔摩斯探案集》。如果就"破案"的难度和技巧而言，那比后者还不知道要强多少倍。

20 世纪 30 年代，在β衰变中[①]出现了"能量被劫"案，即衰变以后能量少了一点。这一"劫"案引起物理学家的极大震动，物理学一时陷入了危机。有些著名科学家如玻尔(Niels Bohr，1922 年获得诺贝尔物理学奖)大胆地提出：在基本粒子作用过程中能量也许根本就不守恒；英国的狄拉克(Paul Dirac，1933 年获得诺贝尔物理学奖)也认同此说。这时，奥地利物理学家泡利(Wolfgang Pauli，1945 年获得诺贝尔物理学奖)为了拯救这一危机，提出能量守恒定律肯定没有问题，少许能量被"劫"是因为有一种人们尚不知道的"蟊贼"——一种被称为中微子(neutrino)的粒子"劫"走了能量。能量守恒定律由此得救，泡利立下了卓越的功勋。

到了 1956 年，又出现了所谓"θ-τ之谜"，威胁着另一个守恒定律——宇称守恒定律。物理学家又一次陷入黑暗，不知所措。泡利这位在 30 年代为拯救能量守恒定律立下卓越功绩的"福尔摩斯"，又想重抖当年雄风，拯救宇称守恒定律，解开"θ-τ之谜"。哪知沧海桑田、时异事殊，这次他居然败在了三位年轻的中国物理学家杨振宁、李振道和吴健雄手下。自然界真是比柯南道尔的《福尔摩斯探案集》更富有想象力啊！

为了让读者了解什么是"θ-τ之谜"，我们不得不简单介绍一下什么是"宇称守恒定律"。高中物理里学的几个守恒定律，如能量守恒定律、动量守恒定律等等，是比较简单的守恒定律，它们可以在时空中连续变换，比如空间位置可以一处接一处地变，时间也可以一点一点地变。这是 20 世纪物理学中的一个重大发现，所有的守恒定律都对应一种对称性。例如能量守恒对应的是时间的对称性，动量守恒对应的是空间对称性。而"宇称守恒"是指物理定律在左右之间完全对称。但是这种对称性是一种分立的而不是连续的对称。打一个浅显的比喻就是，一个基本粒子遵循的运动规律，与它的"镜像粒子"(即这个粒子在镜中的像)所遵循的运动规律完全一样，一个粒子在作速率和

① β衰变是因为原子核辐射出电子而引起核的一种衰变。

半径一定的圆周运动，镜子中的那个“镜像粒子”也作同样速率、同样半径的圆周运动，只不过一个如果左旋，另一个则右旋。这种对称叫左右对称，或镜像对称。但是在经典力学中，这种分立的对称性却找不到相应的守恒量，因而不产生守恒定律。因此在经典力学中左右对称就不具有十分重要的意义。但在量子力学中，分立变换下的对称性和连续变换下的对称性一样，也可以形成守恒定律，找到一个守恒的量。这个守恒的量被称为“宇称”（parity）。就像质量、电荷等物理量一样，宇称也是描述基本粒子物理性质的一个物理量。

我们知道，自然数分奇数和偶数，宇称也有奇宇称、偶宇称之分。宇称守恒定律是说：粒子（系统）的宇称在相互作用前后不会改变：作用前粒子系统的宇称为偶（或奇），则作用后也还必须是偶（或奇）；作用前后宇称的偶、奇发生了改变，则宇称为不守恒。与宇称守恒相关联的对称性就是左右对称，或空间反射不变。

由于在其他相互作用中，宇称都是守恒的，因此物理学家几乎是毫不犹豫地把它推广到原子核物理、介子物理和奇异粒子物理中。而且，这一推广似乎颇有成效，久之物理学界就普遍相信，宇称守恒定律有如能量、动量等守恒定律一样，是一条普适的规律。在科学史上，科学家们经常采用扩大已发现规律的应用范围，向未知领域进行探索。赛格雷（Emilio Segrè，1959年获得诺贝尔物理学奖）说：

> 一旦某一规则在许多情况下都成立时，人们就喜欢把它扩大到一些未经证明的情况中去，甚至把它当作一项“原理”。如果可能的话，人们往往还要使它蒙上一层哲学色彩，就像爱因斯坦之前人们对待时空概念那样。

宇称守恒定律的认识过程也是这样。在其他相互作用中宇称是守恒的，于是人们自然而然地认为在弱相互作用中宇称也一定是守恒的；在1956年以前，宇称守恒定律与能量守恒定律一样，已被认为是物理学中的“原理”，是金科玉律，是不易之典，谁也没有想到、或有胆量去怀疑它。后来，由于出现了“θ-τ之谜”，杨振宁和李政道两人为了解决这个让整个物理学界为之迷惘的谜，终于开始怀疑宇称守恒的普适性。

下面先简单介绍一下"θ-τ之谜"。在1947年,实验物理学家们发现,宇宙射线中有一个被称为"θ粒子"的基本粒子在β衰变时,变成了两个π介子,即:

$$\theta \rightarrow \pi + \pi$$

1949年他们又发现一个新的基本粒子"τ粒子",它可以衰变为3个π介子,即:

$$\tau \rightarrow \pi + \pi + \pi$$

这当然不是什么令人瞩目的大事,不同的粒子有不同的衰变方式,正如不同的人有不同的死法一样,没什么让人担忧的。但后来就是这两个粒子引出了大问题。

随着实验的进展,人们发现θ和τ粒子除了衰变结果不一样以外,其他方面的物理性质几乎完全一样。从衰变结果来看,θ与τ粒子的宇称不同,θ的宇称为偶,而τ则具有奇宇称。如果θ和τ粒子真是同一个粒子,那就违背了宇称守恒定律,因为宇称守恒定律告诉我们:同一粒子只有同样的宇称;如果坚持宇称守恒定律是不能动摇,不能怀疑的,那就必需承认θ和τ是两种不同的粒子。于是,在物理学家面前只能在两个选择中决定取舍:要么认为θ和τ粒子只能是不同的粒子,以拯救宇称守恒定律;要么承认θ和τ粒子是同一个粒子,而在这种弱相互作用支配下的β衰变中宇称定律不守恒。

在开始一段时期里,人们囿于传统的信念,根本不愿意相信宇称会真的在弱相互作用中不守恒,因此都尽力改进实验设备和方法,寻找θ和τ粒子之间的其他不同点,以证明它们是不同的两种粒子。但是,一切努力均劳而无功,除了宇称不同,它们实在无法区分。物理学家由此陷入了迷惘和思索之中。这种情形正如杨振宁所说:

> 那时候,物理学家发现他们所处的情况,就好像一个人在一间黑屋子里摸索出路一样,他知道在某个方向上必定有一个能使他脱离困境的门。然而这扇门究竟在哪个方向上呢?

在解决"θ-τ之谜"的过程中,杨振宁与比他年轻4岁的中国物理学家李政道开始了辉煌的合作。

1951年,李政道也来到普林斯顿高级研究所,于是杨振宁和李政道在弱

杨振宁与李政道摄于普林斯顿（1961 年前后）

相互作用的研究中开始合作。1953 年，李政道到哥伦比亚大学任教（1956 年晋升为教授），为了继续两人已经开始的合作，他们两人订立了相互访问的制度。杨振宁每周抽一天时间去哥伦比亚，李政道则每周抽一天到普林斯顿或布鲁克海文。这种例行互访继续了 6 年。杨振宁曾回忆说：

> 这是一种非常富有成果的合作，比我同其他人的合作更深入广泛。这些年里，我们彼此相互了解得如此之深，以致看来甚至能知道对方在想些什么。但是，在气质、感受和趣味等诸方面，我们又很不相同，这些差异对我们的合作有所裨益。

在"θ-τ之谜"引起物理学界极大关注之时，杨振宁和李政道当然也非常关注这一件大事的动向。事实上杨振宁说过，他们两人当时"最关注的自然是θ-τ之谜"。

1956 年 4 月，第六届罗彻斯特会议（Ruchester Conference）在罗彻斯特大学召开，这是国际高能物理会议。这次会议最受与会者关注的就是"θ-τ之谜"，因为杨振宁对这个谜有一定的研究，所以大会主持人请杨振宁作了一个报告。报告结束后，加州理工学院的一位物理学家费曼（R. Feynman，1965 年获得诺贝尔物理学奖）立即在会议上提出来：宇称守恒定律有时会遭到破坏吗？费曼是一位不寻常的天才，也是一位非常风趣的天才，费曼曾经把他为什么想到这个问题的故事告诉给别人，这个故事十分有趣。

在发言的头一天晚上，与费曼同住在一个旅馆房间的实验物理学家马丁·布洛克(Martin Block)就向他提出:"θ-τ之谜"的答案可能非常简单,也许可爱的宇称守恒定律并不总是成立的。费曼回答说:要真是这样,那我们就有一个区分左右的方法,这可会让人们大吃一惊;但是,他看不出这个概念与已知的实验结果有任何矛盾。不过,他答应在第二天的会上把这个问题提出来,看有没有人能在这一设想中找出什么错误。第二天会议上,费曼果然提出了这个问题。在开始发言时他说:"我替马丁·布洛克提出一个问题……"然后他说,他本人认为布洛克的这个想法十分有趣,如果今后证明它是对的话,荣誉应归于布洛克。

对于费曼提出的问题,杨振宁给了一个很长的回答。会议记录中这样写道:"费曼提出了一个问题:θ和τ会不会是同一种粒子的不同宇称态呢?而它们没有固定的宇称性,这也就是说宇称是不守恒的?这就是说,自然界是不是有一种单一确定右手和左手的方式呢?杨振宁说他和李政道曾研究过这个问题,但没有得到任何确切的结论……也许宇称守恒……是不准确的。"

杨振宁的讲话,布洛克大约没有听懂,在会下他问费曼:"他讲了些什么?"费曼回答说:"我也不知道,我不懂他讲些什么。"

这时,普林斯顿高级研究所春季学期已经结束,杨振宁和家人到布鲁克海文度假。在度假期间和李政道的每周两次互访,仍然继续保持。

大约是4月底或5月初的某一天,杨振宁驱车前往哥伦比亚作每周例行的拜访。他把李政道从办公室接出来,把车停在纽约市内百老汇大街和125街转角处,因为附近的饭馆还没有开门营业,他们就到附近的一家"白玫瑰"咖啡馆继续讨论"θ-τ之谜"。到饭馆开始营业后,他们就到"上海餐馆"吃午饭,边吃边讨论θ-τ之谜。杨振宁后来回忆说:

> 我们的讨论集中在θ-τ之谜上面。在一个节骨眼上,我想到了,应该把产生过程的对称性同衰变过程分离开来。于是,如果人们假设宇称只在强作用中守恒,在弱作用中则不守恒,那么,θ和τ是同一粒子……的结论就不会遇到困难。

θ和τ粒子衰变是一种弱相互作用,为了要弄清上述想法是否正确,杨振宁想最好利用β衰变。因为研究得最多的弱相互作用是β衰变。做过的β衰变实验有上千种，这些做过的实验中能否证实强相互作用中宇称守恒而在弱相互作用中宇称不守恒呢？为此，要对所有这些做过的β衰变实验，统统“重新研究”。

第二个星期，杨振宁到哥伦比亚大学拜访李政道，他们一起沿大学附近的克莱蒙街信步漫游时，杨振宁向李政道提出，“需要重新考察所有现象的清单”。在随后的两个星期中，杨振宁的时间都花在对这些β衰变过程的计算上。结果发现：在所有这些过程中，原先的实验并不能决定弱相互作用宇称是否守恒，“换句话说，原先所有的β衰变实验同β衰变中宇称是否守恒的问题毫无关系”。后来，杨振宁曾这样描述他们两人当时对这个结果引起的心理反应：

> 长久以来，在毫无实验证据的情况下，人们都相信，弱相互作用中宇称守恒，这是十分令人惊愕的。但更令人吃惊的是，物理学如此熟知的一条时-空对称定律面临破产。我们并不喜欢这种前景，只是由于试图理解θ-τ之谜的各种其他努力都归于失败，我们才不得不去考虑这样一种情景。

5 月底，杨振宁和李政道合写的论文《在弱相互作用中宇称是守恒的吗？》，寄给了《物理评论》。后来在 10 月份发表时，题目改成了《弱相互作用中宇称守恒的问题》，这是因为杂志编辑部有规定，文章的标题里不应该有问号。

他们的结论被物理学界知道以后，大部分物理学家认为违反宇称守恒几乎是不可能的事情，像著名的物理学家维格纳（Eugene Wigner，1963 年获得诺贝尔物理学奖）、朗道（L. D Landau，1962 年获得诺贝尔物理学奖）、泡利，开始都持坚决反对的态度。

幸好有一位也是中国留学美国的实验物理学家吴健雄，她愿意做实验验证杨振宁和李政道提出的设想。

1957 年 1 月 9 日清晨 2 点，吴健雄小组的验证实验结束，小组的五个人用上好的法国葡萄酒为他们推翻了弱相互作用中宇称守恒定律而干杯。1 月 15 日，吴健雄等人的实验报告论文完成，寄给了《物理评论》，这一天，哥伦比亚大学还破例举行了新闻发布会，宣布了这一实验结果。2月15日，论文正式刊出。

## 荣获诺贝尔物理学奖

由于杨振宁和李政道的发现，深刻影响了科学理论的结构，给科学认识带来一次伟大的解放，再加上吴健雄迅速用实验证实了他们的理论，所以，1957年的诺贝尔物理学奖迅即授给了杨振宁和李政道两位中国年轻的物理学家。一个影响如此重大的理论，从提出到获奖只有不到两年的时间，在诺贝尔奖100多年历史上，是空前的，费曼曾经说，这是诺贝尔奖历史上最快的一次颁奖。这个纪录至今还没有被打破。

杨振宁和李政道在诺贝尔奖授奖典礼上

1957年12月10日，35岁的杨振宁和31岁的李政道在斯德哥尔摩市的音乐厅出席了该年度隆重的诺贝尔奖颁奖典礼。在主席台上，获奖者按物理学、化学、生理学/医学和文学的秩序就座。从照片上可以看出，杨振宁坐在左边第一的席位上，他旁边坐的是李政道，再下去是化学奖得主托德（A. R. Todd）、生理学/医学奖得主博韦（D. Bovet）和文学奖得主加缪（A. Camus）。诺贝尔奖得主的夫人们坐在台下第一排。

诺贝尔基金会主席埃克伯格勋爵致辞结束后，音乐厅奏响了英国演奏家和作曲家亨利·玻塞尔（Henry Purcell）的乐曲。接着，瑞典皇家科学院的物理学家克莱因（Oscar Klein）教授介绍了本年度物理学奖获得者的贡献，并把奖金颁发给杨振宁和李政道。奖章和证书，则由瑞典国王颁发给他们。

诺贝尔金质奖章重约半磅,直径约为6.5公分。它的一面是诺贝尔的侧面浮雕像,旁边有他的英文名字:ALFR.NOBEL;奖章的另一面,美丽的自然女神立在中央,她的右手抱着一个号角,号角里放满了丰硕的果实;自然女神的左边,科学女神正小心地揭开蒙在自然女神头上的面纱。这个图案的设计十分有讲究:当人们揭开自然的奥秘时,丰硕的果实必然会呈现在揭示奥秘的科学家面前。图案的下方,是获奖者的名字。杨振宁的奖章上是:Chen Ning Yang 1957。

当天晚上,在市政大厅举行盛宴和舞会。出席晚宴的有瑞典皇家显贵、政府官员、社会名流、著名学者和诺贝尔奖获奖者及他们的夫人们。宴会前,获奖者要各自发表简短的、礼节性的演讲;和发奖的次序正好相反,先是加缪,他用法文作了简短的演讲,然后是博韦、托德、李政道和杨振宁。杨振宁在演讲中说道:

……今天,我站在这儿向你们叙述这一切时,我以沉重的心情体会到这一事实:从不只一层意义上说,我是中国和西方两种文化共同的产物,两者既有冲突,也有协调。我想说,我既为我的中国根源和背景感到骄傲,也为我献身于现代科学而感到满意,现代科学是人类文明起源于西方的一部分——对于它,我将继续奉献我的努力。

杨振宁夫妇在诺贝尔奖授奖晚会上翩翩起舞

晚宴后是舞会,杨振宁和杜致礼翩然起舞,这时他们的心情该是何等激动和骄傲啊!

第二天,即1957年12月11日,杨振宁作了题为《物理学中的宇称守恒及其他对称定律》的诺贝尔演讲。李政道在杨振宁之后,作了《弱相互作用和宇称不守恒》的诺贝尔演讲。

## “有生应感国恩宏”

1971年4月的一天,杨振宁在看报的时候,忽然在一处不显眼的地方,看到美国政府发布了一个告示,把原来美国公民不可任意去的共产主义国家(包括北越、古巴、中国和朝鲜)中,把中国取消了。杨振宁在此前已经感到中美已经因共同战略上的需要而愿意彼此接触,现在忽然看到了这个告示,心情大为振奋,立即决定抓住这个说不定瞬间又会失去的机会,赶快行动起来,回国探视;何况这时他的父亲身体又旧病重犯,住进了医院。此时不走,更待何时? 机不可失,时不我待!

但说起来容易,真正行动起来可不像想像中那么简单。虽然杨振宁为此行作了多年的准备,例如他在此前20多年中,有意避开与核武器制造相关的部门,如二次世界大战时期制造原子弹的洛斯阿拉莫斯实验室,他绝对不去;就是IBM公司的顾问,他都敬谢不敏,以免到时为此影响他的中国之旅。但尽管杨振宁事先为他的回国探视作了长远的准备,但像他这样世界知名的物理学家,真要申请到中国去,那可又是政治上极其敏感的事情,搁在谁身上都得仔细思量。杨振宁将自己回中国探亲的决定通知了美国政府以后,白宫的科学顾问给他的回答是:欢迎杨振宁到中国去探亲,但不能帮助他拿到签证。

幸好中国国务院已经从杨武之那儿得知杨振宁想回国探亲,立即请杨武之转告杨振宁,他可以到加拿大或法国的中国大使馆去拿签证。那时除了苏联有班机到中国之外,只有法国航空公司每个星期有一班飞机从巴黎飞到上海,因此杨振宁决定到巴黎的中国大使馆去拿签证。

1971年7月15日,杨振宁由纽约飞到巴黎,顺利地得到了赴中国的签证。4天以后,即7月19日,杨振宁终于登上了飞往上海的飞机,踏上了26年来魂牵梦萦的返乡之旅。

这班飞机,一路经过雅典、开罗、卡拉奇、仰光等地,然后从缅甸向东飞,进入中国云南直飞上海。杨振宁在回忆中写道:

1971 年夏天我回到了阔别 26 年的祖国。那天乘法航自缅甸东飞，进入云南上空时，驾驶员说："我们已进入中国领空！"当时我的激动的心情是无法描述的。

傍晚时分，到达上海。母亲和弟妹们在机场接我。我们一同去华山医院看望父亲。父亲住院已经半年。上一次我们见面是 1964 年底在香港，那时他 68 岁，还很健康。6 年半中间，受了一些隔离审查的苦，老了，瘦了许多，已不能自己站立行走。见到我当然十分激动。

那时刻，恐怕不只是杨振宁一个人十分激动，知道这次飞行的全世界华人都会因此激动不已。因为杨振宁不畏一切困难和朋友们的担心，率先回到中国，的确是一件惊天动地的壮举，全世界华人都关注着杨振宁的一举一动。他们完全不了解中国国内到底发生了什么事情，都希望从杨振宁的中国之行中来决定他们今后的选择。

杨武之见到儿子终于回到中国，他在病榻上十分欣慰地对杨振宁的弟妹们说："我们的家风：一生为人清白。我们家的家教：你母亲勤俭持家、一生奉献给丈夫和子女。你大哥在清华园所受的教育，在北平崇德中学念书，在西南联大念书，还有你们四位弟妹，还有你大哥的同学和朋友很多都在国内。凡此种种，都是你大哥一定会克服障碍回国探望的基础。"

1971 年 7 月 28 日，周恩来总理在人民大会堂接见杨振宁。

在上海，除了看望父母以外，他还访问了复旦大学、中国科学院生物化学研究所、生理研究所等地，还回到了他出生的城市合肥。在合肥他住在位于湖滨专门接待外宾的稻香楼宾馆。在他住的房间里，墙上有毛泽东写的诗句“为有牺牲多壮志，敢教日月换新天”，这使他心灵受到震动，感到新中国成立后20多年，的确有了巨大的变化，可是自己并没有像邓稼先、黄昆和许多老师那样，为国出力，心中不免有负疚之感。回国最后一站是北京，这儿是他重点访问的地方。在北京，他看到了自己青少年时代的好友邓稼先，西南联大的同窗黄昆，拜访了他敬重的老师吴有训、周培源、王竹溪、张文裕；还第一次见到了岳父杜聿明先生，再次见到了岳母曹秀清女士。

7月28日，周恩来总理在人民大会堂设宴招待杨振宁。会见前后周恩来与杨振宁谈了几乎5个小时，周恩来希望更多地了解美国，而杨振宁也尽可能客观、详尽地谈了自己的看法。

8月4日，杨振宁登上了八达岭长城。“岭断云飞迥，关长鸟度迟”，“长城古堞俯沧瀛，百二河山拥上京”，……古今文人墨客，该有多少雄奇瑰丽的诗句惊叹长城的险峻奇丽！

仰视雄伟关城的古老建筑，远望宛如长龙的城墙，加上这些瑰丽诗句，怎不会引起心灵极其敏感的杨振宁澎湃的情感？后来在一次演讲中，杨振宁提到了这次在长城参观时的心情：

> 在此行看到的景色中，令我感触最深的就是长城了。长城是令人叹为观止的。它简单而坚强。它优美地蜿蜒上下，缓慢而稳定地随着山峦起伏。有时消失于远处山谷中，那不过是暂时的，终于又坚毅地攀登了下一个高峰。查看它的每一块砖石，我们会体会到在它的复杂的历史中，真不知凝聚了多少人的血和汗。可是只有看到它的整体结构，看到它的力量和气魄以后，我们才会体会到它的真正意义。它是悠长的，它是坚韧的。它有战术上的灵活，有战略上的坚定。它的长远的一统的目的，使它成为自太空接近地球的访客所最先辨认的人类的创作。
>
> 长城象征着中国的历史。它象征着中国历史的悠久，它象征着中国文化的坚韧。它表现出几千年来无数中国人民的胼手胝足，以及他们的辛劳为人类所做出的优异贡献。它象征着历史上中国统一的观念：尽管中国历史盛衰兴亡，尽管中国有过多次内战和朝代

的更换，但是，贯穿历史的只有一个中国。在世界人民心目中只有一个中国，在中国人民的心目中只有一个中国：合则兴、分则衰。

长城历来是中国的象征，历代文人墨客都把长城看成是中国历史的缩影。杨振宁的激情和赞美，是可以完全理解的。由上面这段内心表白，我们也可以充分看出他对中国的热爱和冀望中国两岸统一的赤子之心。

在历时一个多月的参观和访问中，他看到中国人民站起来后独立自主的形象和科学技术上巨大的进步，虽然不理想的地方还不少，但巨大的成就仍然让杨振宁心潮澎湃、兴奋不已。所以，当他回到美国以后，先后四次公开发表演讲，介绍新中国的成就，进一步推动中国和美国之间的了解和相互交流。其中的第四次是1972年5月22日，在纽约的亚洲协会"中国问题委员会"举办的第二期讲座上作的演讲；后来这次演讲译成中文后，以《我对中华人民共和国的印象》为题发表于纽约一份名为《中文运动》的刊物上。该文后来于10月上旬在香港各大报刊上作了转载。杨振宁利用各种机会，不只在美国，还在欧洲、南美、亚洲等其他各地，不失时机地介绍新中国的情况，极力促进各国与中国的沟通。

1972年2月20日，在尼克松总统访华的时候，杨振宁写了一篇颇有政治眼光的文章，题目是《戴高乐式的访问》。在文章中杨振宁写道：

五年、十年或十五年以后，美国、中国和苏联之间的关系在世界上将显得越来越重要。在我看来，美中之间长远利益的冲突比美苏或中苏间的冲突要少。尼克松总统即将作的北京和莫斯科之行，也许不会立即给国际紧张局势带来非常了不起的缓和，但肯定会使三国领导人更加互相了解对方的问题和愿望。

以后，杨振宁每年都要访问一次中国，有时一年还不止一次。1973年5月4日，杨振宁第三次回国，探望病危的父亲。5月12日，杨武之病重去世。5月15日，在复旦大学为杨武之举行的追悼会上，杨振宁在讲话中说道："在他的一生77年的时间里，历史有了惊天动地的演变。……我想，新中国的实现这个伟大的历史事实以及它对于世界前途的意义，正是父亲要求我们清楚地掌握的。”

这年7月12日，杨振宁第四次到北京访问，夫人杜致礼也陪他一起来了。这一次，他提出希望拜会毛泽东主席。这一愿望实现了。7月17日，杨振宁由中国科学技术协会副主席周培源陪同，到中南海毛泽东那有名的书房里见到了毛泽东主席。陪同会见的还有周恩来总理。最初，杨振宁听不懂毛泽东讲的湖南话，周恩来便在一旁作些解释。毛泽东谈话喜欢谈大问题，比较带有哲学性质；当然，他也和杨振宁谈与科学有关的哲学问题。

1973年7月17日，毛泽东在他那有名的书房里接见了杨振宁（左起：周恩来、周培源、毛泽东和杨振宁）。

周恩来很希望利用杨振宁拜见毛泽东这难得的机会，让杨振宁谈谈他有什么好办法，来激励中国科学的发展。杨振宁立即建议说：“尤其值得做的事也许是把*Scientific American*（《科学美国人》）译成中文……”后来这个建议果然得到实现，由中国科学技术情报所重庆分所负责出版这份刊物，并将刊物定名《科学》，至今没有中断，一直还在出版（现在改名为《环境科学》）。

他们谈了一个半小时。谈话结束以后，杨振宁快走到书房门口时，毛泽东和他握了握手，并且说，他年轻的时候也希望在科学上能够有所贡献，不过自己没有做到；他还说，杨振宁能够对人类科学有所贡献，他很高兴。杨振宁后来说，毛泽东说的这个话，显然是真心的，不是什么客气话。

由于这是毛泽东第一次会见华裔科学家，因此引起了国内外广泛的关注，以致杨振宁不论走到世界哪儿，都有不少记者追逐采访他，想尽量挖出一点毛泽东与杨振宁到底谈了些什么的资料。对于杨振宁来说，与毛泽东会见当然会给他留下深刻难忘的印象。毛泽东的雄才大略和极度自信，是杨振宁无法忘怀的；至于毛泽东的诗词，杨振宁则认为不但写得好，而且其气魄之大，让人不能不为之震撼。

1979年，在众多朋友和有关人士的极力劝说下，杨振宁同意担任全美华人协会的会长，与他同船到美国留学后来在历史学上获得很高成就的何炳棣先生任副会长。从此，他为中美之间的交流和沟通做了更多的工作。虽然困难重重，甚至还遭到过美国联邦调查局的刁难，但他宁愿忍受种种非议，也决不动摇他的这种扩大中美沟通渠道、增进理解的活动。

1979年中美正式建交以后，1月30日在华盛顿特区希尔顿旅馆为欢迎邓小平副总理访美举行的盛大欢迎会上，杨振宁作为全美华人协会会长致欢迎词。杨振宁的欢迎词热情洋溢、感人至深。

在演讲结束时杨振宁讲道："我们深深知道因为我们同时扎根于中美两大民族的文化，我们对增进两国间的友好和了解肩负着特别的责任。在今天这个场合，全美华人协会和全美各界华人重申，我们将继续为建造两大民族间的友谊桥梁尽我们每一个人的责任。我们知道没有这座桥梁，世界不可能有真正的和平与安定。"

除了沟通中美交流以外，杨振宁对如何帮助中国科学尽快从"文化大革命"造成的灾难中走出来，可以说是费尽心血。1993年，杨振宁在香港大学作题为《近代科学进入中国的回顾与前瞻》的演讲时说，中国在20世纪经历了许许多多、大大小小的危机，但是都先后被克服化解了，因此他大胆预言：

> 这些危机没有一个阻止了中国在这个世纪科技上的卓越飞跃。为什么？因为做科学工作其实并不困难。必要的条件……可以概括为才干、纪律、决心与经济支援。中国在这个世纪已经具备了前三项条件，到了下一个世纪将四者俱备。
>
> 所以我的结论是，到了21世纪中叶，中国极可能成为一个世界级的科技强国。

杨振宁不仅仅是这么说，而且还为实现他和一代中国人的这个梦想，踏踏实实地、呕心沥血地为祖国贡献他所有的力量。一方面他多次向中国政府提出建设性的意见，另一方面，他利用自己特殊的身份和诸多良好的社会关系，请来一些一流学者到中国各个大学做学术演讲和学术交流；除此以外还费尽心血地筹集规模大小各不相同的基金和设立各种各样的奖金。

从1980年开始，在杨振宁直接发起和倡导下，“与中国教育交流委员会”“中山大学高等学术研究中心基金会”“清华大学高等研究中心基金会有限公司”“北美清华教育基金会”以及“邵逸夫奖”“何梁何利基金”“求是科技基金”等等得以先后设立。它们在不同时期起过重要的作用。1997年在杨振宁帮助下成立的清华大学高等研究院，更是值得介绍。

1997年6月2日，在清华大学和杨振宁、聂华桐等人共同的努力下，经过一段短的时间筹备，清华大学高等研究中心正式宣告成立。聂华桐被正式任命为中心的主任，当时任清华大学物理系主任的顾秉林教授（后任清华大学的校长）兼任常务副主任，当时的理学院常务副院长廖沐真教授任中心的副主任。在清华大学高等研究中心成立大会上，杨振宁表示：

“王校长要我帮助建立高等研究中心，我感到义不容辞，我觉得清华大学高等研究中心在以后10年、20年、50年之间，有在世界科技领域做出重大贡献的可能。”

挂着“高等研究院”牌子的大门。这座楼房是清华大学原来的科学馆。大楼里有“杨振宁办公室”。

1997年6月19日，经清华大学1996—1997学年度第15次校务会议决定。1998年6月14日，清华大学在主楼接待厅隆重举行“聘请杨振宁先生为清华大学教授”的聘任仪式，王大中校长向杨振宁颁发了聘书。杨振宁在致辞中动情地说:“我从小在清华园中长大,对园中的一草一木都有深厚的感情。我愿在有生之年尽力帮助清华大学发展,尤其是使清华大学的理科重新建立起来。”

高等研究中心非常注意与国际学界的交流,差不多每年都有世界一流的科学大师到中心与中心和清华大学的研究人员交流世界科学最新的进展。除了举办几次重大的国际学术会议以外,中心从2001年起,每年都举办一次或几次“杨振宁讲坛”,每一次邀请一位诺贝尔奖级的学者来中心作大型演讲,并在清华大学访问和交流一周左右时间。

短短的十几年,对于一个学术机构来说这还是很短的一段时间,要希望到达初创时的目的,显然还得假以时日。但是,这短短的十几年里,已经显示出高等研究中心有了非常良好的开端,取得了初步的成就。我们有理由希望,清华大学高等研究中心一定会有一个值得我们骄傲的未来!

从2010年底开始,这个研究中心改名为清华大学高等研究院。

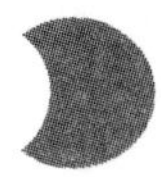

# 追寻科学与艺术之美——李政道

艺术和科学的共同基础是人类的创造力。它们追求的目标都是真理的普遍性。

李政道

李政道

1986年10月，“北京现代物理研究中心”成立，李政道担任这个中心的主任；同年同月，作为世界实验室组成部分的“中国高等科学技术中心”成立，李政道又出任这个中心的终身主任。在“北京现代物理研究中心”成立大会上，李政道教授说：

鲁迅先生有两本小说，一本是《呐喊》，另一本是《彷徨》，虽然我这个主任，仅仅是帮助摇旗呐喊的，可是这个中心是一点也不彷徨的。

我们预备以“北京现代物理研究中心”和“中国高等科学技术中心”为基础，结合全中国在这些领域中的工作人员，在10年内造成好几个“点”的突破，然后将这些点造成线网，在20年内推广成面，那么中国在国际科学技术上就可以取得与人口成正比的成就，对世界文化和交流也会做出一定的贡献。

为了达到这样一个伟大的目标，李政道那几年几乎用了三分之二的时间，奔跑、出谋、策划、呼吁……他辛勤的努力迅速取得了可喜的成效。1988年10月16日，由他极力倡导而建立的北京正负电子对撞机首次对撞成功。这次成功为中国基础科学研究带来了新的局面，也打破了中国科学技术长期低迷的困境。10月24日，邓小平握住李政道的手，真诚地说：“感谢您为这个工程做了很多工作。”

是啊，我们应该感谢李政道教授，他不仅为中华民族争得了科学上的最高荣誉，于1957年和杨振宁教授共同获诺贝尔物理学奖，他还为中国的科学技术和教育事业做出了卓越的贡献。

## 好学少年，流浪天涯

1926年11月25日，李政道出生在上海市一个名门望族。他家祖籍是风景秀丽，人杰地灵，素以园林闻名天下的苏州。祖父李仲覃博士1892年毕业于苏州东吴博习学院，是宗教界的知名人士，曾经担任过基督教苏州卫理会的负责人（当时称为会督）。父亲李骏康，早年毕业于南京市金陵大学农业化学系，是这个系的第一届毕业生。毕业后据季承写的《李政道传》记载：“在上海一家德国化肥制造厂制造化肥，后来又进入上海的洋行，充当化肥进口贸易代理商，生意发达，家道兴隆，是殷实富户。”母亲张明璋，毕业于上海启明女中。在20年代，女子读书尚不多见，所以李政道的家庭，在当时是少见的现代知识分子家庭。

李骏康非常重视对子女的全面培养。他请来家庭教师为子女教英文、数学和国文，使儿女有良好学前教育。他还请来武术教练，让儿女习武强身。

在这种优良的环境熏陶下，李政道兄妹 6 人个个学有所长，而且身体结实、健壮。

李政道有两个哥哥。大哥李宏道，毕业于上海沪江大学商科专业，沪江大学的校址现为上海理工大学。二哥李崇道，毕业于广西大学畜牧兽医专业，曾任台湾“中央研究院”副院长。李政道下面有两个弟弟和一个妹妹。大弟李学道曾在大同大学航空工程专业肄业，小弟李达道毕业于交通大学船舶专业，妹妹李雅芸毕业于上海大学船舶专业。

李政道在私立清心中学附小接受现代教育。这所学校创办于 1860 年，是美国传教士范约翰创办的，是上海一所很好的学校（1953 年 6 月由上海市人民政府接办，并改名为市南中学）。1938 年，李政道进入上海东吴大学附中读中学。

李政道弟兄五个和妹妹与母亲合影。左一为李政道，时年 13 岁。

从小学到中学，李政道的学习成绩一直名列前茅。数学老师对这个聪明腼腆、眉目清秀的学生格外钟爱。

说来很有趣，李政道小时候，家里人曾给他取了一个外号——“三糊涂”。他怎么会有这个并不雅致的外号呢？原因是这样的：李政道是个书迷，酷爱读书，而且不管是文学、历史或者科学书籍，他都爱读。据他自己回忆，当时最喜欢的文学著作是美国作家马克·吐温的《汤姆·索亚历险记》，科学著作是英国著名科学家爱丁顿的《膨胀的宇宙》。李政道读起书来常常手不释卷，把身外之事抛到九霄云外。有一天，母亲为他准备好洗脚水叫他洗脚，李政道正在看书，就随口答应："好，您放在那儿，还有一小段，看完了我马上来洗。"

"记住了，啊？"母亲不放心，临走时又叮嘱了一句。

"记住了。"

过了半小时，母亲不放心，叫二儿子崇道去看看。结果正如母亲所料，李政道还在看书，水放在一边没动。崇道问："老三，妈妈叫你干什么，还记得吗？"

李政道如梦初醒，看了一眼二哥，把书放下。

"妈妈要我干什么？不记得了。"

他忽然看见身边有一盆水，便把手放进水里搅了几下，说："我记起来了，妈妈叫我洗手。好，洗完了。"

从此，家里人都叫他"三糊涂"。但"三糊涂"的功课却好得令人吃惊。而且，在大是大非问题上，他可是一点也不糊涂。

13 岁那一年，发生了一件让他终生难忘的事情。有一天，李政道乘电车时不小心撞了一位外国人。这本是区区小事，但那位外国人竟把小小的李政道交给了一位印度警察"红头阿三"，让人高马大的红头阿三"教训教训"他。结果，红头阿三把李政道狠狠揍了一顿。这件事在小小的李政道心中，留下了永远抹不去的羞辱感。

1941 年 12 月 8 日，上海完全被日军占领，成为沦陷区。当日军坦克进入上海市区的时候，路上的行人必须向日军鞠躬致敬。李政道当时 15 岁，他受不了日本占领上海后的屈辱生活，毅然与二哥李崇道于当年 12 月 22 日寒冷的冬日，离开温暖舒适的家，想到江西赣州联合中学去读书。但是到了赣州却又发生一件让他难忘的事情。这所中学当时还没有改名，叫江西临时中学。它规定不接受转学的学生。李政道对此非常不满，加上年轻气盛，一气之下就到省教育厅找一位姓阮的厅长"告状"。这位厅长盘问了一下，发现这个少年并没有什么后台，就把他打发走了。后来李政道还是设法进入了这所中学，还认识了吴大猷教授，知道这位阮厅长居然是吴大猷夫人阮冠世的弟弟。不过李政道也从来没有向吴大猷提起过这件事情。

李政道在联中读书时，条件极其艰苦，没有教员就只好自学。读高中二年级时，联中缺乏教员的情况越来越严重。有一天，联中训导主任把李政道叫到办公室，说有事情。开始，李政道吓了一跳，以为出了什么意外的事情，

15 岁离开上海时的李政道

结果训导主任对他说：

“不少老师都说你的学习成绩很好，特别是数学和物理，尤为突出。学校考虑再三，想请你给低年级学生讲这两门课，不知你意下如何。”

李政道惊讶得一时不知如何回答，旁边一位数学老师连忙劝说：“当老师对你的学习很有好处，我们也实在请不到比你更好的老师了。希望你能同意，以解校方燃眉之急。”

李政道对师长的信任非常感激，于是点头说：“我一定努力干。”

后来，二哥崇道考取了广西大学畜牧兽医系，离开了江西，留下李政道一人在江西赣州继续他的学业和代课的工作。

## “茶馆里的大学生”

1943 年秋天，李政道从江西联合中学毕业后，考上了浙江大学物理系。当时浙江大学为躲避日本侵略者，从杭州经过广西的宜山、贵州的遵义，迁到了贵州的湄潭。李政道与几个同学结伴同行，翻山越岭，经历了数不清的苦难，最要命的是在途中他同时染上了痢疾和疟疾，高烧、恶心、呕吐和腹泻……把一向健壮的李政道折磨得几乎无法继续前进。但是他硬是咬牙坚持走到贵州湄潭，那时他简直就像一个流浪的乞丐。如果不是他原来身体健壮，加上坚强的意志，他根本就到不了贵州！

当时的贵州，贫穷落后，有一首民谣说贵州是“天无三日晴，地无三里平，人无三分银”，其条件之差，生活之艰难困苦，可想而知。

当时的教室和宿舍都设在“江馆”和“楚馆”两个会馆里，除了上课还有个破烂教室以外，下了课就没地方去看书自习了。李政道和同学们只好到街上茶馆里，泡上一壶茶，目的是买一个座位，然后就在那儿看一天书。开始李政道还不习惯这种喧闹的场所，但到后来居然练出了“闹中取静”的真功夫，还戏称自己是“茶馆里的大学生”。

浙江大学的条件在当时虽说极差，却有一些国际知名的学者在那儿与学生同甘共苦，共同献身于科学和教育事业，以致形成了一个现代史中的奇观：在这个贫穷落后的大山沟里，出现了被称为“东方剑桥大学”的名牌大学。世界著名学者王淦昌在荒山古刹中，讲述世界物理学最前沿的量子力学和原子核物理学；著名数学家苏步青则在布满蛛网的会馆里讲授微分几何。1944 年 11 月，时任英国驻华科学考察团的团长李约瑟来到遵义和湄潭，参观了浙大数学系和理学院。他惊奇地连声说：“你们这里是东方的剑桥，值得看的东西太多了!”

后来，他又写专文介绍他在浙大的所见所闻：“在湄潭可以看到科学研究活动一派繁忙紧张的情景……它是中国最好的四所大学之一。”

当时浙江大学的教师在什么样的艰苦的条件下生活和工作，现在的人是很难想象的。当时后方的经济状况处于崩溃状态，物价飞涨；而国民党政府的腐败，更加速了这种崩溃态势。像苏步青这样的著名教授，靠工资收入根本无法维持一家最低的生活水准。为了能生存下去，他只好购置了锄头和粪桶等工具，在他住的破庙附近开了了半亩荒地，种上蔬菜、红苕，弥补家庭粮菜的不足。有趣的是，有一天湄潭街上一家饭馆没有了蔬菜，还从苏步青教授的菜地里摘了一筐。

苏步青在一篇回忆中写道：“一谈到菜根香，我就想起了抗战时期随浙江大学‘流亡’到遵义附近的湄潭的情景来。那时，一家八口人在破庙安身，生活困难，吃地瓜蘸盐巴过日子，总算熬过来了。”

在如此艰难的条件下，浙江大学的教授们，仍然精心编写讲义，寻找最前沿的科学研究资料，让大学生们在极简陋的条件下能够接触和了解世界学术最前沿的知识。

李政道在浙江大学学习了量子力学、光谱学、中微子实验和理论……。谈起中微子，李政道肯定忘不了王淦昌带给他的影响。

在浙江大学辗转迁移的艰苦历程中，从德国留学归来的王淦昌教授以坚忍不拔的意志，克服恶劣环境带来的种种困难，坚持为学生开物理实验课。有时只能在一个地方停留一个月的时间，他也坚持把仪器从装好的箱子里取出来，拿到实验课堂上。

有人觉得王淦昌先生真是不识时务，说："饭都吃不上，还去做什么实验啊？"

王淦昌回答说："没有饭吃更应该做实验，不做实验光惦记着饿，做起实验还可以忘记饿。"

有几位物理学家当时是王淦昌的学生，后来回忆时激动地说："就是这种精神使王淦昌老师成为一位杰出的科学家。"

还有一位当时的学生回忆说："湄潭是一个风景秀丽的县城，发达程度与农村集镇差不多，生活条件和物资供应十分困难。我们没有自来水供高真空系统用的循环水流，王老师就设法将水桶放在一只高高的木凳上，产生落差，提供水流。他就这样领导我们战胜一个又一个困难，取得教学与科研的满意成果。"

1979 年，李政道对中国科技大学的学生们讲演时，回忆了浙大的学习条件。他说："物理学离不开实验，一定要动手。我在浙大学习时的条件十分艰苦，物理实验是在破庙里做的。"

王淦昌就是在这种恶劣条件下，坚持工作。由于生活极为清苦，王淦昌最后不幸染上肺病，不得不卧床休息了一段时期。在卧床休息时，王淦昌床头总少不了刚刚寄到的美国《物理评论》，以及国外其他物理期刊。

束星北教授

束星北教授更是李政道永远不能忘怀的恩师。束星北曾留学美国、德国和英国，曾先后就读于英国爱丁堡大学、剑桥大学和美国的麻省理工学院，在两国先后获得两次硕士学位。

1931 年 9 月束星北回国探亲时，正好"九一八事变"发生。在国难当头之际，他愤而投笔从戎，于 1932 年 1 月受聘于南京中央军官学校，任物理教官。束星北脾气比较暴躁，触犯了蒋介石，无法容身于军校，遂于 1932 年 7 月离开该校，到浙江大学物理系任教。

束星北既是一位严师，又很关爱学生。李政道报考的是浙江大学化工系。报考化工系是他二哥李崇道建议的，这可能与他们的父亲毕业于农业化学系有一些关联。但是李政道感兴趣的却是物理学，正好李政道和束星北的侄子束慰曾是大学里很好的朋友，那时大学生听课很自由，除主修课以外想听什么课没有任何限制。当时物理学在中国并不走红，毕业后就业也有困难，所以学物理的大学生不多。但是浙江大学因为有王淦昌和束星北两位大师级的物理学家，所以物理课在浙江大学居然成了炙手可热的俏课，听课的人很多。每逢周末还有这两位教授主持的"物理讨论课"，就物理学的前沿给学生作系统报告，这种课更是爆满，有些学生不得不站在门外窗外听。

当时，因为大学的校址分散，一年级住在永兴，离湄潭理工学院约 30 里路，束星北每一或两周到永兴开设物理辅导课。在辅导过程中，束星北发现学生提问中，化工系的李政道不但问题提得多，也提得最有水平。在束星北的辅导和启发下，李政道对物理学更是狂热痴迷，于是很快转到了物理系，师徒二人简直成了知己，每逢讨论问题必至深夜；有时太晚，李政道干脆在物理实验室里睡。

李政道在《束星北档案——一个天才物理学家的命运》一书的"序言"中写道：

> 我浙江大学的一年级是在贵州永兴上的，离湄潭约 30 里。1943 年当我去永兴上学的时候就决定由化工系转为物理系。因为物理系的学生很少，那一年物理系课程就在化工系上。所以事实上，我在浙大一年级上的是化工系的课，唯一的不同，是每一或两星期束星北教授就会从湄潭专程到永兴来一天，和物理系的同学讨论。因为讨论是自由的，不在日常的课程中。每次束老师来，我都是唯一的学生，而我们讨论的问题也是没有规定的。在这样一对一师生密切教学的关系下，束老师帮助我建立了我对整体物理的认识、了解和自信，使我一生受益。

后来束星北被借调到重庆军令部技术室作技术顾问，李政道还常常乘上军用车去重庆，继续与束星北讨论物理学。

这年暑期，李政道的母亲从上海移居重庆，四弟学道和妹妹雅芸也随妈妈来到重庆就读。他立即到重庆去看望母亲。不幸在回贵州的路上，由于搭乘的卡车失事，他和车一起翻进了山沟，卡车翻了一个个儿，正好压在他的身上，因此背部严重受伤，好几个月不能行走。束星北在重庆知道后，立即打电话给王淦昌，请他好好关照李政道。

1944 年底，日本侵略军逼近贵州，大学气氛突然紧张起来，一部分学生投笔从戎，走上了战场；剩下来的学生也惶惶然无心上课。李政道这时也准备走向抗日前线。束星北在重庆得知李政道要报名参加青年军时，立即打电话给王淦昌教授，请他一定看住李政道。恰好这时束星北有军车到湄潭接家属，于是李政道就随束老师一起到了重庆；待骨伤养好后，束星北劝他去西南联合大学物理系。据许良英先生回忆说，束星北还为李政道写了一封推荐信给吴大猷教授，那时吴大猷从美国回来，在西南联大任教。但吴大猷的《回忆》中，并没提到束星北的推荐，却提到另一个人的推荐，这个人叫梁大鹏。

事情过程是这样的：李政道早就听说西南联大物理系的师资力量十分了得，有不少国际知名的学者在那儿任教。听了束星北老师的劝告也动了心，于是他写信给在上海的父亲，要求转到西南联大学习，并希望父亲能助一臂之力。李政道的姑姑认识一位叫梁大鹏的人，而梁大鹏与在西南联大物理系任教的吴大猷教授以前在密歇根大学同过学，于是李政道的姑姑写了一封信给梁大鹏，请他为李政道写一封推荐信给吴大猷教授。

这样，李政道就在 1945 年初带着这封推荐信来到云南昆明。

从李政道在浙江大学一年半的学习生涯中，我们可以清楚看出，束星北在李政道的学习和成长过程中，起了多么重要的作用。李政道曾说：

> 我一生最重要的机遇，是在很年轻时能极幸运地遇到三位重要的老师，得到他们的指导和帮助。束星北老师的启蒙，吴大猷老师的教育及栽培，和费米(Enric Fermi)老师的正规专业的锻炼，都直接地影响和造成我以后的工作和成果。我的一生和他们对我的影响是分不开的。而我最早接受的启蒙光源就是来自束星北老师。

李政道获诺贝尔奖以后，没有忘记束星北老师对他的精心关照。1972 年

10 月，李政道出国留学后第一次回国时，得知束星北老师还在青岛医学院劳动，他于 14 日给老师写了一封信，信中深情地写道：

> 自重庆一别，离今已有差不多 28 年了，对先生当年在永兴、湄潭时的教导，历历在念，而我物理的基础都是在浙大一年所建，此后的成就，归源都受先生之益。

1983 年，束星北教授去世的消息传到美国后，李政道立即于 11 月 2 日发出唁函：

> 束老师是中国物理学界的老前辈，国际闻名，桃李满天下。他的去世是世界物理学界及全国教育界的极大损失。

## 西南联大再遇伯乐

在西南联大，李政道找到了吴大猷教授。吴大猷教授在 1986 年写的《抗战中的西南联合大学物理系》一文中，回忆了李政道来找他的事情："在抗战将要结束的那年——1945 年，在昆明又有一奇遇。我在《抗战期中之回忆》一文中讲过。"接着，吴大猷写道：

> 1945 年的春天，忽然有个胖胖的，十几岁的孩子来找我，拿了一封介绍信。信是 1931 年我初到密歇根大学遇见的梁大鹏兄写的，梁不习物理，十几年未通音讯了，不知怎样会想起我来。他介绍来见我的孩子叫李政道，他原在宜山浙江大学，读过一年级，因为日军逼近宜山，他便奔去重庆。他的姑姑认识梁，梁便介绍李来昆明见我。那时是学年的中间，不经考试，不能转学，我便和联大教二年级物理数学课程的几位先生商量，让李去随班听讲考试，如他合格，则候暑假正式转入二年级时，可免他再读二年级的课程。其实这不过是我自以为合理的办法，并未经学校正式承认许可的。

吴大猷教授与李政道在一起

李应付课程，绰有余裕，每日都来我处请我给他更多的阅览物及习题。他求知心切，真到了奇怪的程度。有时我风湿痛，他替我捶背，他帮我做任何家里的琐事。我无论给他怎样难的书和题目，他很快就做完了，又来索更多的。我由他的解问题的步骤，很容易地发现他的思想敏捷，大异寻常。

后来，由于李政道的学习成绩实在优异，吴大猷“自以为合理”的办法，居然成功。学校很快同意李政道上大学三年级的课，大二的课程只要随班通过考试就行了。

学习物理就得做实验这是尽人皆知的，但当时西南联大的物理实验课就很特别，因为绝大部分仪器在内迁时都来不及搬运，就是抢运出来的一点仪器在路途上也损坏、丢失得所剩无几。没有办法，老师只好“画饼充饥”，把仅有的一点仪器当宝贝一样放到讲台上，或者挂在墙上让大家看，然后由老师做示范实验，学生只能看不能做。有一次老师把唯一的一个电压表挂在墙上让大学生看，李政道年轻好奇，忍不住走到墙边去“研究”了一番，结果把电压表弄坏了。

后来李政道回忆这件往事时，幽默地说：“看来我就只能专做理论物理研究了。”

李政道在西南联大时，结识了杨振宁。杨振宁比他大 4 岁，李政道进西南联大读书时，杨振宁已经毕业，在联大附中教数学。但由于他们都是吴大猷教授的得意门生，所以彼此还是比较熟悉的。

在西南联大求学时期，尽管条件极为恶劣，但学生和教师们在校训“刚毅坚卓”的鞭策下，在校歌“中兴业，需人杰。便一城三户，壮怀难折。多难殷忧兴国运，动心忍性希前哲。待驱除仇寇复神京，还燕碣”的呼唤下，一大批日后驰名中外的学者在这儿苦学成才。

造就人才的首要条件是老师。在西南联大求学的日子里，对李政道的影响最大，对李政道的成长也起了至关重要作用的，当然首推吴大猷教授。1966年，在吴大猷先生六十寿辰的盛会上，李政道手举酒杯深情地说：

> 是吴大猷先生当初把我带到美国，给了我这样的机会，没有这样的机会，我是不会有今天的！

这句话说得真是千真万确。

1945年抗战胜利后，当时的蒋介石觉得原子弹很重要，因此下令给军政部，让部长陈诚和副部长俞大维与西南联大物理系的吴大猷、化学系的曾昭抡和数学系的华罗庚商量制造原子弹的事，并告诉他们可以拨款10万美元。三位教授回答说，要想制造原子弹，首先得选派培养人才，因此建议先选派学生去美国学习。蒋介石接受了这个合理的建议。于是三位教授在数理化三个领域里各选择两个学生，组成“军政部科技考察组”一起到美国去考察。华罗庚选的是孙本旺和徐贤修，曾昭抡选的是唐敖庆和王瑞酰，吴大猷可以推荐学物理的学生。吴大猷教授的得意门生可不少，但杨振宁已去了美国，黄昆也去了美国。在身边的助教朱光亚当然是首荐学生，另一个让谁去呢？李政道当时还刚刚进大学三年级，按理说根本轮不上他。但吴大猷对李政道格外垂青，深知这个学生将来前途不可限量，因此他大力推荐李政道出国深造。

## 芝加哥大学获得博士学位和爱情

1946年7月，李政道和朱光亚、唐敖庆等随同华罗庚乘坐美国运兵船“将军号”到旧金山。没想到的困难出现了，到了美国以后才知道原子弹技术保密，根本没有什么地方可供学习。于是决定几个来美国学习的学生自行联系学校，各寻出路，各奔前程。原来给的经费可以给他们两年学习期间的学费，每年5000美元。找一个学校读研究生对其他五位不是困难，他们都有大学毕业证，大学研究生院接受没有问题。但是对只有大学二年级成绩单的李政道来说，想读研究生这无疑是一道坎。李政道在 1986 年写的《六十回忆》中这样写道：

1946 年 7 月李政道赴美国前的留影

> 1946 年 9 月我来到美国。当时我只有两年大学本科的学历，但自己已觉得掌握了经典物理学，对量子力学亦有所了解，因此，对读研究院是很有信心的。可是在四十年代的美国，没有大学生本科的文凭，进研究院几乎不可能。

后来来到美国的吴大猷教授虽多方联系，积极推荐，也都没有成功。李政道几处碰壁之后，自信而年轻的李政道并没有沮丧，而是以一种“不信邪”和“不成功不罢休”的心态，努力地继续争取。他听说，芝加哥大学可以破格录取没有大学本科文凭的学生进入研究院，但有一个条件：要读过校长哈钦斯（Robert M. Hutchins）指定的几十本西方名著，并且通过这方面的考试。李政道急忙赶到芝加哥大学，到招生办公室打听要读哪几十本西方名著。这不打听则已，一打听却让李政道大失所望，原来那些名著他大部分连书名都没有听过，如何能通过考试？

但李政道还不服输，他对办公室的人说：我是中国人，虽然没有读过很多西方名著，但中国名著却读过不少，什么《论语》呀，《孟子》呀，《道德经》呀……。而且，李政道很自信地说：这些中国名著的水平和哈钦斯校长指定的西方名著相当。办公室的人大约见李政道说得振振有辞，而且那一副自信的表情，使他们不得不相信这个 20 岁的年轻人的理由，就同意他进研究院“试读”两个月。李政道后来感慨万千地写道：

> 芝加哥大学招生办公室的负责人就让我先进芝大的研究院试读。两个月后，芝大物理系的系主任替我争取，这样，我就被正式录取为研究生。

进了芝加哥大学研究生院以后，他惊喜地发现，当时的芝加哥大学物理系的教师，真可谓群英荟萃、鸾翔凤集，许多一流物理学家到这儿任教，其中有钱德拉塞卡（Subrahmanyan Chandrasekhar，1983 年获得诺贝尔物理学奖）、费米、尤利（Harold Urey，1934 年获得诺贝尔化学奖）、穆利肯（Robert. S. Mulliken，1966 年获得诺贝尔化学奖）、玛利娅・迈耶（Maria. G.oeppert-Mayer，1963 年获得诺贝尔物理学奖）都是诺贝尔奖获得者；还有“美国氢弹之父”特勒……；研究生中也是个个了得，其中至少有 3 位后来获得了诺贝尔奖（不包括李政道）。尤其是让他惊喜的是，他遇见了西南联大来的杨振宁。他乡遇故知，真是有说不完的话，道不完的情。

后来，李政道曾回忆说：

> 在芝加哥大学读书的日子里，Frank Yang（杨振宁）和我成为很亲密的朋友。杨极聪明，我们当时都很年轻，而且对各种问题充满好奇心。我们时常有不同的想法和观点，有时我们的讨论相当热烈。这也为我们的学生时代增添了许多内容。

李政道很快发现，芝加哥大学的教学风格和方法与西南联大的“截然不同”，在西南联大学生必须认真读完所开设的课程，老师严加督促，加上严格的考试，学生决不能马虎草率对待；而芝加哥大学虽然各系开设了许多课程供学生选择，而且都由著名教授主讲，但校方并不鼓励学生去多修课，更不会强求学生必须修什么课程，芝加哥大学物理系更强调和鼓励的是从事创造性研究，特别重视对优秀生的因材施教。李政道经过认真考虑，选修了特勒的量子力学、扎查里孙（Zacharison）的电磁学，后来又选了玛利娅・迈耶的统计力学。开始他还担心因为选课而“泄露自己不是‘出类拔萃’学生的秘密”，但到课堂上一看，好多同学也选了同样的课，这才放下心来。

芝加哥大学十分重视学术讨论，每周都要举行有各系教授、教师和学生参加的学术讨论会，讨论内容十分广泛，内容倒并不一定很深。这样的讨论，非常有利于同行之间的交流和不同专业的相互促进。由于有费米、特勒和尤利这样的大师参加，所以讨论总会气氛活跃，争论迭起。

李政道的实力很快显露出来，不但很快成了正式的研究生，而且在1947年春入校不到一年的时间里，他就被选为芝加哥大学的特别访问生(Visiting Fellow)，获得新设立的一项奖学金"大学奖学金"(University Scholarship)，这项奖学金每年只有两个名额，可以获得为期三年的5000美元。有了国民政府的补贴，加上这项奖学金，李政道在芝加哥大学攻读博士期间，经济上应该是比较富裕的。正是因为比较富裕，1947年夏天，李政道就买了一辆二手车，与杨振宁和凌宁到美国西部旅游。他们还在这辆车前拍了一张合影照片。从照片上来看，李政道长得比较胖，因此大家给他取了一个外号"小胖子"。

费米也很快注意到这个从中国来的年轻人，让他参加每周两个晚间举办的特别讲座。对于意大利来的费米，李政道更是格外钦佩。

费米不但在科学研究上做出巨大贡献，被人们誉为一代科学泰斗，而且作为一名教师，他也深受学生们敬重和喜爱。他给学生们上课、辅导、做实验，都极认真负责，从不马虎了事。跟着他当研究生，就会很快领会如何学习和研究物理。费米有一个习惯，到午餐时他就把研究生聚到一间小厅里，边吃边谈。天南海北，天上地下，从古到今，想到哪就聊到哪儿。在这些闲聊中，费米会从各种轶事趣闻中，引出一些重要的、一般书本上没有的见解和观点，其中有的与科学研究有关，有的与如何做人和做教师有关。

做博士论文期间的李政道

在这种愉快、自由、民主、紧张的学术环境里，李政道成长得很快。费米也很快发现李政道的才干，于是邀请他参加费米晚间开设的课。一般说来，研究生要受到邀请才能参加这样特设的课，被看中的研究生当然是十分优秀的。

1948年春天，李政道经过两年半的努力，通过了博士资格的考试，并且有幸在费米的指导下做博士论文。从此，他们之间的关系就更加亲密。当时费米正好对宇宙射线的起源、原子核的形成很感兴趣，因此他先是指导李政道研究核物理，后来又让他转入天体物理。费米指导博士生有一个了不起的办法：他常常让李政道思考某一个问题，查阅有关文献，然后让他向同事们作一次演讲。他很客气地说：这样可以让他较快地了解这个课题。对于李政道来说，这种小范围的演讲无疑是一个很好的鼓励，在演讲后也有一些成就感。后来李政道说："很久以后，我发觉这是指导学生独立工作的绝技。"李政道还深有感受地写道：

> 费米注重培养学生自力更生精神，对问题要有独到见解。他的学生必须能够证明或推导所用的一切公式。记得有一次，我和他讨论太阳的内部结构，有关辐射传递的一组微分方程，其解答十分复杂。由于这并不是我研究的课题，我不想花太多的时间去做繁复的验证，于是我就引用了著名文献上的结果，而费米却认为一个人绝对不能接受自己没有验证过的别人的计算结果。

费米的这种严谨的作风，使李政道有"刻骨铭心"的感受。

1949年底，在费米指导下，李政道完成了关于天体物理学的博士论文《白矮星的含氢量和能量产生的机制》，并因此于1950年6月获得了芝加哥大学博士学位。李政道在《回忆费米》一文里谈到他为什么选择这个题目做博士论文的故事。那是在一次例会上，李政道向费米提到美国物理学家罗伯特·马沙克（Robert E. Marshak）在汉斯·贝特（Hans Bethe，1967年获得诺贝尔物理学奖）的建议下，得到一个有关白矮星研究的结果。他们认为白矮星含氢量十分丰富（称为富氢），并得出白矮星的导电率很高，其内部温度很低，而且根据他们得到的一个解可以推出，白矮星的临界质量是5.75☉（☉代表太阳的质量），与印度裔美国物理学家钱德拉塞卡多年前计算的结果相一致，也与当时恒星演化概念符合。

费米听了李政道的介绍以后就开始与李政道讨论马沙克的结论。费米到底不愧是大师级人物，他敏捷的思考能力很快使他提出一个关键性问题：

“马沙克有没有谈到他的解是不是稳定的？”

“没有。”

费米立即建议李政道研究这个问题。经李政道研究的结果，他证明马沙克的解是不稳定的，钱德拉塞卡极限（Chandrasekhar limit）不是 5.75 ☉，而是 1.44 ☉。

因为这一结果，他的博士论文被认为“有特殊见解和成就”，列为当年的第一名，还获得了 1000 美元的奖励。那时的 1000 美元可不是一个小数目。在授予李政道博士学位时，校长还特别指出：“这位青年学者的成就，证明人类高度智慧的层面中，东方人和西方人具有完全相同的创造能力。”

从上大学到获得美国名牌大学的博士学位，李政道只用了 7 年时间，这也可以说是一个不小的奇迹吧！而且在这 7 年时间里，李政道还得转换生活习惯、适应语言环境，这要付出多大的代价啊！

就在获得博士学位期间，李政道还意外获得爱情，找到了他的终生伴侣。那是 1947 年的圣诞节前夕，因为李政道有车，接送任务总是少不了他。这一次到火车站接的是两个中国女学生，其中一个是哈维尔圣玛丽学院（Saint Marry College）家政系的学生秦惠箬。说起来他们两人还真是有一些缘分，因为秦惠箬的姐夫胡幼复先生曾经与李政道的父亲合办过“飞马油漆厂”，而且非常成功。

人们常常说“一见钟情”，生活中的的确确有这样的事。李政道在火车站一见到秦惠箬的时候，一种特殊的情感拨动了他的心绪，使他心理发生了微妙的变化。后来几天，李政道非常热情地带她到各处游玩、看电影。

李政道原来对自己的打算是 25 岁以后再谈恋爱，30 岁再结婚，此前将一心专注于物理学研究。他本是一位性格坚强的人，但是万万没有想到的是他看见秦惠箬的一刹那，他的决心就彻底动摇。他内心有一种声音在告诉他：这位东方女学生美丽而又端庄、热情而又稳重，这正是他心目中的女性；机不可失，时不再来，此时不抓住机会，将会后悔一生！这正如《诗经·郑风·野有蔓草》中所说：“有美一人，清扬婉兮，邂逅相遇，适我愿兮。”

圣诞过后秦惠箬回到哈维尔，这时李政道像热锅上的蚂蚁，怎么也安不下心来，颇有“寤寐思服”，“辗转反侧”之慨。1948年初，李政道决定给秦惠箬写了一封表示爱慕的信。

再说秦惠箬。她也是上海人，在上海一所教会中学念书，1947年中学毕业以后到美国留学，至今也有一年半了。现在突然见到英俊而且学业很好的李政道，加上他那么热情地招待，陪她们游玩、看电影、吃饭……她不可能不心动。但是毕竟只有一面之缘，而且姑娘总会比男孩子更加心细，她总不能这么快就决定自己一生的大事。收到李政道的信以后，过了一个多月她才回信给李政道。

这边的李政道等待秦惠箬的回信，真可谓是“热锅上的蚂蚁”，心情烦躁得不得了。他还因为别人老是叫他“小胖子”而担心秦惠箬看不上他的相貌，居然开始减肥！减肥和思念居然让李政道明显地瘦了许多。这一下倒引起了导师费米的关注，他悄悄地问杨振宁：“弗兰克，TD[①]近来瘦了很多，注意力也不像以前那样集中，他是不是经济上遇到了什么困难？”

费米当年追求女友时，可不像东方男孩子这样胆小，所以他不会懂得这个总是乐呵呵的李政道为什么会瘦下来。不过当费米开始注意到李政道发生一些不可思议的变化时，李政道已经接到秦惠箬的信，虽然在信里没有明确的答应什么，可是她邀请李政道参加圣玛丽学院五月份举办的盛大舞会！在李政道看来这是一个绝好的信号！但是他又有一些发愁：他不会跳舞啊！以前只知道努力念书，哪有时间去学会什么跳舞啊！不过这倒难不住李政道，他立马到一个舞蹈训练班报名，开始极其认真地学习跳舞。为了尽快见效，他像原来投入精力学习一样，训练班的六门课程他都同时参加，而且一点也不觉得累。很快他的舞技进步很快，参加盛大舞会也不会怯场。而且他的减肥也非常成功，如果看他当年的照片，就可以看出那时李政道真可以说是身材“苗条”。

舞会过后，他们的交往开始增多。1948年夏天李政道邀请秦惠箬到美国西部旅游。李政道有车，这是自驾旅游的基本条件。他还购买了野外住宿用的帐篷、吊床、毯子，食品那就不用说，准备得非常充分。旅游结束后，李政道和秦惠箬的感情开始质变，彼此已经有了深深的情意。

① 弗兰克和TD是当时人们对杨振宁和李政道亲切的称呼。

1949 年 11 月，秦惠䇹因为阑尾炎住院，李政道立即赶往哈维尔，到医院里尽心伺候秦惠䇹。一个月病愈出院时，他们之间的感情已经上升到谈婚论嫁的地步。他们决定在 1950 年结婚，恰好这年李政道获得博士学位，秦惠䇹大学毕业。

1950 年 6 月，李政道拿到博士学位后，这对美好的情侣终成眷属。婚后他们去威斯康星州的山谷里度蜜月。这年李政道 24 岁。秦惠䇹原来还想攻读硕士学位，但因为看到李政道的才华非同一般，是可能成就大事业的人，于是她主动放弃了自己的学业，挑起照顾李政道生活和抚养孩子的重担。

## 李杨卓有成效的合作

1950 年李政道获得博士学位以后，费米把他推荐给钱德拉塞卡教授。我们知道，钱德拉塞卡早在伦敦剑桥大学期间，已经对白矮星（white dwarf）有卓有成绩的研究。在 1937 年到美国来之前，钱德拉塞卡在英国剑桥大学任教，到美国来以后，一直在芝加哥大学叶凯士天文台（Yerkes Observatory）工作；1944 年，他被提升为教授。李政道在叶凯士天文台做了 8 个月的副研究员以后，发现与钱德拉塞卡一起工作很不愉快。据美国物理学家瓦利（Kameshwar C. Wali）说，钱德拉塞卡脾气很大，因此他的学生或者下属都怕与他多接触，哪怕要绕较远的路也尽量不经过他的办公室门口。[①]而且李政道喜欢提出各种各样的问题，对自己不明白的问题也绝不放过，非要问个一清二楚才行。这种追根究底的风格费米喜欢，但是钱德拉塞卡却不喜欢学生打破沙锅问到底。因此李政道决定离开这个天文站，到加利福尼亚大学伯克利分校物理系担任助教。1951 年春，加州大学决定晋升李政道为讲师，但是有一个条件是要做“忠诚宣誓”。李政道认为这是一种不能忍受的歧视，就坚决地拒绝了这一职位。后来在杨振宁的帮助下，来到普林斯顿高级研究所工作。杨振宁回忆说：

> 1951 年秋天，李政道来到了研究院，他和我在芝加哥是亲密的朋友。他在芝加哥得到博士学位后在伯克利待了一年，在那儿他

① 参见《孤独的科学之路：钱德拉塞卡传》，瓦利著，何妙福、傅承启译，上海科技教育出版社，2006，267页。

不愉快，所以我建议奥本海默，研究院的院长，邀请他来研究院当博士后研究员。

李政道来到普林斯顿，应该说是他生命旅程中很重要的一件事，此后他的科学研究事业顺利地驶上了快车道。对他和杨振宁都有意义的是，他们很快就恢复了在芝加哥大学已有的合作。杨振宁回忆说："1951 年秋，李政道来到高等研究院，我们恢复了彼此之间的合作。"合作的成果是他们共同发表了两篇统计物理学方面的论文。此后著名的"李-杨单位圆"（Lee-Yang unit circle）就是在那时候证明的。这个定理也被称为"李-杨定理"（Lee-Yang theorem）。杨振宁认为这是他在统计力学中第二个有价值的工作。他们的这一工作，引起了爱因斯坦（Albert Einstein，1921 年获得诺贝尔物理学奖）的注意，爱因斯坦自 1933 年到普林斯顿高级研究所任职以来，一直在这座"象牙之塔"里工作，从未离开过。1952 年的一天，爱因斯坦突然派他的助手考夫曼（Brunia Kauffman）来找他们两人。李政道对此有比较清晰的回忆，他写道：

> 在高等研究所里的伟大人物中，爱因斯坦超越所有其他的人。年轻人看到他都敬畏有加，他经常和哥德尔一起走着去办公室。我们所有的人都过分胆怯而不敢与他谈话。1952 年的一天，爱因斯坦让他的助理考夫曼来问，他想与杨振宁与我谈一谈，不知是否可以。我们立刻回答说："当然可以啦！"我本想把我的那一本《相对论的意义》请爱因斯坦签名，但是我却没有这样做。我一直为此感到遗憾之至。
>
> 我们到了爱因斯坦的办公室。他说他读了我们的两篇关于统计力学的论文，给他留下了很深刻的印象。他首先问起我们关于巨正则系综（grand canonical ensemble）的基础。显然他对于这一方法并不完全熟悉。这使得我十分吃惊，因为我一直认为，这整个方法都是为了推导玻色-爱因斯坦凝聚而发明的。随后他的问题转向格点气体的物理适用性以及配分函数解的分布的细节。我们的回答让他十分高兴。整个的谈话涉及的范围十分广泛，而且谈了很长的时间。最后他站起来，和我们握手并且说："祝你们未来在物理学中

> 获得成功(Wish you future success in physics)。”我记得他的手较其他人大而且温暖。总而言之,这是一件非常难忘的事。

1953年,李政道转到哥伦比亚大学任教。

1954年,李政道发表论文《重正化场论中的某些事例》,文中提出了一个假想的量子场论的模型,这个模型被称为“李模型”(Lee Model)。这个模型是量子场论中少有的能完全解出的模型之一,因而深受重视,量子力学的奠基者泡利(W. Pauli)和海森伯(W. Heisenberg,1932年获得诺贝尔物理学奖)都曾对这个模型作过深入的研究。我们知道,泡利和海森伯均因为对量子力学作过重要贡献,获得过诺贝尔物理学奖。

1956年,年仅30岁的李政道晋升为教授,成为哥伦比亚大学200年来最年轻的教授。

李政道到了哥伦比亚大学以后,因为这所大学与普林斯顿相距不远,加上他与杨振宁已有的有成效的合作,因此两人建立了互访制度:杨振宁每周去李政道所在的哥伦比亚大学一次,李政道则每周到杨振宁所在的普林斯顿高级研究院(或布鲁克海文实验室)[1]去一次。这种科学史上罕见的互访持续了六年时间。杨振宁在回忆中高度评价了他们两人的合作:

> 这是一种非常富有成果的合作,比我同其他人的合作更深入广泛。这些年里,我们彼此相互了解得如此之深,以致看来甚至能知道对方在想些什么。但是,在气质、感受和趣味等方面,我们又很不相同,这些差异对我们的合作有所裨益。

从1955年到1962年,他们两人合作写了32篇论文,包括使他们两人荣获诺贝尔物理奖的文章。这种合作,尤其是成效如此卓越,在科学史上极为罕见,也许我们再也找不到一个能与之相比较的例子。这种合作肯定会引起周围人们的关注。奥本海默院长就多次向同事们说,他最喜欢看到的景象,就是杨振宁和李政道在普林斯顿草地上边走边讨论问题的情景。后来,很多科学家都多次提到奥本海默的这一喜好。许多认识他们两人的物理学家,都

---

① 1953年夏,杨振宁到布鲁克海文实验室工作了约一年时间。

十分羡慕他们的合作和友谊，认为非常美妙而且了不起。

李政道和杨振宁正在讨论问题。

物理学家伯恩斯坦（Jeremy Bernstein）与杨振宁、李政道两人都十分熟悉，他曾描述两人的合作时写道：

> 他们两个人都能说中文和英文，但在讨论物理问题的时候，几乎完全是用中文，因此旁听者只能够偶尔猜测一些听起来熟悉的物理学名词，这是他们一时无法找到与中文对应的名词的时候，常常夹在中文谈话中的。有时，人们可以听到好像是“哦，现在我了解了”这样的英文短句。
>
> 一个物理学家的办公室如果靠近他们两人在普林斯顿或布鲁克海文办公室，几乎不可能不听到他们的声音。他们讨论任何物理问题，都兴致昂扬，而且常常用极大的嗓门。他们两人对于进行彼此间的计算竞赛，有着极大的乐趣。由于他们的思考都非常敏锐，因此观看或聆听他们工作的进展，就会既兴奋又令人感到疲惫。

在布鲁克海文实验室还发生过一件有趣的故事。有一次，他们两人还在扯开嗓门争论什么的时候，喜欢开玩笑的费曼刚好经过他们办公室门口，于是费曼走进办公室，用比他们两人更大的嗓门讲起话来。他们一时没想到费曼是在捉弄他们,于是李政道习惯地用更大的嗓门讲话。这时杨振宁注意到费曼是在开玩笑,也是提请他们注意,于是他笑了一下,开始降低声调。

正是在这种卓有成效和美妙的合作中，迎来了他们两人光辉的时刻。1957 年他们双双荣获诺贝尔物理学奖。

## 双双登上诺贝尔奖颁奖台

一个石破天惊的伟大理论提出后,仅一年多一点时间就荣获诺贝尔奖,这在诺贝尔奖授奖历史上是一件空前的新闻！难怪费曼说杨李获诺贝尔奖“是最快的诺贝尔奖”了。比利时物理学家罗森菲尔德(Leon Rosenfeld)说:“瑞典科学院如此迅速地将诺贝尔奖发给弱相互作用中宇称不守恒的发现者,充分表达了委员们对这一发现的重要性有一致的共识。所有认识这两位年轻的诺贝尔奖获得者的人,为他们的人格魅力所倾倒的程度,丝毫不亚于他们的多才多艺和深刻的思维给人们留下的印象。”

李政道在获奖时只有 31 岁，是诺贝尔奖获得者中第二个最年轻的获奖者。他们在获奖的时候都持中国护照,所以他们的获奖是中国科学家首次获得诺贝尔奖,因此这也是中华民族的光荣和骄傲!

李政道接受诺贝尔奖的光辉时刻

1957 年 12 月 11 日,杨振宁在作了题为《物理学中的宇称守恒及其他对称定律》的演讲后,李政道作了《弱相互作用与宇称不守恒》的演讲。

这天晚上 6 点 30 分，按惯例在被称为“兰厅”的市政厅举行盛大的宴会和舞会。宴会开始后,李政道和杨振宁和其他获奖者分别向大会致谢词。但是讲话的顺序与领奖时刚好相反,因此李政道是倒数第二个讲话。

李政道先用中文讲了几句风趣的话:

关于现代物理学基本观念的修正，使我和杨振宁博士在哥伦比亚大学附近的中国餐馆里用膳前经常讨论而获得的结论，今天终于能公之于世并得到各位的承认。

接着他用英文简短致词：

一个科学上的成就是许多在同一或相关领域中的研究者积累的结果。没有过去的经验，没有现在的激励，就不会产生我们今天的观念和知识；没有将来的实验，我们今天的观念和知识也不能进化。虽然这许多因素构成了任何进步的整体，人们往往只记得最后光辉的收获而忘记了其中辛勤的耕耘。在今天隆重的典礼上，我格外感受到，有了许多伟大的物理学家，他们为人类对自然的了解做出了很大的贡献，但还没有像我们今天这样被授予如此的荣誉。

按照惯例，这天晚上在瑞典几所大学生主办的营火晚会上，应该有一位获奖人对大学生们讲话。大学生们决定请李政道参加他们的晚会，因为李政道那年才 31 岁，与大学生的年龄比较接近。

李政道事先并不知道这件事，通知他的时候也没有告知他一定要讲什么。幸亏李政道有足够的机智来对付这群热情好奇和求知欲旺盛的大学生。他向瑞典的大学生讲起了孙悟空的故事：

我想给你们讲一个小故事，是取自中国的小说《西游记》。讲的是一只猴子。这只猴子与其他猴子不同，是从石头里生出来的，因此他非常非常聪明。他自己又碰巧对此也很清楚。于是整个故事就这样开始了。他雄心勃勃，自命不凡。开始他想当猴王。这一点他很容易就做到了。但是很快他就厌倦当猴子，甚至连猴王也不愿当了。现在他想当人了。经过年复一年地学人的习性，他穿得像人，说话像人，甚至连他的外表都和人一样了。但是，他仍然不满足。现在他想学着当神仙了。他到了神山，经过了几百年又几百年的刻苦学习和研究，他学会了做神仙。事实上他学到了很大的魔法。譬如，他能一跳就是十万八千里。于是他要跳到天堂上去，而他只半跳就到了天堂。他要在那里当神仙。玉皇大帝开始不答应，但是这只猴子坚持不退让，玉皇大帝让步，封他当一个神仙，封号是“齐天大圣”。然而，这只猴子仍然不满意。这一次他不光想当神仙，还要当玉皇大帝。玉皇大帝没有办法，只好与猴子打仗，真打了。可是这只猴子把整个天兵都打败了。玉皇大帝的最后一着，只好向如来佛求救。如来佛来了。他告诉这猴子，要想当玉皇大帝，就要有一定的资格。如来佛张开他的手，对猴子说：“假如你要当玉皇大帝，你就要能跳进我的手掌，然后再跳出去”。猴子看着如来佛，他有大约 30 米高，心想，“我一跳就是十万八千里，看来我很容易就可以当上玉皇大帝了。”于是他就跳进了如来佛的手掌，然后跳了一大跳想跳出手掌。为了保险，他跳了又跳。在跳了百万又百万年之后，这猴子觉得有点累了。最后他跳到一个地方，有五根巨大粉红色的柱子。他想这可能就是宇宙的边界了，柱子说明宇宙大小有限。他感到非常高兴，就在中间那根柱子上涂写：“齐天大圣到此一游。”他非常轻松，非常愉快，开始往回跳。跳了很长时间，他回到了开始跳的地方，于是他自豪地要求当玉皇大帝。这时如来佛用他的另一只手把这猴子提起来指着那只张开的手掌，指给他看，在它中指根部，有猴子写的几个非常细小的字：“齐天大圣到此一游。”此后，在中国就有一个说法：“纵有千头六臂，也跳不出如来佛的手心。”

我们研究知识，可能会做出很大的进展。但是我们要记住：即使到了如来佛手指根部，我们离绝对真理还是非常远的。

李政道风趣而又奇妙的神话故事，赢得了瑞典大学生们的欢迎，他们用热情的掌声和欢呼声向这位比他们大不了几岁的诺贝尔奖得主致敬。

12 月 13 日还有一个有趣的节日。我们先看获得 1994 年诺贝尔化学奖的美国化学家奥拉（George A. Olah）在他的自传《阳台上的化学家》里对这个节日的叙述：“还有另一件事值得一记。在瑞典，12 月 10 日是诺贝尔日，12

月13日是圣露西亚节(St. Lucia's day)。清晨我们(夫妇)让敲门声唤醒,门外是一群身穿白衣、手拿蜡烛、口里唱着圣歌的女孩,送来一份纪念圣露西亚节的传统早餐。那真是让人难忘的动人清晨。"[①]

这个有趣的传统节日的活动,很少被获奖者们提及,能够看到当场照片的更是少见。露西亚在瑞典传统故事里是"光明之神",12月13日被认为是黑夜终于过去,光明已经来到,因此露西亚将于这一天凌晨到各家各户唤醒居民,告诉他们光明来到了人间。也许获奖者知道有这么一个故事,但是每一位获奖者在12月13日凌晨6点被一群姑娘破门而入并被唤醒时,多半还是会大吃一惊。这时他们都还是穿着睡衣没有起床呢!

李政道夫妇这天早晨6点也还没有起床,就被一群闯入客房的姑娘唤醒,并给他们夫妇送来纪念圣露西亚节传统的早餐。幸运的是那天早晨的情形留下一张宝贵的照片。从照片上看来,李政道似乎有一点尴尬,但也觉得很有趣,毕竟他只有31岁,这还是很好奇的年龄。但是照片上的情景与奥拉的叙述有一些不同,蜡烛不是手拿着的,而是插在最前面一位姑娘的头上;床头小柜上放的似乎是早餐。

## 毛泽东求问对称性

杨振宁教授在一次演讲中,说到中国知识分子的优良品质时说:

"中国知识分子对社会的关心,中国知识分子忧国忧民的想法,中国知识分子'先天下之忧而忧'的心情,是中国传统里一个良好的部分。唐代李商隐的一首诗中的名句'春蚕到死丝方尽,蜡炬成灰泪始干',常用来描述中国知识分子对国家前途的关切心情。"

李政道教授正是一位关心祖国前途命运,为振兴中华而殚精竭虑的优秀的爱国科学家。

1972年9月,李政道偕夫人秦惠䇹女士踏上了归国旅程,回到了阔别26年的故土。周恩来总理专门设宴招待他们夫妇,并当场盛赞李政道是"李精于学"。

1974年再次归国时,李政道的心情十分沉重。在《与毛泽东主席谈对称

① 《阳台上的化学家》,奥拉著,田静如译,台湾,天下远见出版有限股份公司,2005,233页。

性》一文中,李政道写道:

> 那是1974年5月30日,中国仍然处在"文化大革命"的动乱之中,"四人帮"还居于权力的鼎盛时期。我十分沮丧地看到,在这个文明古国里,教育几乎完全中断了。在极度苦闷之中,我多么希望能找到改善这种状况的办法,哪怕只能改变一点点也是好的。

这种"极度苦闷"的心情,几乎伴他度过整个归国访问过程,但他对此又毫无办法。在他准备离开中国回到美国的前一天清晨,出现了一线转机。5月30日清晨6点钟的光景,李政道住在北京饭店的房间里的电话突然响起来了。在电话里有关方面通知他,毛泽东主席想一小时后在中南海接见他。李政道在惊讶之余,决定利用这个难得的机会向毛泽东主席"进言"。

李政道按时走进了毛泽东那闻名世界的大书房。毛泽东主席坐下后,向李政道问道:我想请你谈谈,为什么对称性那么重要?

李政道听见毛泽东主席劈面第一问竟然是物理学中的对称性问题,不禁大为惊奇。对称性在物理学中,就是一种变换中的不变性,是一种守恒性。20世纪物理学最伟大的进步就是弄清楚了对称性的本质和重要性。李政道在一篇名为《对称性与非对称性》的文章中曾指出:

1974年5月30日,毛泽东会见李政道。

在我们对自然规律进行理论分析时，对称性原理已经成为一个强有力的工具。……在任何理智的追求中，对称性原理所具有的深刻的普遍性和美学价值的简单性，只有很少几个原理可以与之媲美。

但毛泽东主席为什么对这个物理学中至关重要的原理感兴趣呢？李政道开始有点不大清楚，在进一步交谈中，他才明白毛泽东主席的想法了。他写道：

在中文里，对称的含义几乎完全相同。这样，在本质上它是一个静态的概念。但毛主席认为，整个人类社会的进化，应植根于动态的变革。是动态，而不是静态，才是唯一重要的因素。毛主席强烈地感到，自然界也应该是唯一地由动态来描述的。所以，他对于对称性在物理学里占有那么重要的地位，感到十分不解。

李政道知道毛主席对对称性的了解存在片面性，于是用一支铅笔在斜放着的纸上滚动为例，向毛泽东主席说："铅笔在运动中的确没有一刻静止，但在整个动态过程中却具有一种对称性。对称这个概念绝不只意味着静态；比起通常的解释，它有更广泛得多的含义。"

毛泽东主席很欣赏李政道的简单的演示，他还进一步问到物理学中其他一些问题。他还为自己一直没有时间学习更多的科学知识，表示十分遗憾，但他记得当他年轻时，读过一套汤姆逊(J. A. Author Thomson)的科学著作。

李政道见与毛泽东主席谈得很高兴，便乘机提出了"一个小小的建议"：

我希望至少对于一些特别优秀的学生来说，教育应该维持、继续和加强。

李政道的建议被毛泽东采纳了。后来，由于周恩来的大力支持，"少年班"建立起来了，这使得一些非常聪明的十三四岁的学生能到大学接受一种特别设计的教育。开始只有中国科技大学办了少年班，后来由于办得比较成功，中国许多其他大学也办了少年班。

5 月 31 日，李政道乘飞机离开北京前，在机场他收到毛主席送给他的礼物：一套 1922 年出版的 J. A.汤姆逊的四卷本著作《科学纲要》。多年以后，李政道回忆这次与毛泽东主席谈话时感叹地说："在'文化大革命'造成的巨大混沌中，这次会见只不过给它带来了一点点有序。"

## 春蚕到死丝方尽

"文化大革命"结束后，神州大地唤回了科学的春天，李政道内心真是充满了喜悦，他决心在这样大好的形势下，帮助中国科学界迅速摆脱由于多年封闭所带来的严重落后状态。1979 年以后，他几乎每年都要回国讲学、访问，有时还一年回来几次。

1981 年和 1983 年，他先后将父亲、母亲的骨灰护送到故乡苏州市的灵岩山麓安葬。

李政道每次回国，总是毫无保留地向中国同行们介绍他近年来研究的，但还没有来得及发表的新成果，他那种迫切希望中国科学事业尽快发展的赤子之心，让每一位听他演讲的人，无不为之动容。

有一次，在北京科技大学研究生院讲课，他每天坚持讲 3 小时，连续 7 周一共讲授了 110 学时。在美国，他通常每一年只讲 28 到 30 个学时。每天他凌晨 3 时起床，直到上午 11 时全用来备课，中午午餐，他与当年他的导师费米一样，到食堂与研究生一同就餐，顺便听取大学的意见。有人提醒他注意身体健康，他说：

> 每天三四点钟起床工作，这对我来说，已变成一种生活方式，成了下意识的事情，所以我觉得没有什么，不以为奇，更不以为苦。

为了尽快使中国的科学人才成长起来，他在 1979 年说服美国哥伦比亚大学当局同意，招收中国大陆 5 名博士生，由哥伦比亚大学每年提供 2 万美金资助，到他们毕业为止。结果这 5 名博士生的优异成绩，让哥伦比亚大学学校当局大为震惊。

这次小规模试验成功以后，李政道又设法将美国、加拿大一些名牌大学物理系研究院（约70个左右）联合起来，共同出一组考试题目，招收中国的学生，合格者送到上述各大学研究生院攻读博士学位。这就是有名的“柯斯比亚”（CUSPEA）。到1986年为止，通过这一渠道，中国已向美国和加拿大派出了700多名研究生。

在这一项工作中，李政道亲自打电话同各方面联系，甚至给国内学生家长打长途电话叮嘱一些细节。这些繁琐而又大量的工作，不仅占用了他三分之一的研究时间，而且还花费了他不少钱。当中国有关部门要付给他一些报酬时，他坚决不收。他说：“国内送来的孩子，我有责任负责到底，这只是我的一点心意。”

李政道的一片苦心没有白费。这几百位留学生没有辜负李政道教授的期望，他们绝大部分都在各自的领域里取得了优秀的成绩。李政道教授对此感到分外欣慰。他常常高兴地对人说：

“在哥伦比亚大学物理系，前4名几乎都是我办的CUSPEA的中国学生。其他如哈佛、普林斯顿、耶鲁等名牌大学，情况也都是这样。因此，今后20年的科技领域里将大部分都是华人，这是没有问题的。”

还有更令人高兴的成就让李政道教授欣慰。由他倡导建立和具体指导的北京正负电子对撞机（BEPC），在1992年2月对τ粒子质量做出了新的测定，这是当时世界粒子物理学领域里最重要的成果。李政道教授高兴地宣称：“与同样能量区域的其他正负电子对撞机（如美国的SPEAR和德国的DORIS）相比，北京正负电子对撞机是世界第一！”

李政道教授还骄傲地说：“现在有40多位美国科学家先后到北京在BEPC上做实验。……特别值得指出的是，整个BEPC都是祖国的科学家在祖国的土地上自己建造的。”

# 科学实验团队的指挥大师——丁肇中

我希望由于我这次得奖，能够唤起发展中国家的学生们的兴趣，而注意实验工作的重要性。

丁肇中

丁肇中教授，1976 年获得诺贝尔物理学奖

## 童年和青少年时期

丁肇中的父母亲丁观海和王隽英于 1934 年秋和 1935 年春先后进入密歇根大学学习。丁观海主修土木工程，王隽英主修心理学，他俩怀着科学救国和教育救国的理想一起奋发攻读。不久，这对恋人在安阿伯举行了婚礼。1935 年冬天，他们分别获得了“土木工程和弹性力学”与“心理学”硕士学位，

并打算立即回国。但是身怀六甲的王隽英，从腹中孩子的安全考虑，决定改变一下行程安排。她让丈夫先回去，而自己暂时留下来等待孩子的降生。

1936 年 4 月，出生刚满 3 个月的丁肇中随母亲回到了中国，把家安在河南焦作，丁观海那时在河南焦作工学院任教。那年 7 月，因祖母想念和渴望见到孙子，丁观海辞去了焦作的工作，到离老家较近的青岛山东大学任教。在随后的一年里，丁肇中得到了祖母的百般疼爱，享受到短暂的幸福美好时光。

一年以后的 1937 年 7 月 7 日，震惊中外的卢沟桥事变爆发了，日本发动了全面的侵华战争。北平、天津等许多大城市相继沦陷，战火眼看就要蔓延到青岛。从 8 月起，丁观海一家开始了颠沛流离的逃难生活。他们先后逃到南京、芜湖、合肥、徐州、武汉、万县，最后于 1938 年 11 月到达大后方重庆。在逃亡的途中，丁肇中的弟弟丁肇华出生了；到达重庆后妹妹丁肇民也出生了。

在抗战时期，重庆尽管是大后方，但经常遭到日本飞机的轰炸，丁肇中一家因此常过着提心吊胆的日子。丁肇中也因此失去了受正规学校教育的机会。丁肇中后来回忆说：

> 既然成了难民，只关心怎样活下去，没有工夫去想接受教育了。我只上了几天一年级就不得不离开学校，因为日本飞机每天都要来轰炸。

为了使丁肇中的学业不受影响，他的父母亲在家业余担任起了他的启蒙教师，只要一有空，父母就教他读书、识字、算术。丁观海曾说："肇中的小学教育多半是他母亲亲自教的。"实际上丁肇中日后之所以能成为一名大科学家，与他父母亲潜移默化的引导和言传身教是分不开的。

由于战时食品供应紧张，丁观海家里的 3 个孩子长期营养不良，体弱多病。作为长子，丁肇中总是把从自家羊身上每天挤的一点羊奶，让给弟弟和妹妹喝。丁肇华那时患过肺病，而丁肇中患过伤寒。更可怕的是，丁肇中几乎每年至少要住一次医院，而且一住院就是病势险恶，有几次抢救他的医生都几乎失去了信心。

漫长的抗战终于结束了，丁观海一家也结束了长达 8 年之久的流亡生活。童年的磨难对丁肇中未来的成长，起了重要的作用。

1946—1947年，丁观海到山东大学任教，丁肇中也随父母亲居住在青岛。他被送进一所天主教小学读书。由于以前没有接受过正规的学校教育，他的学习一时遇到了很大的困难，使他一度对学习失去了兴趣。但是，他的父母亲没有打骂和训斥他，也不强迫他读书。相反，还带着他利用课余时间去看展览，听京剧，以激励他的学习兴趣。在父母亲的耐心教导下，他对学习逐渐产生了兴趣。后来他心存感激地说：

> 因为在战争年代，我从来没有受过正规教育，另外我原来对学校也没有什么兴趣，所以在这所天主教学校中，我的学习遇到了很大困难。非常值得感激的是，我的父母从来不管束我，而总是激励我的兴趣，他们不像许多中国父母那样强求他们的子女在学校中得到好分数。

抗战艰苦的岁月刚熬出头来，而接踵而来的内战和社会动乱又使他们陷入到一场危机当中。1947—1948 年，丁肇中和弟弟丁肇华几乎同时得了重病。为了拯救他们，他们的父母果断地花费了全家的全部积蓄，去购买治疗必需的、当时刚出现的新药——盘尼西林（即青霉素）。丁肇中永远不会忘记这段往事：“如果他们不那样做，或许我们就不能幸存下来。”

1949 年元旦前夕，王隽英带着丁肇中三兄妹先期到达了台湾。几个月后，丁观海也抵达台湾。1950 年春，丁观海应聘担任台湾大学土木工程系教授，于是全家人住进了台湾大学的宿舍——台北市泰顺街 33 巷 4 号。这一住就是 40 多年，直到丁观海去世。一家人从此总算有了固定的住所，生活也从此有了改观。

丁肇中于 1949 年秋考入台北成功中学。不过，他在那里只读了一年，接着又凭着自己的实力，转入到台北市一流的中学——建国中学。

刚到建国中学，丁肇中就被校内的一条横幅所吸引，这是校长为勉励学生而摘抄的苏东坡的一句名言：

> 古之成大事者，不惟有超世之才，亦必有坚忍不拔之志。

丁肇中就读建国中学时的留影

这句名言从那时起就成为了丁肇中终身学习、工作的座右铭。

丁肇中读书特别爱向老师提问题，其中有些问题老师一下子也无法回答。他的数学老师曾经赞赏地对他的同事们说："这个学生有一股子钻劲，他学习功夫下得很深，但不是死读书，我教过的学生也有成绩比他好的，可是那些学生学得不活，没有后劲，难以进一步深入发展。丁肇中却善于举一反三、触类旁通。问题难度越大，他的钻劲也越大。"

1955年，丁肇中高中毕业时的理科成绩几乎都是满分，只是国语差一些，只有84分。丁肇中的头比较大，因此同学们亲切地叫他"丁大头"。一位同学在纪念册上很风趣地写道："看到你那少有的大头，我不禁想到，你这大头里一定蕴藏着许多智慧，怪不得你是我们班的数理权威！"

由于成绩优异，丁肇中被学校保送到台南市的台南工学院（后来改名为成功大学）——在台湾当时只算是二流的大学，这令他非常失望。他毫不犹豫地对老师说："我要参加联考。"他心中的理想和目标是台湾最好的大学——台湾大学。在征得父母亲同意后，他放弃了保送资格。

但是联考时由于文科成绩扯了后腿，丁肇中没有考上台湾大学，最后还是被台南工学院录取了。现实和理想的差距使他难以接受，他似乎觉得自己的前程从此暗淡无光。他后来把那段日子戏称为自己人生的"黑暗时期"。

进大学后，丁肇中读的虽是机械工程系，但他对物理却逐渐产生了浓厚的兴趣，对机械工程反而缺乏热情。他以极大的热忱阅读著名物理学家的传记，如爱因斯坦、居里夫人、伽利略、法拉第……最使他怦然心动的是法拉第所走过的科学道路。他在日记中写道：

法拉第喜欢独立思考，对书本结论，哪怕是著名权威的话，他也决不轻信。只要条件允许，他总要设法亲自检验一番。法拉第很喜欢做实验，他的零花钱几乎全省下来购买实验用品。钱不够就想其他办法，有时候连饭桌上的食盐也被他拿去做实验了。今后，我也要像法拉第一样，尊重事实，不迷信权威。

1956年夏，丁肇中回到父母身边度暑假。他这时一心想转学和转专业。一天饭后他对父亲说：“我想转到物理系去学习。”

“你对物理很有兴趣？”丁观海心存疑虑地反问道，接着他告诫儿子说：“学工程好坏都能干出一点名堂，学物理却需要天才才能成就一番事业。”

他还向儿子提出一个问题：“你认为你有能力跻身于物理学界吗？”

丁肇中本着对物理学的热爱和一年来学习大学物理的体验，对父亲的问题作了答复：“只要我埋头苦干，我想我会的。”

丁观海最后同意了他的要求：“那你就抓紧时间，准备转学考试吧。”

丁肇中十分高兴地投入到紧张的复习备考之中。然而就在这时，一个不期而至的机遇来临了。这年夏天，美国密歇根大学工学院院长乔治·布朗（George Brown）教授来台湾讲学，并顺便到丁观海家做客。他是丁观海20多年前留学美国时的老师长。当丁观海和布朗叙谈旧情时，王隽英插了话，她对布朗教授半开玩笑似地说：“布朗教授，我儿子丁肇中现已念大学一年级，很想有机会去美国大学深造，您能否帮忙让他去美国留学？”

布朗教授看着丁肇中那魁梧的身体和聪明伶俐的样子，不由产生一种好感。他满口答应，并表示到美国留学时可住在他家里。

不久，布朗教授就把一切手续都办妥了，并且很快给丁观海夫妇发来电报：“丁肇中留学手续已全部办妥，我等候着丁来美深造。”

## 与实验物理结缘

1956年9月6日是丁肇中终生难忘的日子。这天，他登上飞往美国的飞机，踏上了赴美求学的旅程。20年前，他就诞生在这片遥远而又陌生的土地上，如今他又回来了，他后来向人们讲述了他刚到美国留学的经历：

抵达美国时，我才20岁，住在布朗教授家中，当时，我只会一点点英文，同时对美国的生活费用毫无概念，在中国时我曾从书报中

> 知道，许多美国学生自食其力完成大学教育，因此我告诉父母我也要如此。1956 年抵达底特律机场，我身上只有 100 美元，我认为这个数目超过了需要。加上我不认识任何人，交谈有困难，心中很害怕。第一年，便在语言不通、生活环境不同、学习困难的情况下度过。由于我依靠奖学金念书，我必须十分用功，以保有这份奖学金。

在密歇根大学工学院读书的第一学期，丁肇中弄不懂工程制图课程，差点就因不及格被退学。于是，在第二学期选课时，他扬长避短，尽量少选工程方面的课程，而多选数学和物理方面的课程。第二年，他请求工学院允许他选修为研究生开设的物理和物理化学课程。

丁肇中的导师不同意丁肇中的选择："你读这类课程已经超出了工学院的需要，你应该多读线路或机械制图课。除非你转到物理系去，才有必要学这么多数理课程。"

导师的反对反而成就了丁肇中。他想："是啊，既然工学院的课程没有兴趣，又学不好，何不干脆转到物理系去？"

说干就干，1957 年秋季他如愿以偿地转入到理学院的物理系，为自己的人生道路做出了重要而正确的选择。后来每当谈起这件事的时候他总是笑着说："这一切都是在 5 分钟之内决定的。到目前为止，这个决定看起来并没有错。"

1957 年，中国物理学家李政道、杨振宁荣获诺贝尔物理学奖。这件轰动华人世界的事件对包括丁肇中在内的一代华裔青年影响很大，起到了极大的鼓舞和激励作用，正如华裔物理学家、1998 年诺贝尔物理学奖获得者崔琦所说："他们是我们的偶像(Role Model)。"

丁肇中也暗自庆幸自己选择了正确的道路，也增添了自己成为一名物理学家的决心和信心。

这一年圣诞节前夕，丁肇中收到了父亲给他寄来的礼物——一本由两位苏联物理学家合著的《量子电动力学》。在书的扉页上，父亲写上了他美好的祝福："祝吾儿圣诞快乐。"

20 年后，在 1976 年发表的题为《J 粒子的发现：个人的回忆》的诺贝尔演讲中，丁肇中还特别地提到这两本书对他的影响：

在 1957 年，我在纽约当暑期学生，偶然得到了赫茨堡(G. Herzberg)的经典著作《原子光谱》，从书中我第一次了解到光量子的概念和它在原子物理中的作用。大学毕业前夕，我的父亲送给我的圣诞礼物——一本阿希耶泽和贝雷斯基合著的《量子电动力学》的英译本。在密歇根大学学习期间，我仔细地通读了这本书，并自己推导了书中的某些公式。

两年后，即 1959 年夏天，丁肇中凭着顽强的毅力和只争朝夕的精神，在 3 年的时间内完成了本应 4 年完成的学业，以优异的成绩毕业，并同时获得了物理和数学两门学科的学士学位。

1959 年，丁肇中从密歇根大学毕业，获得了物理和数学双学士学位。

由于学习成绩优异，丁肇中获得了美国橡树岭国家实验室提供的奖学金，这笔奖学金可以维持他攻读研究生的所需费用。密歇根、普林斯顿等大学和一些研究单位都欢迎他去当研究生。

在 20 世纪 50 年代，物理专业的大学生大多都愿意选择理论物理学研究，尤其是中国的学生。丁肇中也希望能像杨振宁、李政道一样从事理论物理学研究。在可供他选择的几所大学和几个研究单位中，普林斯顿大学以理论物理研究而闻名，而且它附近的高等研究所也是世界著名的理论物理学研究中心。因此，丁肇中决定去那里读研究生。

正在决定他未来走向的关键时候，密歇根大学举行的一次优秀学生聚餐，改变了他未来的学术生涯。在那次聚会上，丁肇中结识了一位美籍德国姑娘——露易丝·库内·凯(Louise Kuhne Kay)，她是建筑系的高材生，美丽、端庄而大方。丘比特之箭射中了这对年轻人的心，丁肇中改变了计划，决定继续留在密歇根大学攻读理论物理学博士学位。

1960 年 4 月第一个暑假快来临的时候，丁肇中偶然遇见了教实验物理的马丁·佩尔教授(Martin Perl,1995 年诺贝尔物理学奖)。没想到这一次邂逅,竟改变了他的学术生涯。

佩尔教授对丁肇中说:“我和琼斯教授(Lawrence W. Jones)正在加利福尼亚的劳伦斯-伯克利国家实验室的加速器上做一项π介子和质子碰撞实验,暑期需要一名助手,我们愿意付 300 美元工资和来回的飞机票。”

丁肇中心想:“我虽然从大学到研究院念了好几年物理,对基本粒子也做过一番研究,可是迄今为止,还没有见识过加速器。这可是一次极好的机会。”

因此他立即答应当这名助手。到了伯克利之后,丁肇中在这两位教授的指导下勤奋地工作起来。过后,他在回忆这段经历时说:

> 开始做实验的时候,觉得非常困难,因为不懂仪器,没有动手做实验的习惯;后来过了不到一年的时间,逐渐地了解了仪器的性能和操作程序,便不觉得怎么困难了。
>
> 我很幸运,那两位教授不大管我,我没有依赖,什么都要自己动手,所以学得很快。我一直对这份工作十分有兴趣。

佩尔对丁肇中的动手能力有良好的印象,在丁肇中要离开加州返回密歇根大学的时候,佩尔教授认真地说:“依我看,像你这样的学生如果搞实验物理,要获得博士学位一般是不成问题的。”

丁肇中听了这番话,先是有些兴奋,随后就陷入到矛盾之中。因为他一直有一个梦想,做一个像杨振宁和李政道那样的理论物理学家,现在突然要改学实验物理,心中难免会有一些不能割舍。他没有立即答复,只是说需要考虑一段时间。

丁肇中正徘徊于理论物理学和实验物理学的十字路口时,他去拜访了理论物理学家乌伦贝克教授,想听听他这位搞理论的教授的意见。乌伦贝克教授说:

> 如果我能从头干起,我就做实验,因为一名普通的实验员很有

用，而一名普通理论物理学家却一点用也没有。在理论物理学的领域内，只有极少数理论物理学家是重要的，但是，在做实验时，不论你做点什么，都是必不可少的。

乌伦贝克教授的话，虽说有一些让丁肇中感到意外，但是仔细一想也很有道理，而且他所钦佩的法拉第不就是一辈子在实验室做实验吗？丁肇中是一个好强的人，让他一下子放弃自己原来的理想也不那么容易。经过几天的思索，他决定把实验物理研究作为自己未来的事业。

## 吾爱吾师，吾更爱真理

1962 年夏，丁肇中在佩尔和琼斯教授的指导下，完成了关于π介子-质子弹性散射实验研究的博士论文，提前获得了密歇根大学的博士学位。

丁肇中在美国只用了 6 年时间就走完了大学和研究生的学习阶段，获得了数学、物理学士和物理博士学位，而一般美国学生则往往需要 10 年的时间。这件事引起记者的兴趣，在一次采访中一位记者问："美国大学要念 4 年，研究院念 5 至 6 年，前后至少得 9 年时间才能取得博士学位，而你总共只用了 6 年的时间，您的秘诀是什么？"

丁肇中回答道："多用功，不浪费任何一点时间。"

有趣的是密歇根大学研究所的教授们，也巴不得丁肇中尽快毕业，好让他们尽快松一口气。这一点恐怕很多人不知道其中的奥秘，听了下面丁肇中的话你才会恍然大悟。他说：

在密歇根大学研究所时，与一般沉默寡言的中国学生不同，我老是喜欢提问，只要有一点疑问我就会追根究底。这一点大约很让教授们头疼，所以我离开密歇根大学时，这个大学的教授们居然感到松了一口气！

获得博士学位后，他在粒子物理学实验研究方面已经初露锋芒，他的好几篇文章引起了美国物理学界的注意。一些大学和研究机构竞相以优厚的待遇向他发出了邀请，最后他放弃了职位较高的一个邀请，选择到哥伦比亚大学尼文斯实验室担任研究助理。因为哥伦比亚大学当时有许多世界著名实验物理学家云集于此。例如，拉比（I. I. Rabi，1944 年获诺贝尔物理奖）、李政道、吴健雄、斯坦博格（J. Steinberger）、莱德曼（L. M. Lederman）、施瓦茨（M. Schwartz）等，后三人在 1988 年分享了该年度的诺贝尔物理奖。这么多优秀的物理学家都在哥伦比亚大学，那可真是人才济济、群英荟萃。在这儿，丁肇中受到大师们良好风气的熏陶，这对他攀登高峰起了重要的影响。

在哥伦比亚大学的研究进展很快，但一年后在福特研究基金的资助下，丁肇中却又决意暂时辞去尼文斯实验室的工作，去瑞士日内瓦的欧洲核子研究中心（简称 CERN）从事博士后研究工作。他说："我认为从任何一个人身上所学的东西都是有限的，有两年时间就足够了。"

其实，CERN 提供给丁肇中的生活条件远不如哥大优越，薪金只有哥大的三分之一，任期也只有一年。那时只有 27 岁的丁肇中为一种献身科学的雄心壮志所鼓舞。在人生的天平上，当物质生活和求知欲相矛盾的时候，他不追求前者而是追求后者。

CERN 有一位才华杰出的实验专家，他就是意大利西西里大学的塞普·柯可尼（Guiseppe Cocconi）教授。丁肇中决定去求教于这位名师。后来，他谈到了他的这次欧洲之行：

> 我选择了一个可以使我进一步从事研究的工作，那是在瑞士日内瓦的 CERN。同其他职位相比，它只有 1/3 的薪金，并且任职时间只有一年，但我还是选择了这个职位，因为我渴望能够和 CERN 的柯可尼教授一起工作。他是一个有非凡能力的物理学家，在选择物理学研究课题方面具有特别敏锐的洞察力。他能够以一种清晰和简明的方式阐述复杂的问题。

丁肇中在 CERN 进行的是质子与质子碰撞的散射实验，它要求掌握加速器的复杂技巧。由于过去的经历，他对这里的巨型质子同步加速器操作起来得心应手。在一年多的时间里，他实验技能有很大的提高，为他日后从事实验物理学研究打下了雄厚的基础。

1965 年春，丁肇中结束了在 CERN 研究的预期工作，与妻子回到了美国。这时，哥大聘请他为物理学讲师。就在这时，一个更大的挑战不期而至。

1964 年，从哈佛大学实验室传出一个使物理学家大为震惊的实验结果：有名的培普亭教授做了由光子碰撞原子核而产生电子对的实验，并测到了电子的直径。实验结果表明，量子电动力学（QED）给出的结果是错误的。第二年，康奈尔大学的教授们再次重复了这个实验，宣称所得的结论与哈佛大学的一致。一时间，许多人都相信 QED 理论有错误，因此引起了物理学界广泛的注意。

倘若真如哈佛大学教授们所说的那样，那 20 世纪 50 年代以来一直被物理学家们认为很成功的 QED 不就被推翻了？到底是 QED 错了，还是哈佛和康奈尔大学的教授们错了？丁肇中陷入了深思。他很快作出反应：

> 我当时想了一想，认为这个实验影响非常之大，有重复的必要，因为 QED 是所有物理学中最准确的，从法拉第到麦克斯韦，再到狄拉克，所有的实验和理论都是符合的。因此这个实验有重复的必要。

经过几个月的苦心研究，丁肇中终于设计出了检验 QED 是否正确的一个新的实验方案。有一天，丁肇中对尼文斯实验室主任莱德曼教授谈了自己的新方案，并询问说："我可不可以做这个实验？"

莱德曼说："你的这个想法很有趣，但恐怕实现起来很困难。一是这个验证计划得很多钱，在美国恐怕没人愿意给这笔巨款；二是你没有做过什么电磁实验，而这个实验要用很多你从未使用过的电子仪器，因此要很有经验的物理学家才能做，所以我相信你不能做；三是这个实验短期内是无论如何无法完成的，至少得三四年时间。再说，你不是有名的教授，没有人会信任和支持你。……因此，我看你不如到我们实验室来吧。"

听了这番话，丁肇中还是试图说服莱德曼："我只需一年时间就可验证哈佛大学科学实验的真伪。"

莱德曼直摇头不说话。丁肇中明白他的实验设计很难使莱德曼信服。最后他对莱德曼说："看来我只好辞掉哥伦比亚大学的工作了。"

一年前访问 CERN 时，丁肇中结识了几位德国科学家，他们从 CERN 回到汉堡后，已经做了德国电子同步加速器中心(DESY)的负责人。丁肇中心想："在美国难以检验 QED，只好到德国试试。"

于是他写信给德国同事。他们很快回信表示非常欢迎他去汉堡工作，并答应给他一个实验组。这是丁肇中移师欧洲的开始，也可以说是他科学生涯中一个里程碑。临行前，丁肇中向莱德曼辞行。直到这时，莱德曼仍持怀疑态度，并提出要和他打赌："我希望你能成功，但是我认为你不会成功。既然你坚持己见，我要跟你打个赌，赌注 20 块美元，假如你在两年之内能把这个实验做出来，我给你 20 元，不然，你给我 20 元。"

丁肇中说："好！"

1965 年 10 月，丁肇中离开哥大前往 DESY。他带领几位年轻助手开始了紧张的实验。经过 8 个月艰苦的实验，1966 年 7 月便做出了结果：各种数据表明 QED 是对的，哈佛大学教授的实验错了。

正在这时一次重要的国际高能物理会议在美国斯坦福直线加速器中心召开，讨论的中心议题是：QED究竟是对还是错？丁肇中闻讯立即从汉堡乘飞机到旧金山。在飞机上他把在 DESY 完成的实验结果写成文章。当他急匆匆地赶到会场时，参会的科学家们正在热烈谈论为什么 QED 是错误的。丁肇中的突然出现，使会议上的话题骤然逆转。

20 世纪 60 年代丁肇中和同事在 DESY 早期的控制室内。

他向会议主持人帕诺夫斯基(Wolfgang Panofski)教授提出发言的请求："我有些新的实验结果，能不能给我 10 分钟向大家报告一下？"

帕诺夫斯基沉吟片刻，同意给他10分钟的时间。随后丁肇中走上了讲台。他简明扼要地列举他们实验中得到的各种数据，充分证明他们的实验结果表明QED没有错误。不仅如此，他还指出了哈佛大学教授的实验究竟错在什么地方。最后他幽默地说："假使哈佛大学物理系主任培普亭教授把我的实验结果，在这儿改一下的话，那么量子电动力学就的确错了。"

在场的物理学家们哄堂大笑起来。短短的10分钟，现代物理学史上一个重大的谬误就这样被纠正过来。丁肇中和他的这个著名实验，也由此载入了物理学史的史册。

事后，莱德曼倒是颇有绅士风度——丁肇中收到了他寄来的20美元。丁肇中后来在总结这段时期的研究经验时说："不论反对意见多么不可一世，我始终坚持我的观点。"

丁肇中的这次成功，坚定了他做实验物理研究的信念。他当时在写给父亲的信中，大胆地写下了这样的一句豪言壮语："在未来10年，我有希望获得诺贝尔奖。"

丁观海当时只当这是儿子的一句戏言，并没有当真。然而十年后的1976年，儿子当年的壮言真的成了现实。

## 寻找带色的雨滴

在完成验证量子电动力学的实验之后，麻省理工学院著名物理学家韦斯科夫教授飞赴DESY，对他展开游说工作，想招募他到麻省理工学院。条件相当优越：高薪金，先聘为副教授，保证两年后升为教授；不必教书，独立主持一个实验组，根据需要可留在德国继续做实验，在经费上也尽量给予支持。丁肇中最感兴趣的当然是后面这一点了。他选择了麻省理工学院，并在随后的30年里一直为这个学院效力。

到麻省理工学院以后，丁肇中对当时热门研究课题"重光子"（heavy photo）的研究非常重视。早在20世纪60年代初，日本物理学家樱井就提出一种观点：当光子能量高到一定程度时，它们在与物质作用前会先变成一种质量很大的、称为"矢量介子"（vector meson）的粒子。到了20世纪60年代，实验果然发现了三种矢量介子，用希腊字母命名为ρ、ω、φ（分别读柔、奥米伽、普西）粒子。由于它们的电磁性质和光子的完全相同，但质量比质子的质量还要大 8 到 11 倍，为 760、783 和 1019(MeV)，所以称之为重光子。这种粒子不仅质量大，而且寿命很“长”。而且物理学家发现：凡是能产生光子的过程，只要能量能上去，就会产生这些矢量介子。丁肇中想：“自然界中有多少重光子？是否恰好只有 3 种？还有没有第 4、第 5、第 6 种重光子？它们有些什么特性？我认为可能不止 3 个……”

他认为，认定重光子只有三种是很难令人信服的，他决定通过实验来证实自己的猜想。

许多青年物理学家听说丁肇中的设想，纷纷慕名而来，盼望能在丁肇中的领导下从事这个具有重大意义的研究。丁肇中常对他小组的成员说：

> 科学上的发现，都是通过努力工作得来的，极少靠运气。再说像高能物理实验这种耗资巨大的大规模研究工作，有哪一个财神老爷让你动辄花上百万美元去碰运气呢？所以，你们在我这里工作，必须要遵守我的规矩：准时上班，认真工作，各组要分头实验，直接向我负责，组与组之间不得相互联系，以免弄虚作假，影响实验的可靠性……

为了寻找新粒子，来自世界各地的科技人员，围绕着他制定的课题，不懈地工作着。有一段时间丁肇中小组处于困难时期，非议和批评猛烈地向他们袭来。有人说，丁肇中寻找新粒子是异想天开，已经走进了死胡同；也有人说，丁肇中的实验耗资百万美元，是一种费钱而无效的工作……面对越来越多的议论，丁肇中没有丧失信心和勇气，但是由于长期高度紧张的工作，没有得到很好的休息，1970 年春，丁肇中筋疲力尽，全身乏力，经常头晕，而且食欲大减。医生诊断他患有严重的神经衰弱症，建议他至少要休息一年，才能恢复健康。

“要我休假一年？难道没有别的办法？”

“没有别的办法，这是惟一有效的办法。”

他不得不听从劝告，老老实实回家休假一年。安排好工作后，丁肇中告别了日夜不离的实验室和朝夕相处的同事，拖着虚弱的身躯回到了波士顿的家中。妻子凯和两个女儿明隽、明美终于盼来了家庭的团聚。丁肇中曾歉疚地表示,平时因为工作,他几乎很少和家里人在一起。

1970 年的全家照

在妻子凯的精心照料下，丁肇中的身体逐渐康复起来。凯虽是西方血统,但却有东方妇女的温柔与贤惠。在家里她处处尊重丈夫,为了能让丈夫吃上可口的中国菜,她曾特地买了一本中国菜谱;为了营造温馨的家庭气氛,她还学会了一些简单的中文会话。

虽然是在家休息,但丁肇中的脑海里却依然萦绕着正在进行的实验。在波士顿郊区静静的月夜里,他在住所附近的林荫道上边散步,边思考。这与其说是在休息,还不如说是在闭门制定寻找新粒子的新计划。后来,有人问丁肇中:寻找 J 粒子有多难？他回答:

> 像波士顿这样的城市,在雨季的时候,每秒钟也许会降下 100 亿个雨滴,假定其中的一滴雨有着不同的颜色,我们就必须找出那一滴雨。

## J 粒子的发现

1971 年春丁肇中恢复了健康,又回到了 DESY。为了寻找质量更大的重光子,经过深思熟虑和审时度势,丁肇中做出了迈向成功的一项战略决策:把他实验的主战场从 DESY 转移到相隔万里之遥、坐落在美国东海岸纽约附近的布鲁克海文实验室（简称 BNL）。因为那里的加速器最大能量达到了30GeV,找到新粒子的机会大得多。

在美国反对这个实验的声音也很强。但是丁肇中相信自己的方向是对的。为什么一年多来仍然毫无收获呢？他召集三个实验小组成员展开了一次大的讨论:怎样才能发现新粒子？现有的实验有什么致命缺点？……热烈争论之后,他们又进一步完善了实验方案,然后又开始新一轮的实验。丁肇中还请来了三位美籍华人陈敏、余秀兰和梁智杰,设计出三个更大规模的实验,由三个组分头承担捕捉新粒子:西德的DESY、纽约布鲁克海文国家实验室和瑞士的 CERN。

布鲁克海文国立实验室

在这次大范围撒网似的搜捕行动中,出现过几次意外险情,如强大的辐射危及小组成员的生命等,幸好这些意外的险情都被一一克服。

到 1974 年 8 月,所有的设备都调试完毕,可以开始按新修改的方案进行有决定意义的实验了。他们用有 28.5GeV 能量的质子去轰击铍靶,以观察正负电子对产生时的情况。由于仪器非常复杂,必须有 6 位科学家操纵,而且得连续 100 小时采集数据。

激动人心的时刻终于到来了！ 8 月底的一天，在布鲁克海文实验室里“计数器开始显示出结果来了！”奇迹终于出现:发现了一个重量比质子还重三倍多的一个新粒子。

有一个文献上生动地描述了发现时的动人情景：

> 这天，在实验中心的丁肇中和实验小组的研究人员，他们的心脏和脉搏，随着质子的碰击，逐渐加速跳动。陈敏和余秀兰的脸上，呈现出兴奋的光彩。丁肇中抑制着内心无穷的喜悦，注视着正在进行中的实验。就在那么一刹那间，他看到新的粒子产生出来，这粒子在度过了核子标准上很长的寿命后，分解为正负电子对而消失不见了。

为慎重起见，丁肇中要求全体组员暂不要对外宣布这个结果。他必需做进一步的实验验证，以确保万无一失。同时他还希望发现更多的东西：

"千万不要声张。因为第一，我们还要证实这个发现是真实的；第二，还要看看是不是还有别的新粒子。要是还有，就得一网打尽。"

为了确保实验观测到的是真实的效应，而不是由于仪器偏差或者计算机读出误差造成的结果，丁肇中小组还另外采集了一组的实验数据。结果此峰仍保持在一个固定值(3.1GeV)处不变，这说明一个新粒子已毋庸置疑地被发现了。

接下来，小组成员开始讨论新粒子的命名问题。一般来说受激发得到的稳定粒子，都用拉丁字母命名，像假定中的中间矢量介子 $W^{\pm}$、Zo 等；而"经典"粒子则以希腊字母来命名，例如ρ、ω、φ等。另外，考虑到过去 10 年丁肇中小组的工作一直集中在电磁流量(jμ)方面，于是丁肇中决定将新粒子命名为"J 粒子"。后来外界大都以为 J 粒子是取自于汉字丁肇中的"丁"字。其实这仅纯属巧合。

为感谢麻省理工学院物理系主任韦斯科夫教授多年的支持，丁肇中原准备在当年 10 月 17 日和 18 日举行的韦斯科夫退休典礼上，宣布他们的发现的，但后来因一些原因又改变了。不过，在这期间，小组成员曾经同来访物理学家讨论过这个实验结果。所以，尽管没有正式宣布，但实际上消息已经透露出去了。

在 10 月的最后一个星期，丁肇中小组的同事纷纷要求丁肇中迅速发表结果。一位同事急切地说："有一只鸟在手中，总比林中的两只鸟好。"

丁肇中同意大家的意见,决定近期发表他们的成果。

11 月 10 日,丁肇中出席在斯坦福加速器中心举行的加速器委员会的例会。吃过晚饭在旅馆准备休息时，他突然得知斯坦福加速器中心的里克特(Burton Richter)小组也做出了非常令人兴奋的发现,但是到底发现了什么却不清楚。这时丁肇中开始有一些着急了,他决定尽快宣布他们小组的实验结果。他还给斯坦福加速器中心主任帕诺夫斯基拨了电话,把自己小组的结果也告诉了他。帕诺夫斯基很高兴,但他此时还在保守秘密,没有把他们的新发现告诉丁肇中,只说第二天才宣布新发现。

11 月 11 日凌晨 3 点，丁肇中小组的陈敏博士等人在 BNL 的计算机上宣布:“598 实验小组有重大发现。在 3GeV 的地方,发现了一个新粒子。”

那天上午,丁肇中在斯坦福加速器中心会议室遇见了里克特教授。他试探性地对他说:“伙计,我有个物理学趣闻要告诉你。”

里克特似乎知道丁肇中要说什么,连忙打断他的话:“不,丁,我也有个物理趣闻要告诉你。”

在场的物理学家们都目睹了这个神秘兮兮而又让外人感到莫名奇妙的有趣场景。稍后他们同时看到了两份实验报告以后,才得知他们发现的居然是同一个粒子！惟一的差别是一个把新发现的粒子称为J粒子,而另一个则把它称为Ψ粒子(读“普西粒子”)。

1974 年 11 月初,丁肇中小组宣布发现了 J 粒子。

更有趣的是在一段时间内,科学界对这个新粒子的命名一直未取得一致意见,同时存在两种叫法:大致上美国东海岸和欧洲的科学家多称之为 J 粒子，而美国西海岸的则多称之为Ψ粒子。据说在日本两种叫法都有,大约各占一半。

最后,科学界采用一个两全其美的方法,将这个新粒子命名为 J/Ψ粒子。这既可表明它是同一个粒子,又可说明它是两个实验小组独立发现的。

## 分享诺贝尔物理学奖

自1964年以来,粒子物理学研究再没有取得什么重大突破,丁肇中和里克特的发现使沉寂了十年之久的这个领域,又充满了生机与活力。

新闻界和科学界纷纷发表评论,盛赞丁肇中和里克特的发现。1974年12月2日,美国《新闻周刊》刊载的一篇评论文章指出:"J粒子的发现将会有新的结论的出现,从爱因斯坦到海森伯一直没有得到证实的'统一场论',可能获得具体的证实。"

我国著名物理学家朱洪元教授也说得十分清楚:"J/Ψ粒子的发现震动了整个国际物理学界。J/Ψ粒子的性质不可能由已有的强子结构的理论得到解释,人们被迫要增加夸克的种类,至少由3种增加到4种。"

过去,狄拉克曾预言过反电子,电弱统一理论曾预言的三个粒子……,但是J/Ψ粒子是一种奇怪的粒子:质量大却寿命特别长,比一般的粒子寿命长10000倍,物理理论没有预言过这种粒子。因此,丁肇中幽默地说:"这就像在桃花园里突然出现一个10万多岁的老人那样,理所当然地会引起世界舆论的轰动。"

长寿的J/Ψ粒子的发现,使物理学家们想起了格拉肖他们4年前提出的粲夸克。J/Ψ粒子的质量相当于质子的三倍,具有如此质量的粒子应该会在极短暂的瞬间发生蜕变,它却并非如此,能够存在"很长"的时间。因此它必定含有一种新的夸克——类似于奇异夸克,且比它重得多的新夸克。是它通过强相互作用阻止了蜕变。由此,物理学家们断定,J/Ψ粒子是由第四种夸克,即粲夸克和它的反粒子构成的。

经过理论物理学家和实验物理学家共同的研究之后,最后他们果然证实了J/Ψ粒子的身世——它真是一种含有新型夸克的强子。

由此可见,丁肇中和里克特发现的J/Ψ粒子,使夸克模型进一步得到证实。莱德曼在他的《上帝粒子》一书中写道:

> 这两个实验开始都是试探性的实验,都没有什么明确的动机。但当它们在1974年11月一起出现时,它们在全世界引起了轰动。

1974 年末的事件后来以“十一月革命”之名载入物理学史册。此后，当科学家们聚在一起谈古论今时，都会提到这两个著名的实验。

基本粒子物理学的“冬眠”时期结束了。J/Ψ粒子的发现激发起一股空前的热潮，迫使科学家们又重新估价原有的一切理论，并使得一度“前途黯淡”的夸克理论从此获得新生。基本粒子研究，也由此出现了朝气蓬勃的新局面！

1976 年 10 月 18 日 12 时 16 分，瑞典皇家科学院给当时在 CERN 工作的丁肇中和里克特教授发出了一份热情洋溢的电报：瑞典皇家科学院今日将 1976 年诺贝尔物理学奖，分别给予美国丁肇中教授和里克特教授，为奖励其在发现一种新的基本重粒子方面的先驱工作。

丁肇中获得诺贝尔物理学奖的消息迅速传遍了全世界。他的父亲丁观海也抑制不住内心的激动，随即从台北拍出了两封电报，一封给在 CERN 的儿子：“祝贺你荣膺 1976 年诺贝尔物理学奖桂冠。”另一封电报发到美国波士顿丁肇中的家里，祝贺儿媳和两个孙女：“祝贺你们大家！”

丁肇中坚持要父亲一起去瑞典参加诺贝尔奖颁奖典礼。丁观海恐怕花钱太多，丁肇中却果断地说：“只有你与我们一起去瑞典，我们才会高兴！”

12 月初，丁肇中和父亲丁观海、妻子凯和两个女儿，来到了风光旖旎的斯德哥尔摩，出席诺贝尔奖颁奖典礼。颁奖完毕后，诺贝尔基金会和瑞典皇家科学院在斯德哥尔摩市政大厅举行盛大晚宴。在宴会前，按礼节获奖者应致一简短的答词，答词应以获奖者本国的语言进行。

在此之前，丁肇中曾翻阅过以往的有关诺贝尔奖的材料，发现在众多获奖者的答词中，竟没有一份是用中文书写的，于是他决定用中文书写自己的答词，以表达对祖国的眷恋之情。但是，他的这个愿望遭到美国官方的阻止。美国官员说，你已经是美国公民，就应当用英文书写答词。丁肇中理直气壮和毫不通融地说：“我确实加入了美国国籍，但我是在瑞典而不是在美国领奖，用什么文字书写是我的自由。”

后来，负责颁发诺贝尔奖的人提出，他们这里没有中文打字机，你用中文书写他们不能打印分发。丁肇中说：“我用手书写，请你们代为复印。”

丁肇中的赤子之情令世人为之感动。后经协商，采用了一个折衷的办法：他在致答词时先讲汉语，后用英语复述一次。

1976 年 12 月 10 日，瑞典国王向丁肇中颁发诺贝尔奖章和证书。

轮到丁肇中致辞了，他抑制不住内心的激动，用流利的汉语发表了热情而洋溢的演讲：

得到诺贝尔奖，是一个科学家最大的荣誉。我是在旧中国长大的，因此，想借这个机会向发展中国家的青年们强调实验工作的重要性。

中国有句古话："劳心者治人，劳力者治于人。"这种落后的思想，对发展中国家的青年们有很大的害处。由于这种思想，很多发展中国家的学生都倾向于理论的研究，而避免实验工作。

事实上，自然科学理论不能离开实验的基础，特别是物理学更是从实验中产生的。

我希望由于我这次得奖，能够唤起发展中国家的学生们的兴趣，而注意实验工作的重要性。

短短 200 多字的演讲，铿锵有力，掷地有声，它是丁肇中二三十年来对科学的真知灼见，也表达了他对中华民族的深厚感情。"不管走到天涯海角，也要牢记自己的祖国。"这是当年丁肇中父母亲对他的期盼。今天，丁肇中的父亲的愿望实现了，在九泉之下的母亲也会得到安慰。

坐在来宾席上的丁观海教授，听见儿子的中文演讲在音乐厅回旋震荡时，一股豪情和对儿子深深的敬意油然而生。啊，古老的中国，衰败的中国，你的声音也终于在这儿震响起来了呀！

事后有人问丁肇中教授："您为什么要先用汉语而后用英语演讲呢？"

丁肇中语出惊人："讲讲好玩而已。"

其实明眼人一看便知，这哪儿只是"讲讲好玩而已"的事情！中国知识分子素有爱国的传统。古贤云："苟利国家生死以，岂因祸福避趋之"；"愿得此身长报国，何须生入玉门关"……古人名训，后人岂敢忘怀？一位美国科学家罗伯特·林赛说，丁肇中先用汉语讲演，正"突出显示了他的民族背景，说明他是美国工业界和学术界上千名亚洲血统杰出人物之一"。此话颇有道理。

## 华夏情深

1975 年 11 月 7 日，丁肇中乘坐的飞机降落在北京机场，他终于回到了阔别 28 年之久的祖国。面对欢迎的人群，出人意料的是，他当场竟能一眼就认出各位年长的亲属："二姐！""大姑夫！""姑姑！"

科学院的一位负责人开玩笑地说："丁教授，你这回可真是回到娘家了！"

丁肇中不以为然，风趣地说："怎么说是回娘家，我分明是回到了自己的家！"

在饭店安顿下来后，丁肇中特地到商店买了一套中山装穿上，诙谐地对陪同人员说："回到祖国，就不能再像个洋人，而要和普通的中国人一样！"

这次访问期间，丁肇中特地到重庆大学旧址参观。故地重游，无限感慨。望着奔腾不息的嘉陵江，儿时随父母在这里度过的艰难岁月，又浮现在他眼前。在谈到这次访问印象时，他十分激动地说："国内的情形，和我在国外想象得完全不一样，真是发生了翻天覆地的变化。尤其是人与人之间的关系，变化真是太大了！"

带着美好的印象，丁肇中回到了美国。他开始认真地考虑一个重要的问题：我是在中国长大的，应该为中国做出自己的贡献。

1977 年 8 月，应中国科学院高能物理研究所邀请，丁肇中第二次回到了祖国。这次随行的还有他的妻子和女儿。他想让她们多了解一些祖国的情况，使她们对他的祖国产生深刻的认识和感情。

8月11日，中共中央副主席邓小平会见了丁肇中，并正式地提出，希望他能帮助中国培训实验物理学方面的专家。丁肇中说："我非常欢迎中国科学家参加实验，但根据国际惯例参加这类国际合作的科学家所属国家，要向实验室交付一定的费用。因为这个实验是在德国 DESY 的加速器上做的，所以我要征询一下德国政府的意见。我今晚就打电话回去问，明天可以答复。"

丁肇中第一次回祖国大陆时在北京与姑母、伯母欢聚。

第二天，德国DESY的主任打来电话说："德国政府很欢迎中国科学家参加合作，不收任何费用。"

1978 年，中国科学院分两次派出 10 名物理学工作者，加入丁肇中在 DESY 进行的实验。之后，又陆续派出了几批，一共 27 人。中国物理学工作者随后在 DESY 的出色表现，使丁肇中感到非常欣慰。他多年来想报效祖国的愿望，现在终于开花结果。

1979 年 9 月，丁肇中又一次应邀请来中国讲学。10 月 1 日，丁肇中应邀参加了国庆 30 周年庆典。随后，他为北京市第八中学的师生们做了题为《什么是优秀生》的演讲。他在演讲中说：

> 我认为，比考试更为重要的是，我们应该对某一门课程有比较深刻的了解，不是死啃，而是独立思考。在物理、数学、化学、生物等领域里，认真地想一想，每一个自然现象发生的原因，设法解释各种现象之间的内在联系。这样，我们不但能掌握已知的科学成果，而

且可能发现新的问题。

当有人谈到有的学校只重视课堂教学，不注重培养动手能力时，丁肇中说：

> 这不对，学生具备动手能力非常重要，这是发现问题、解决问题、参加竞争不可缺少的条件，除了数学，所有自然科学都是实验在前，理论在后，物理、生物、化学都是实验科学，都是实验领导理论。当然，这些话我并不是对轻视实验的人讲的，搞实验的人必须了解自己从事那门科学的理论，否则就找不出矛盾，永远跟在别人后面。轻视实验，而偏重理论，也不会有什么重大突破。只有把动脑动手结合起来，才能使自己新的假想，通过实验的方法得到解释，从而在科学竞争中获胜。

丁肇中每次回到祖国，都念及他的祖籍故里——山东省日照县涛雒镇，希望尽早一天能重返故乡。这一天终于来到了。

1985年6月28日，丁肇中偕同夫人苏珊·卡若尔·马克斯(Susan Carol Marks)[①]终于回到了阔别47年的故乡，在祖先墓前献花、凭吊，并留影纪念。在日照宾馆，针对家乡的科技、教育事业，丁肇中与陪同他的有关领导谈到发展教育、培育人才的问题。他说："这几年我每次回国，都是经过教育部、经过科学院，在全国重点大学里挑最好的学生，学物理的，到我那里攻读，拿博士学位。"他遗憾地说："到现在为止呢，还没有山东的学生。希望以后有山东的学生。"他还愉快地接受了市政府的聘请，担任日照海洋渔业学校名誉校长的职务。

## 探索无止境

1981年，丁肇中又领导组建了一个大规模的国际科研合作组——L3实验组，它由十几个国家和地区，55个大学和研究所近600名科学家组成，投入经费约2亿美元，主要目的是验证粒子物理学的标准模型和发现新粒子。

---

① 丁肇中与前妻离婚。1985年4月28日与苏珊·马克斯结婚。

当 CERN 一台新的高能电子对撞机莱普（简称 LEP）还在建造的时候，全世界的高能物理学家都希望在它上面做实验，共有 7 个实验组参加了竞争，丁肇中的 L3 实验组就是其中的一个。L3 实验组提出的计划得到了评审委员会的支持，在无记名投票中，以绝对的优势取得了莱普对撞机的使用权。

1989 年夏，莱普开始运行。它设在横跨瑞士和法国两国边境的地下，离地面最浅 50 米，最深达 170 米，质心系能量约为 91GeV（比过去号称世界能量最大的电子对撞机佩特拉的能量大一倍以上），主加速器管道周长为 27 千米，隧道的直径为 3.8 米。在主环的 4 个对撞点上安放了 4 个大型探测器，可供 4 个实验组同时做实验。

在 1989 年至 2000 年的 10 年内，丁肇中领导的 L3 实验组取得了丰硕的成果。他们已精确地确定电子、μ子、τ子的半径小于 $10^{-17}$厘米；确证了粒子标准模型的准确性；精确地测量电中性弱相互作用的交换粒子 $Z^0$ 质量和寿命等性质；确定宇宙中只存在电子型中微子、μ子型中微子、τ子型中微子，从而验证了电弱统一理论。

20 世纪末，丁肇中又开始从事探索宇宙奥秘的研究，领导另一个大型国际合作项目——“阿尔法国际空间站”进行大规模实验，目的是寻找原始宇宙线中反物质存在的痕迹。

人类对反物质的预言始于 20 世纪 20 年代末。反物质研究的先驱狄拉克在 1933 年 12 月举行的诺贝尔授奖仪式上的演讲中指出：

> 如果我们承认正、负电荷之间的完全对称性是宇宙的根本规律，那么地球上（很可能是整个太阳系）负电子和正质子在数量上占优势应当看作是一种偶然现象。对于某些星球来说，情况完全可能是另一个样子，这些星球可能主要是由正电子和负质子组成的。事实上，有可能是每种星球各占一半，这两种星球的光谱完全相同，以致用目前的天文学方法无法区分它们。

如果宇宙真是如狄拉克预言的这样，那么反物质在哪里呢？

1996 年 11 月至 1997 年 4 月，美国科学家通过美国航空航天局（NASA）的γ射线康普顿卫星观测到了离银河系中心 3500 光年处有一个不断喷射反物质的反物质源，它喷射出的反物质在宇宙中形成了一个高达 2940 光年的“喷泉”。这一观测资料对于坚持物质与反物质对称观点的物理学家是一个鼓励。

在过去数十年中，由于实验技术的限制，探测宇宙反物质的实验都只是在高空气球上进行。这种方法使用的探测仪器在空中一般只能停留一天的时间，因此，寻找反物质只能靠运气。

物理学家一直想将磁谱仪送到太空，让它去探测宇宙线中的反粒子。但是，一般的磁谱仪体积庞大，重量又大，往往达数百吨乃至上千吨，同时它还需配有高功率的电源。物理学家既无法将电线从地面拉到太空中去，又不可能在空间站上建造一个发电厂。于是他们又想出利用永磁铁。然而，天然永磁铁是很难达到上千高斯的磁场强度的。

丁肇中的实验组为解决这些问题，建成一个约三吨重的探测器——阿尔法磁谱仪。它主要由永磁体和一组精密探测器组成，体积和一个桌子大小差不多，主体是在一个圆筒状的结构中，放置以钕铁硼为材料的、条状的磁场强度很高的永久磁铁。

为寻找能适应太空飞行的永磁体，丁肇中走访了世界许多地方，但一直未能如愿以偿。1994 年初，他从国外文献中得知中国科学院电工研究所从事永磁体的研究。这年 3 月，他从大洋彼岸飞至北京，到科学院电工研究所与这里的研究员研讨了建造进入太空的阿尔法磁谱仪的设想。研究员提出的永磁体方案，引起了他极大的兴趣。

1995 年 6 月，在俄罗斯、芬兰等十几个国家参加的招标大会上，中国科学院电工研究所一举中标，与丁肇中小组签订了阿尔法磁谱仪（AMS）磁体研制合作合同。丁肇中要求制作的阿尔法磁谱仪中磁体质量、精度都是世界第一的。他说：“对我来说只有第一，没有第二，第二就意味着最末。”

1997 年 3 月，永磁体系统制造完成。丁肇中率领 10 位科学家来中国运载火箭技术研究院验收。磁体没有磁矩、不用铁、不漏磁，这三个特点保证宇航员的航天飞机不受影响，还减少了磁谱仪的重量。因此，丁肇中一行对设计、生产质量表示满意。

3 月底，这个 AMS 磁体运抵瑞士。7 月，瑞士苏黎世联邦理工学院测量鉴定结论认为，这个“飞行磁体”定位准确，磁场强度和形态与预期相同，所有磁块安装正确，能够满足反质子探测和其他科学实验的需要。11 月，美国国家航空航天局对 AMS 磁体进行第二阶段的全评审，评审委员会一致通过，并破例地取消了第三阶段的安全评审，提前通过了安全评审，受到丁肇中教授和美国宇航局的高度赞扬。

1998 年 6 月 2 日，阿尔法磁谱仪（AMS）搭载"发现号"升入太空。

1998 年 1 月，阿尔法磁谱仪被运抵美国佛罗里达州肯尼迪航天发射中心，与"发现号"航天飞机顺利进行接口联调。美国东部时间 6 月 2 日下午 6 时，人类历史上第一个太空实验磁谱仪——阿尔法磁谱仪，搭载"发现号"从这里升入了太空。"发现号"于 4 日下午 1 时与在太空中的俄罗斯"和平号"空间站对接，8 日中午 12 时与"和平号"空间站分离。搭乘"发现号"的阿尔法磁谱仪在地球上空 400 千米的高度成功地飞行了 10 天，于美国东部时间 6 月 12 日下午安全返回肯尼迪航天中心。

阿尔法磁谱仪返回地面后，从美国运回瑞士日内瓦的 CERN，进行全面的测试。它的全部数据也同四台大型计算机一起运回 CERN 进行深入的分析。经过 3 年的分析和研究，已经取得了一些重要成果，并有意外的发现。

阿尔法磁谱仪没有直接探测到反物质，但观测到了原初宇宙线粒子，包括质子及各种原子核，也看到了反质子。但观测到反质子并不等于观察到了反物质，因为反质子可能是通过宇宙线粒子碰撞产生的次级粒子。

另外，在这次 AMS 升空实验中，首次发现在赤道上空 400 千米处存在着一个围绕地球的质子环，质子环中向各个方向飞行的粒子强度相同，处于动态平衡状态。这些粒子都是高能宇宙线粒子与大气层3个特定区域碰撞产生的次级粒子,被地球磁场约束在这个"环"中。

丁肇中与苏珊·马克斯(右二)、贝克尔博士(左二)、陈敏教授(左一)合影

令科学家感到意外的是,研究结果显示赤道附近的正电子比负电子多4倍,而传统的理论认为,宇宙是中性的,由数量相同的正电原子核和负电电子组成。对此,丁肇中持十分谨慎的态度。他说:"这起码是对传统物理学观念的一次冲击,正电子数与负电子数为什么不相等?宇宙中究竟存在什么样的奥秘?有待我们去揭开。"

这个实验,还发现另外一个奇怪的现象:在赤道附近,有一个特别区域中只有氦3。在太空中,氦原子核的成分应该是氦4占90%,氦3占10%。赤道附近这个区域中的氦3,应该来自宇宙的深处。

对阿尔法磁谱仪所取得的这些结果,丁肇中说:

> 实验的发现和原定的目标往往不同,磁谱仪实验也不排除这种情况,因为我们毕竟站在科学的最前沿,无法预料究竟会发现什么。这是人类第一次太空物理实验,今天看来意外的这些发现今后也许会觉得正常。

宇宙是浩瀚的,丁肇中的探索也无止境。

# 他开辟了可能性的世界——李远哲

一个人受尊重,并不是他有什么奖,而是靠他的努力。……只要一个人好好努力,在社会上奉献出自己的力量,他就是一个很伟大的人,真正伟大的人。

李远哲

李远哲教授

1986年12月10日晚上,在瑞典斯德哥尔摩金碧辉煌的音乐大厅里,正举行一年一度诺贝尔奖授奖盛典。当年的化学奖被授予美国物理化学家赫谢巴赫(Dudley R. Herschbach)、华裔美国物理化学家李远哲和加拿大化学家波拉尼(John C. Polanyi)。瑞典皇家学院福森教授在颁奖词从人们都十分熟悉的燃烧现象讲到获奖者重大的贡献:

> 燃烧的火焰——这种每天常见的现象迷惑并吸引着我们中的许多人。这种化学反应可以产生热量和光，它在历史上曾不断改变人类的生活条件，它同样也促进我们所在的北部地区文明的发展。但同时燃烧反应中生成的产物逐渐积累起来，开始改变大气，并极有可能影响地球的气候。
>
> 从自然科学的角度看，燃烧的火焰是一种神奇的复杂现象。空气中的氧气与有机分子中的碳和氢进行反应，形成多种简单的产物，这些产物常常是不稳定和容易发生反应的。原子脱离反应分子，一个反应中产物成为另一个反应的反应物，数十乃至数百分子的反应同时进行。阐明这些变化的细节是科学对人类的挑战。

许多科学家接受了科学对人类的这一艰巨的挑战，其中大多数几百年来默默无闻地在实验室奋斗终生，为人类对这一领域作出了重要的贡献。没有他们聚沙成塔的默默耕耘，就不会有李远哲日后的辉煌。

## 爱好广泛的少年

1936年11月19日，台湾新竹市武昌街一座老宅子里，一位小学教师李泽藩家里，第三个孩子出生了，这是一个男孩，在他上面有一个哥哥和一个姐姐。这个男孩就是我们这一节的主人公李远哲教授。

李泽藩的祖辈在清朝康熙年间移居到台湾新竹，从此这一家李姓人家就在新竹繁衍后代，延续至今。李泽藩开始上的是私塾，后来有幸考取了台北师范学校，并在一位日本籍美术教师石川钦一郎的影响下，开始热衷于学习绘画。师范毕业后，他就在新竹第一国民学校任教，在教书之余不断作画，探讨艺术理论。他一生淡泊名利，却又自强不息，从不懈怠。李远哲教授在《我的父亲》一文中，表示了他对父亲深深的敬爱：

> 说到父亲的辛勤，我们兄弟姐妹就没有一个比得上他的。他是一位非常努力工作的教育家与美术工作者，我们从来没有看到父亲

懒散过。也许他选的专业——木刻画，是他的嗜好，也是他的专长。

辛勤工作与人生的享受，对他来说永远没有矛盾。

李远哲的母亲蔡配毕业于彰化女子高中，以后就在台中一所国立小学教书，后来认识了李泽藩。婚后他们共有8个子女。这些子女后来都有不凡的成就，其中有4个是博士，如果加上女婿和媳妇，共有7个博士，是武昌街上有名的"博士之家"。

当李远哲获得诺贝尔化学奖之后，常常有人询问蔡配女士对儿女教育的方式，她总是温和地回答说："都是让他们自由发展啦。"她强调说，对子女教育的态度应该采取开放式的做法，家长强迫子女学什么，是自私的表现；但是她也从不纵容孩子。

由于父母教育有方，所以李远哲一再强调，父母的家教得法是他日后获得成功的关键。而且父母刻苦工作培养子女，从不怨天尤人，这种坚韧的精神，对李远哲无疑有着深远的影响。

1943年，7岁的李远哲开始上学，五年级他练习打棒球，曾参加校队在全省比赛中得到好名次；六年级他又开始打乒乓球，结果他和同学为学校争得了全省小学乒乓球冠军。后来李远哲在回忆这段"光荣历史"时，还颇为骄傲地说："我可以把球打到对方球台上的任一指定点，误差决不会超过两公分。"

读初中时，李远哲在学习上开始坚持独立思考，不随大流，更不牺牲自己的原则。有一次几何考试，老师出了5个题，李远哲本可以用老师讲的方法去解，但他选择了与老师讲的不同方法解出这5个题。结果令李远哲惊讶和不解的是老师只给了他零分。做事认真的李远哲对老师说："老师，我的方法虽然和您的方法不同，但是我并没有错呀。"

幸好这位老师很尊重学生，他让李远哲在课堂上对全班同学讲一讲他的解法。李远哲在黑板上分析了他的解法，结果同学们和老师都觉得李远哲的解法不仅正确，而且更简捷利索。老师表扬了他，还把零分的成绩改为100分。

## 从书中探索人生的真谛

像李远哲这样喜欢独立思考的学生，一般不会是大多数老师喜欢的"好学生"，但李远哲并不从俗和随大流，他有自己独到的见解：

> 我常常想，照老师说的那样去做，就会对人类对社会有很大的贡献吗？我常常觉得不是那样的，我总是觉得应当把自己的命运掌握在自己手里，做一个有用的人。

为了能做一个“有用的人”，李远哲从小学五年级开始，就把父母偶尔给的零用钱拿去买书，由于大量阅读，李远哲的眼界逐渐开阔和明亮了。到了中学，李远哲爱买书和爱看书的习惯没有改变，他曾经说：“我几乎每天看一本书。”对他影响最大的是两本书：一本是罗曼·罗兰的《约翰·克利斯朵夫》，另一本是居里夫人的女儿艾芙·居里写的《居里夫人传》。

李远哲看的《约翰·克利斯朵夫》是我国著名翻译家傅雷翻译并由商务印书馆于 1937 年 1 月出版的。打开这本书的第一卷，李远哲立即被“译者献辞”深深打动：

> 真正的光明决不是永远没有黑暗的时间，只是永不被黑暗所掩蔽罢了。真正的英雄决不是永没有卑下的情操，只是永不被卑下的情操所屈服罢了。
>
> 所以在你要战胜外来的敌人之前，先得战胜你内在的敌人；你不必害怕沉沦堕落，只消你能不断的自拔更新。

30 年以后，李远哲还能背出这段献辞，可见这部名著对他有多么深刻影响。以后在他科学征战的艰难旅途上，这部著作隽永的哲理思想，无数次给他提供力量，使他永远热爱生命和挑战，一次次从逆境中崛起。

《居里夫人传》对李远哲选择自己的理想起了重大作用。李远哲在读完《居里夫人传》后曾激动地说：“我第一次感到当科学家不仅能从事很有意义的科学研究工作，而且能够享有非常美好的人生。”

什么是李远哲心目中“非常美好的人生”呢？在他的回忆和演讲中，可以看出那就是居里夫妇拒绝利用发现镭而发大财的那种忠诚于科学精神的人生道路。当美国和其他工业国家想创立制镭工业而求助居里夫妇时，他们知道如果他们取得专利，就可以摆脱穷困，过上富裕的生活，还可以有一个好的实验室。但居里夫人面对这种诱惑的时候说：

“我们不能这么办，这是违反科学精神的。……物理学家总是把研究全部发表的。我们的发现不过偶然有商业上的前途，我们不能从中取利。再说，镭将在治疗疾病上有大用处……我不能借此求利。”

《居里夫人传》对正在成长的李远哲有着深深的影响，使他后来在科学的征途上有了一个鲜明的坐标。正如后来他在一次演讲中所说：

居里夫人女儿艾芙·居里写的《居里夫人传》商务印书馆中译本封面。

一个人的生活态度，一个人的世界观、人生观，往往会影响到一个人做科学的结果和成绩。……在日常生活里很认真，对于是非善恶分得很清楚的人，有严谨生活态度的人，往往是科学上做得比较好的。这就是科学的态度。如果日常生活里，很多事情都妥协了，是也好，不是也好，老师说了就是了。抱这样态度的人，往往不能成为很好的科学家。我觉得生活得严谨、生活得认真，这是成为优秀科学家的一个主要的因素。

他曾经写信给他的弟弟远钦说：“如果你不多读些正经的书，也许你对事物的看法想法，都会永远很幼稚，精神年龄永不会增高。我希望你能在阅读书籍的正确道路上，能够自己找出自己的理想，找出人生最正确的途径。”

## 一位主动学习的大学生

1955年，李远哲高中毕业时成绩优秀，被保送上台湾大学。但他在高中有一次差一点翻了船，那别说保送上台湾大学，连有没有资格考上大学都很悬乎！事情的起因是李远哲对中学的一些规定不够重视，得罪了训导主任。当时中学为了防止学生闹学潮，采取了强化对学生的管制，星期六下午和平时的文体活动时间，一律用来上课。这种规定让李远哲和一些同学十分反感。有一次，李远哲利用自己当班长的职权，带领全班学生去爬山，在高兴之余没能参加每天放学前降国旗的仪式。训导主任平时就对这个有些"讨厌"的学生感到恼火，所以抓住这次机会在期末要给李远哲一个厉害看，极力主张把他的操行成绩给一个"丙等"。幸亏李远哲的班主任据理力争，才得了一个"甲等"。

如果真得"丙等"，不但保送不可能，就是考试成绩再好也未必能被大学录取。对这次事件李远哲曾说：

> 如果从台湾的标准来看，我并不是大家希望的好学生。因为我小时候很顽皮，很好玩，绝不属于好学生。在中学时代，我也是训导处讨厌的人物，在军训教官的眼中，操行常是丙等的学生。但是，我知道自己所做的事情都有目的，只是不希望自己变成社会教育制度下的牺牲品。

虽说最后获得了保送的资格，但李远哲却不稀罕这种恩赐，他原来想放弃保送资格参加考试，显示自己的真实本领。但他的母亲坚决反对他的这种放弃，最后李远哲听从了母亲的意见，没有放弃保送台湾大学的资格。

父母想他在大学学习医学，因为他们家子女八个，而父母收入微薄，所以希望他从事收入丰厚的医生职业，以缓解家中的困难。李远哲考虑再三，没有完全听从父母的这一意见，而选择了台湾大学工学院的化工系，想将来当一名工程师。但到了二年级时，他觉得自己更喜欢那种追究更本质、更深刻问题的学科，不太热衷应用性强的学科，因此他决定转入理学院的化学系。这样，他又进一步远离了父母初始的期望。

我们也许还记得，杨振宁和李政道在进大学后都因为差不多相同的原因，改变了自己第一次的选择，重新选择自己钟爱的专业。可见，由自己选择自己热爱的专业，对年青人来说十分重要，因为只有热爱自己的选择，才有可能在今后作出奇迹般的贡献。他们的父母都没有横加干涉，更是他们的大幸。

台湾大学现在是比较有名气的高等学府，然而在李远哲保送台湾大学时，无论是在师资，还是在学校设备上，都不能让人满意。当时在大学生中流传着一个笑话："在台湾大学读书，那是一流的学生在二流大学里跟三流教授做研究工作。"

一流的学生那的确不假。前面丁肇中求学时代就写道，丁肇中虽然后来得到了诺贝尔物理学奖，但是当他考大学时还没考上台湾大学，由此可知，考进台湾大学很不容易。关于"三流教授"的说法也不假，但好在台湾大学比较开放，学生思想活跃，学术空气也相当自由，这样就给予了李远哲相当大的独立活动空间。他没有埋怨老师，而是积极利用假期及其他空闲时间，埋头苦读，充实自己的知识功底，优化自己的知识结构。

在二年级时，李远哲对自己学的课程产生了某种困惑，就问一位高年级同学：

"如果在往后的几年里，我好好努力，会成为一名好的科学家吗？学校里所开设的那些化学课真的那么重要吗？是成为化学家的必读之书吗？"

那位高年级同学考虑了一会儿说："不，二次世界大战以后许多新兴的学科，如量子力学、统计力学等，都对化学有重大影响，但是化学系里既没有开设这些课程，也没有人能教这些课。因此，如果想学好，就到物理系多选几门课吧！"

李远哲还请教一位叫张昭鼎的同学："请问，你以为哪些课是化学系学生必需读的？"

张昭鼎回答说："热力学不可不读。"

于是在 1956 年暑假时，刚结束大学一年级学习的李远哲借了一本美国人刘易斯(Gilbert N. Lewis)和兰德尔(M. Randall)合写的《热力学》，在宿舍里与张昭鼎一起读起来。但阅读起来困难很大，一是热力学本身不容易学，二是他们的英文水平不高，读起原著有些力不从心。但他和张昭鼎还是克服一切困难，用一个暑假把它读完了一大半。当时李远哲多么希望有人指导他们的自学啊。有一次，他找到一位老师请教热力学第二定律里的一些比较深奥的内容，那位老师只说："李远哲，你还太年轻，用不着读这些东西。"李远哲说："没关系，您解释给我听吧。"这时那位老师没有托词了，只好老实承认：

"其实我也不太懂。"

1987 年 5 月,李远哲在北京大学作《我走过的生活之路》演讲时说:

> 大一暑假,我跟两位年长的同学商量好,这个暑假不回家,留在学校里学热力学。刚一开始讲,一个同学就说太难了,他不继续学了。只剩我跟另外一个高我两届的同学,在台大第八宿舍里,每天他讲一章我讲一章。那时我们用的书,对大一学生是比较难的,当时英文又不好,拿本字典,翻翻念念、你讲我讲,非常辛苦地把一本书的大半念下来了。

读大学二、三年级时,李远哲又和几位志同道合的同学组成一个读书小组,在郑伯昆助教的帮助下,开始攻读近代物理学的一些著作。读的方式仍然是每个人轮流主讲一章,然后大家一起讨论。通过这种有效的自学方式,李远哲学到了不少近代物理知识,为他以后从事物理化学的研究,打下了扎实的基础。

在读大学期间,还发生一件看来似乎与学习和后来做科学研究无关的事情,但仔细琢磨一下,仍然可以发现其中有千丝万缕的关联。那时台湾的经济情况很不好,人们生活相当贫困,许多学生拿不出钱交学费和伙食费,就只好找一些临时工作赚一点钱弥补不足。有些学生几乎每天晚上都要出去打工或做家教。

学生宿舍的条件也很差,十个人合住一间寝室,合用一张大桌子。做作业时就把桌子上的东西放到床上,睡觉时又把这些东西再搬到桌子上。最令人不愉快的是伙食办得太糟。说起来也许有人不能相信,早饭是 15 粒花生米和一碗稀饭,中饭和晚饭是一盒饭外加一点有盐没油的菜,站着几口扒下就完事。

那时,台湾大学的学生伙食由学生自己办,一般由一栋宿舍里的某一寝室的学生领头。由于不少学生受不良社会风气的影响,往往出现办伙食的人不交伙食费的恶劣现象,还有一些不交伙食费的人混饭吃,结果伙食越办越糟。大家都有一肚子意见,但又都没有好办法,只好唉声叹气,怨天尤人。

李远哲是一个不喜欢怨天尤人的人,他决心改革办伙食中出现的恶劣风气。他认为伙食这样办下去有两大坏处：一是伙食不好影响到大家的身体健康，二是这种不正之风会损害正在成长的同学们的心理健康。于是，他主动提出办伙食的建议。在他的带领下，他们寝室的同学彻底改变以前的坏风气，非常认真和努力地办好伙食。他们走出校门调查粮食、蔬菜和肉食的行情，以最廉价格买回优质粮菜，并合理安排菜谱，及时公布账目，杜绝循私舞弊。

结果他们宿舍把伙食越办越好，大家感到又舒服又实惠。半年之后，其他宿舍的学生也纷纷要求李远哲寝室的人为他们包办伙食。学校知道这件事后，还专门表扬和嘉奖了李远哲和同寝室的学生。后来，李远哲在回忆这段往事时还高兴地说：

> 那是我有生以来第一次受到训导处的嘉奖。因为我们伙食办得认真，使其他同学也跟着认真办起伙食来。我们成了一个榜样，使其他人知道该怎样改善不良环境。……年轻人应该动手改善不良环境，不能够总是抱怨、发牢骚，更不能怨天尤人，逃避现实。

初看起来，抓紧一切时间努力学习的李远哲，怎么会“浪费”时间来办伙食呢？这岂不影响了他的学习？但李远哲不这样看，他认为做科学研究和做人一样，都要在不利的环境下主动改造和改变不利的一面，如果遇到不利的环境就只知道发牢骚，只知道怨天尤人和灰心丧气，不仅在做人上有缺陷，就是在科学研究上也不可能作出大的成就。以后李远哲在科学研究上遇到的种种坎坷、困难，比办伙食遇到的困难大多了。

中国古代有很多名言就是告诫学者应该“躬行”，如：“一语不能践，万卷徒空虚。”“知之而不行，虽敦必困。”“学者贵于行之，而不贵于知之。”李远哲不是“贵于知之”的书呆子，而是“贵于行之”的改革家、实干家。他从青少年时期就自觉地重知又重行，故天必降大任于他！

## 原子科学研究所的研究生

1959 年 6 月，李远哲毕业于台湾大学，获得理学士学位。在台湾大学 4

年时间里，他的平均成绩 84.88 分，专业课大多是在 80 分以上，工业化学分数最低，只有 68 分，而微积分这门数学课他的考分也不高，两学期都只有 70 分。成绩最好的是俄文，两学期都是满分。

从他的考试成绩看来，他显然不是最好的学生，大约只能算个中上等。但李远哲并不太在意自己是不是考到最高分，他关注的是自己的知识结构合不合理，研究能力强不强。他曾经说过：

> 一般说来，中国的大学知识传授是做得很不错的，但在现代社会里要充分注意学生将来从事科研的能力。大学应该提倡启发式的教学，而不应只是被动性地传授知识，把学生弄得太忙不是好现象，比较好的做法是要让学生有一点多余的时间和精力，使他们能够发展自己的兴趣，学一些自己想学的东西。如果大学毕业时，同班学生所吸取的知识都是一个样，则这种状况是不能令人欣慰的。
>
> ……回忆起来，当时大学虽然设备条件不好，师资力量不太强，但却有自己学习的时间和环境，从反面变成了正面，使自己没有浪费许多时间去做没有意思的事情，而是能结合自己的兴趣学习不少物理知识，为以后的工作打下了良好的基础。

1959 年夏季，李远哲考取了新竹市清华大学原子科学研究所，攻读硕士研究生。这时他已经有了相当明确的打算，决定将来从事自己喜爱的物理化学研究。在当时物理化学还是一门兴起不久的边缘学科，有广阔的和待开发的处女地，是年轻学子大显身手的好地方。

那时新竹清华大学有比较先进的实验设备，例如原子反应堆和加速器等等。李远哲利用这些先进的设备做了不少现代物理实验，充实了自己的现代物理学知识。

在新竹清华大学读研究生期间，发生过一件使他一生都感到遗憾的事情。在 1987 年向北京市各大学学生作演讲时，他还提到这件事。事情是这样的：

1960 年，新竹清华大学从日本聘请了一位名叫滨口博（Hiroshi Hamaguchi）的教授，他是专门研究放射性同位素的，后来滨口博教授担任李远哲的硕士论文指导教授。滨口博教授让李远哲分析一种名为“北投石”(Hokutolite)的晶体同位素。当他告诉李远哲应该如何分析时,李远哲觉得滨口博教授说得不对,因为李远哲在分析化学上下过一番苦功,知道许多分析方法如何具体实施。晚上,李远哲按照他知道的方法自己重做了一次,结果比滨口博教授的结果更好。

台湾新竹清华大学校园。楼房墙上是校训“自强不息,厚德载物”。

后来滨口教授回日本去了,李远哲把自己得到的数据写进了硕士论文《北投石放射性研究》(Study of the Radioactivity of Hokutolite)里,然后寄给滨口教授。滨口教授读了李远哲的论文后,把李远哲的正确数据又改回去了,还写了一封信说:“我是老师,懂得比你多。你的结果错了,应按我的正确结果才行。”

李远哲又写信给滨口教授和他争论,但是最后没有说服滨口教授,只好按滨口教授的意见,把这篇论文在台湾中国化学学会的会刊《中国化学》的1962年1期上发表了。李远哲后来说:“到目前为止,我仍然觉得很遗憾,这毕竟是一种封建的观念,他觉得他是老师,有权威。我觉得这是做科学研究很不好的地方。”

1961年6月李远哲获得硕士学位。此后在新竹清华大学当了一年助教,跟王企祥教授做晶体结构研究。这一年在与另外几位助手合成一种晶体时,遇到了极大的困难。但正是在克服困难的过程中,他学到了很多宝贵的知识和实验的动手能力。

原来，王企祥教授要他们一群青年人合成一种叫“三环戊二烯化钐”$Sm(C_5H_5)_3$的晶体，这种晶体一遇到空气就爆炸，所以必须在真空里面合成。可是，实验室里除了一台抽气泵以外，连最起码的真空装置都没有。如何合成一遇到空气就爆炸的晶体呢？王企祥教授并不理睬他们的困难，反而给他们施加很大的压力：“人家都做出来了，资料是现成的，如果你们还做不出来，那一定是一群大笨蛋！”

王企祥教授似乎有点强人之所难。他的几个助手都是刚刚开始从事研究的，和李远哲的情形差不多，十分缺乏经验。但是为了不被认为是“大笨蛋”，他们几个初出茅庐的年轻人，几乎每天晚上都在讨论如何合成$Sm(C_5H_5)_3$的事情。实验仪器的缺乏给他们造成很大困难，他们甚至连真空玻璃塞都没有一个！但他们几个凭着克服困难的决心，自己动手制作了不少必需的仪器部件，没日没夜地泡在玻璃制作车间，硬是制出了一台真空装置。有了真空装置，他们终于合成出了$Sm(C_5H_5)_3$的单晶。

回忆这段经历时，李远哲说：“这是我有生以来最艰难的实验。……过了10年之后我们才知道，做出那个化合物的人在10年后得到了诺贝尔奖化学奖。①当时我们在台湾能做出来，算是很不错的了。”

## 加利福尼亚大学的博士生

在新竹清华大学任助教期间，李远哲在清华大学一位教授的鼎力推荐下，有机会到美国著名大学加州大学伯克利分校（也简称为伯克利大学）化学系深造。

开始，伯克利大学化学系对李远哲的申请反应淡漠，回信给他说：伯克利不了解一名台湾学生的能力，而且他们也怀疑他的英语水平是否胜任助教工作。伯克利有一个很好的制度：博士研究生必需担任2—3个学期的助教。他们相信，一个研究生如果能够同时当老师，就一定会大大有利于他的学习。这很符合中国古训“教学相长”。教书是一种最好的学习手段，美国物理学家密立根说过：“如果我想弄懂某一门学科，有两个办法：教这门课，或者以它为题材写一本书。”

---

① 指1970年获诺贝尔化学奖的阿根廷化学家莱洛伊（L. F. Leloir）。

伯克利大学的回信，实际上是以一种客气的方式拒绝了李远哲的申请。与此同时，芝加哥大学、耶鲁大学写信给李远哲，表示愿意为他提供奖学金。这一下可让李远哲为难了，一方面他非常想去伯克利大学，那儿有许多优秀的化学家，还有最好的实验室，但是他们似乎不大愿意接受他。看来李远哲只好在芝加哥大学和耶鲁大学中选择了。

正在决定选择哪一所大学的时候，由于伯克利大学一位叫布鲁尔的教授很看重李远哲，在他的极力推荐下，伯克利大学改变了意见，同意接纳李远哲为博士研究生。对李远哲来说，这是他人生旅途中一个重要的转折点。

伯克利大学图书馆。高大的红杉四处挺立，校园一片绿色。

李远哲到了伯克利以后，除了美丽的校园让他满心喜欢以外，那散布校园各处的实验室，如劳伦斯实验室，空间科学实验室，化学生物机能实验室，癌症研究实验室……更使他无比振奋，他庆幸自己选对了学校。

到了选导师时，李远哲可以在马翰教授和赫谢巴赫教授两人中选一个，在与许多教授讨论后，他决定选择马翰教授作为自己博士研究生的导师。马翰的实验室和赫谢巴赫的实验室正好相邻，还有一间是共用的。因此，李远哲可以观察两位教授的指导方法。结果，他发现他们两人指导研究生的方法很不同。赫谢巴赫比马翰的名气大很多，整个的研究计划也相当完整。李远哲说：

> 做赫谢巴赫的研究生，可以得到很多的指示：化学反应是怎样的，实验先从哪里开始……但是我跟马翰教授，他很少指导我，总不告诉我应该怎么着手。我记得最清楚的一次是，我跟他讨论工作，问应该怎样做实验，他说："如果我晓得怎么做的话，我们为什么还要研究？正是因为我们不晓得怎样做才需要研究。既然你接受了这个任务，就要好好地研究研究，告诉我应该怎么做。"

听了马翰教授的指责，李远哲不免觉得不服气，认为马翰教授的指责有些莫名其妙。再加上他想到有时问马翰教授一些科学问题时，他的回答很不中肯，因此心中不免失望。李远哲在摆脱了依赖马翰教授的想法以后，决心像在新竹清华大学做研究那样，自力更生，独立创造自己的未来。

1965 年 6 月，经过一年多的努力，获得了博士学位。也许因为他的研究是自己闯出来的，所以在回忆中他说："经过一年多的努力，我学会了很多东西。"

获得博士学位后，李远哲又在伯克利大学化学系和劳伦斯实验室作了一年半的博士后。指导老师仍然是马翰教授。这时李远哲更明白，作博士后全靠自己努力了。正好马翰教授需要到英国度假，临走时他给李远哲留下一笔钱和一句话：

"你可以签名用这笔钱做你需要的仪器。好了，再见！"

扔下这样一句话就拜拜了，什么具体指示也没有。在接下来的 9 个月时间里，李远哲全身心投入到新仪器的研究、设计和制造中。从 1960 年代起，李远哲就开始对微观（分子）反应动力学产生了浓厚的兴趣。关于微观反应动力学这儿先不详细讨论，到下一节再做简单介绍，这儿只需说明他研制的仪器，就是要通过实验测量参加化学反应的分子间相互作用的动力学量（如反应前后角度、速度、能量等）的改变。这是一门刚兴起的研究，可以借鉴的资料真是少之又少，一切都得自己来干。有许多物理学方面的问题，他可以向物理学家们请教；设计图不会画就请机械工程师帮忙。但设计图画好以后，修改多次仍然不合自己的要求，后来他干脆自己学着画设计制造图。没有想到两个下午就学会了，于是自己画图，有些零件还得自己去做。

李远哲在边设计边制造的过程中，写了很多报告，请秘书寄给马翰教授看，但马翰教授大约根本没有看。因为李远哲在回忆中说：

> 马翰教授回到伯克利以后，看到我的仪器好像很惊讶，特别不高兴我研制的“质谱仪”，因为与他想象的不一样。“做质谱仪怎么不问我？我做过的。以前你问我的东西我不懂，但至少这个我懂。”经过很多解释，他才知道我不是胡乱这样搞的。这个仪器很不错，可以看到角度分布、速度分布，在那时这个仪器的性能是相当引人注目的。

从李远哲的叙述中可以知道，他设计的这个仪器比质谱仪复杂多了，它可以研究化学反应中分子或离子在反应后角度和速度（即能量）的分布。但马翰教授没有在反应动力学方面做过深入研究，因此他也插不上手，只能由李远哲自己独立研究。到了 1967 年，李远哲又在《物理化学》杂志上发表了一篇研究文章：《和同位素氢分子反应中能量和角度分布的产生》。

在回忆这段时期的研究时，李远哲说：“我在台湾是很努力的，但是真正懂得怎样动手设计仪器，以及怎样做研究工作，那还是在伯克利大学跟马翰教授做博士后的时候。”

有一次，李远哲与赫谢巴赫的一个博士生讨论一个问题时，他很惊讶地发现那位博士生并不懂得怎么做科学研究，似乎根本没有什么思想，倒好像只是赫谢巴赫的两只手。后来他又和那位博士生讨论许多问题，发现他很多知识本应该知道的却都不知道。通过这件事李远哲才第一次认识到，以前埋怨马翰教授不指导自己是不对的。在马翰的实验室里，每个研究生必须独立自主地工作，这样反而能够学到很多东西。

中国有句民谚说得好：“师傅领进门，学艺靠个人。”李远哲从新竹清华大学到伯克利大学都只能靠自己努力打拼，从一开始就不依赖导师，较早地进入独立创造的境界。

## 到哈佛大学深造

1967 年 1 月，31 岁的李远哲完成了博士后的研究。

美国物理化学家赫谢巴赫教授，1986 年与李远哲同时获得诺贝尔化学奖。

这以后的去向让李远哲颇费了一番思考。赫谢巴赫教授在 1963 年就从伯克利大学转到了哈佛大学，在哈佛大学建立了他领导的实验室，这个实验室研究的是化学反应中微观分子反应动力学。赫谢巴赫发明了“交叉分子束方法”，用它来研究分子或离子间的碰撞，由此可以从微观的角度深入研究化学反应的过程。

在物理学的粒子物理研究中，物理学家早就利用粒子间的碰撞来进行微观物理学的研究，但化学家却因为缺乏物理学的训练，没有引进这种更现代和更精密的研究方法，直到新一代化学物理学家成长起来，这方面的引进和研究才逐渐成为现实。虽然化学家使用的分子束碰撞仪与物理学家使用的粒子加速器在原理上相同，但是，化学家的碰撞研究与物理学家的碰撞研究有很大的不同。在物理学里，构成原子的粒子的质量，比化学中的分子的质量要小得多，但是粒子内部的作用力（强相互作用力）十分强大，在做实验时必须把粒子加速到接近光速，然后使它们迎头碰撞，在这种能量极高的碰撞中，粒子才会发生变化，物理学家才有可能获得新的发现。现在世界上最大的加速器是欧洲核子研究中心（CERN）的电子对撞机，它的加速环在地下 100 米处，环的周长 27 千米，其能量高达 17—40TeV（$1T=10^{12}eV$，eV 为电子伏特）！

而分子的情况不同，分子的结构虽然很复杂，但分子内部的作用力不强。要使分子相碰撞并产生新的结果，关键不在于提高分子束的能量（即提高它们的速度），而在于如何设计巧妙的仪器，使两股分子束在这种仪器里以一定的角度相撞时，化学家能够准确、精密地测量和分析每一个反应的详细过程，从而揭开化学反应中的奥秘。

赫谢巴赫以交叉分子束（cross molecular beam）和激光为工具，把两种发生化学反应的分子利用物理学方法，让它们从不同的方向以分子束的形式，飞到指定的地点并发生碰撞，在这指定的地点设置有各种观测仪器。通过各种适当仪器的观测，着力于对反应产物角动量的测量和理论研究。这样，从前只能从宏观上定性研究的化学反应，现在可以从微观定量上研究其反应动力学。

李远哲对微观化学反应动力学早就有了兴趣，在伯克利大学就在这方面作了一些深入的研究。如果想继续在这方面研究下去，他认为应该到哈佛大学赫谢巴赫实验室做研究。

李远哲到了哈佛大学赫谢巴赫实验室以后，他发现赫谢巴赫在离开伯克利大学4年的时间里，研究手段好像还是老样子，没有什么改善，尤其是技术水平没有什么改进，这使李远哲颇有一点失望。而在这几年里，李远哲对当时分子反应动力学研究中所存在的问题，作了认真分析和总结，并且发现，虽然许多人开始用分子束对化学反应进行研究，而真正取得成功的事例却很少。这是什么原因呢？李远哲认为，人们只对信号的高低有兴趣，却没有关注背景干扰，更没有对它进行分析。因此在实验结果中，由于背景干扰太强，需要的信号往往分辨不出来。为了克服这一困难，就必须改进实验仪器。

有了这种新的考虑，所以李远哲一到哈佛大学，就立即向赫谢巴赫教授提出开展交叉分子束研究的新构想。他的构想得到了赫谢巴赫教授的肯定和支持。这样，李远哲在他的科学旅途上，开始了他自己第一次开创性的科学研究。他要在一年半多一点的时间里完成设计、加工、安装、调试和读数等一系列工作，其难度之大是显而易见的。李远哲后来回忆这一段时期的工作时说：

> 赫谢巴赫教授给了我三个研究生一起做研究。那时，我的时间是这样分配的：早上一早到学校，就开始做实验，做到中午，然后从中午开始设计，吃饭回来后，再做实验。那一年，整整一年没有一天睡足过6小时，很辛苦的，但是终于把交叉分子束的实验做出来了。不过我要说，这种设计并不是我一个人就可以做出来的。如果金工厂的师傅，金工厂的主任不帮我搞材料，找工厂焊接，到处跑零件的话，也不会做出来的。

由于李远哲的努力，终于在不到一年的时间里，从新建成的交叉分子束装置上得到了令人鼓舞的数据，第一次看了氯原子和溴分子的反应。1968年他与合作者写出了论文:《分子束动力学:卤素原子-分子在交换反应中短程吸引的证据》。氯和溴都属于卤族的非金属元素。

李远哲在哈佛大学设计的大型实验仪器,是世界上第一台通用型交叉分子束实验装置。它共有8层抽气装置,一个大气压射进去,检测器压力降到$10^{-11}$大气压,而分压力可以降到$10^{-15}$大气压。这样好的真空条件,就能很好地克服干扰大和信号小的缺陷。除了分级抽真空以外,他还巧妙地装上了超音速喷管、电子轰击型4极质谱仪,以及可转动检测系统等等最先进的设备,从而使得分子动力学在以后得以蓬勃发展起来,也使人类对原子-分子这样基元反应的过程,有了更广泛和更深入的研究基础。

李远哲后来在伯克利大学建立的分子束实验室。由照片可知,这是多么复杂的设备啊!

赫谢巴赫教授是交叉分子束实验研究的先驱者,他深知李远哲的才能和成就非同一般,他不仅肯定了李远哲的研究,还称赞李远哲是"物理化学中的莫扎特",是"惊人的实验天才"。每次说到李远哲创制的分子束碰撞装置,总会大发感慨地说:"这么复杂的仪器,大概只有中国人才能做出来!"

## 芝加哥大学教授

1968年10月，李远哲离开了哈佛大学赫谢巴赫实验室，来到伊利诺伊州密歇根湖畔的芝加哥大学。芝加哥大学是美国最著名的私立大学之一，是美国中西部地区大名鼎鼎的高等学府。

芝加哥大学在决定聘用李远哲之前，曾经请他到芝加哥大学作了一次学术报告。芝加哥大学对他的报告十分满意，于是决定聘用他为化学系的助理教授。但李远哲还有一些不放心，就问化学系系主任："你们能够给我提供多大的实验室？如果我要做一个很大的实验装置，你们能给我提供多少经费？"

系主任回答说："芝加哥大学没有这个习惯。不过您不用担心这件事情，学校一定给您最大的帮助，您有什么好的构想，就开始做吧！"

李远哲后来回忆接受芝加哥大学的聘请时说：

> 很奇怪，很多大学都有这种习惯，一开始就给你3万或10万、20万做装置，芝加哥大学没这个条例，那是什么意思呢？如果我做一部非常复杂的装置，需要很多的钱，芝加哥大学能马上让我着手做吗？……但我觉得一个大学请一个教授，能够无顾忌地说："来吧！我会尽最大力量帮助你！"这种机遇，现在也并不是很多的。

就这样，1968年10月李远哲接受了芝加哥大学的聘请，而且这一干就是6年，直到1974年9月才离开芝加哥大学。

一到芝加哥大学，李远哲就开始设计一部最新的交叉分子束实验装置。开始是他一个人干，后来有4位同事加入了他的研究小组，合力研究分子碰撞实验。新的设施开始投入实验后，他们立即得到许多以往科学家根本无法做出的实验结果。1970年，他利用惰性气体分子束作为实验材料，研究分子之间的作用力。

我们知道，分子间的作用力一般都十分微弱，所以很难不受其他因素的影响。而惰性气体分子如氦(He)、氖(Ne)、氩(Ar)、氪(Kr)、氙(Xe)和氡(Rn)等，几乎不与其他分子发生作用，李远哲利用惰性气体的这一特点，用氦分子与氮分子的碰撞,来探讨分子间的吸引力和分子平均动能的传递现象等等。

李远哲的研究小组实验做得非常成功,仅1970年就在美国最高级的杂志上发表了5篇重要文章。其中有一篇是《交叉分子束微分弹性散射测量得到的分子间的势能。Ⅱ.氩+氪和氩+氙》。

在研究上迅速取得成果的同时,他在芝加哥大学职位上来了一个“三级跳”。1968年10月,李远哲被聘的是助理教授,到三年后的1971年10月,他被聘为副教授,再过两年,在1973年的3月,李远哲成了芝加哥大学的教授。这三级跳,总共只用了4年时间。没有非凡的成就,这么快的晋升是不可能的。在这几年时间里,李远哲还获得过Camille奖和Henry Dreyfus教育导师奖。

在芝加哥大学的6年时间里,是李远哲32岁到38岁人生重要的年龄段,这个阶段他没有浪费一点时间,取得了许多重要成果,为此后走上科学巅峰打下了坚实的基础。

## 重返伯克利大学

1974年是李远哲人生旅途中的一个重要的转折点。在这一年他作出了两个重要的选择:一是加入了美国籍,二是决定重返伯克利大学。

李远哲为什么加入美国籍,这自然是人们十分关心的一件大事。1987年7月,《科技日报》记者胡永生、杜明明在采访李远哲后,写了一篇文章:《李远哲的心声》。李远哲对两位记者说:

> 在海外,有几件事我们是比较担心的。我最担心的是,到美国留学的中国学生在学成之后,能不能回国报效祖国。……这些优秀的人才不回国,对国家是很大的损失。许多不想回来的人并不是那么自私,而是觉得回国之后没有良好的研究环境,因而不能发挥自己的才能。

李远哲既然担心留学的优秀人才不回国报效祖国,认为这对国家是一个损失,那么当他自己决定加入美国籍时,像他这样社会责任感极强的人,想必有一番思想斗争和挣扎的。1986 年李远哲的答记者问，多少给了我们一点信息，由此可以了解他选择加入美国籍的心路历程。记者的记录大意是：

“以前上学的时候，台湾只有硕士学位，没有博士学位。若想成为一个真正的科学家，非到国外求学不可。离开台湾的时候，并没有想会在美国呆多久，以为取得博士学位后即回台湾。但是投入研究工作以后就留下来了，这也并不是事先计划好的。目前在美国有很多的研究工作，有着很大的责任，不能说走就走。若现在回台湾，是不可能在科学的前沿与国际上最好的学校、最好的研究机构相竞争的。目前在美国大部分时间是在实验室里；回台湾后，大概大部分时间在实验室外。我……大概会回台湾的，但三五年之内不会。”

果然如李远哲所说，在“三五年之内”他没有回到台湾。到 1994 年，台湾中央研究院院长吴大猷教授辞去院长之职后，李远哲回到台湾接任中央研究院院长之职。1994 年距他答记者问的 1986 年，已是 8 年之后了。

至于再次回到伯克利大学，李远哲本人曾经说过：“我这辈子作了两个正确的决定，第一，1962 年申请到伯克利大学念书；第二，1974 年回到伯克利大学任教。”

如果分析第二次回伯克利大学的原因，恐怕主要是因为在伯克利大学有一个非常有名的劳伦斯实验室（最初这个实验室名称是劳伦斯辐射实验室）。更何况伯克利大学不仅聘请李远哲为化学系教授，还聘请他为劳伦斯实验室材料和化学专业的首席研究员。这样，李远哲可以充分借助这个实验室的优越条件，更好地进行分子动力学领域的研究，把原有的研究成绩提高到更高的水平上。

选择回到伯克利大学恐怕还有一个原因。李远哲长期生活在亚热带气候的台湾，芝加哥大学所在地处于北纬 43 度左右，冬天的寒冷让他很不适应，而伯克利大学在北纬 37 度左右，而且面临太平洋，气候与台湾相差不远。

有了芝加哥大学取得的成就，再回到实验条件比较优越的伯克利大学，李远哲如虎添翼，迅速作出了更重要的贡献：从 1974 年到获诺贝尔奖的 1986 年的 12 年的时间里，他和他的助手共发表了 125 篇重要论文，平均每年 10.45 篇，大大高于在芝加哥大学期间每年发表论文 7.5 篇的数量。在论文内容方面，李远哲取得的成就更是十分了得。

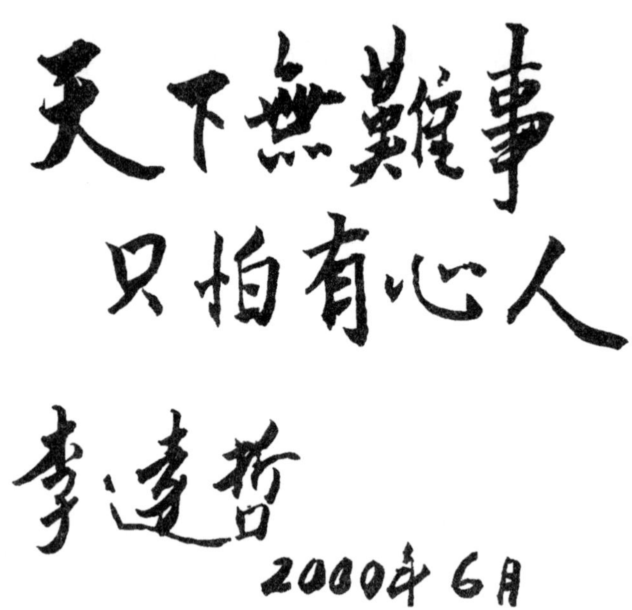


李远哲的题词

李远哲教授能取得如此巨大的成就,与他的拼搏精神是分不开的。他曾经说:“也许我和一些人不同的地方是,有人遇到困难就退缩了,我却继续努力,动脑筋找出新路子来。”

一位受他指导的北京大学的学生赵新生说:“李教授每天早上大约 10 点钟来学校,晚上只回家吃顿饭又回到实验室工作,直到午夜才离开。”

就是靠着这种“世上无难事,只怕有心人”的精神,李远哲一步一步地攀上了化学科学之巅!而李远哲也被誉为“分子束化学真正的实现者”。1986 年 3 月里根总统在授予李远哲美国国家科学奖章时,称赞李远哲“开辟了可能性的世界”。

## 荣获诺贝尔奖

1986 年 10 月 15 日,从斯德哥尔摩传来了好消息,这一年的诺贝尔化学奖授给赫谢巴赫、李远哲和加拿大多伦多大学的波拉尼教授。他们三人的研究,对化学的一个新的研究领域——反应动力学(reaction kinetics)的发展具有非常重要的意义,使人们得以详细了解化学是怎样发生的。

李远哲获奖消息传到美国时,他正在新墨西哥州洛斯阿拉莫斯(Los Alamos)出席一个学术会议。当李远哲那天上午在一家旅馆乘电梯准备参加会议时,有一位教授进电梯时看见了他,立即大声对他说:“恭喜!恭喜!昨晚和您在一起真是荣幸!”

李远哲听了一时丈二和尚摸不着头脑,问:“喜从何来?”

他还以为这位教授在夸奖他昨天晚上作的学术报告呢。等这位教授说出他获得诺贝尔化学奖的消息,他才明白这位教授为什么恭喜他了。李远哲内心当然也十分激动,而且获诺贝尔奖的消息也让他感到意外,但他没有表现很惊喜的样子,仍然像平时一样,照常参加上午的会议。与此同时,远在伯克利市的家中,电话铃一直响个不停。

会议结束后,当天他就由新墨西哥州乘飞机返回旧金山。等他一下飞机,一群记者就把他团团围住,向他提出各种各样的问题。他说:“我从来没有梦想过自己会拿诺贝尔奖,因为多年来有不少学者都在做类似的研究课题,而且很有贡献。因此我感到惊奇和兴奋。”

记者问:“得到诺贝尔奖以后,您今后的生活会不会有任何改变呢?”

李远哲回答:“我相信不会有太大的改变,因为我们仍然会和往常一样,继续自己的研究工作。”

他还半开玩笑地说:“我现在关心的就是实验室最近漏水,应该尽快修理,否则会影响学生的研究工作。”

他还对着面前100多位记者说:“我想今天晚上就回实验室去。”

那天晚上,李远哲的确与平时一样,照常按时出现在实验室里,在接受了研究生们闹哄哄的祝贺以后,一直工作到深夜才回家,让妻子吴锦丽一个人去对付那群记者。

第二天上午,他又准时出现在实验室,11点他把上《化学动力学》课的全班学生带到物理科学演讲厅。在演讲厅里他像其他学生一样,在台下很

李远哲在斯德哥尔摩从瑞典国王手中接过诺贝尔奖奖章和证书。

投入地观看一名英国教授所作的有关爆炸的化学实验,专心聆听讲解一个半小时。

从表面上看来他似乎和平时一样,但他的日常生活还是被打乱了。他有一次无可奈何地表示,他宁愿15年之后得到诺贝尔奖,那时他也许退休了,就不怕人打扰。

李远哲夫人吴锦丽比李远哲先知道他获奖的消息。有一位记者打电话到伯克利李远哲家中,问她得知这消息后,有什么感想。吴锦丽回答说:"我感到非常高兴,我想这也是全体中国人的荣耀。"

与此同时,在台湾新竹市武昌街李远哲的父亲李泽藩先生家门口,一向风平浪静的小街,突然车水马龙,爆竹震天地喧闹起来。附近的居民始而惊异,接着才知道李泽藩老先生家的老二李远哲获得了诺贝尔奖,于是整条武昌街都欢闹起来。再往后,整个台湾岛也热闹起来,他们都没有想到这么巨大的荣誉会落在一个台湾的学者身上。李泽藩夫妇欣悉老二获得这么大的荣誉,其兴奋和愉悦自然是非同一般。李远哲的母亲还说,李远哲在今年(1986年)6月回台湾省探亲时,还向她谈起诺贝尔奖,他说:"中国人要想得到这个奖太难了。但是,得不得到也无所谓,做事情尽力而为才最重要。"

在李远哲获奖以后,有人问他:如果他在美国接受中学、大学教育,是不是会更早得到诺贝尔奖?他回答说:

> 我想……也不一定,大概不会!我如果在美国受教育的话,也许今天在听Rock & Roll之类的。戴着耳机,口袋里面有一张disc,边走边听音乐也说不定。我认为美国社会环境较好,谋生较易,所以很多在美国成长的人,没有那种强烈的迫切感。要珍惜时间来争取一点东西,这种精神在台湾倒是有的。

对于获得诺贝尔奖本身,李远哲在北京大学作的《我走过的治学之路》演讲中,有一段令人深省的文字,特别录在下面让我们共同铭记:[①]

> 一个人受尊重,并不是他得到什么奖,而是靠他的努力。有些

① 《足迹》,《神州学人》杂志社编,北京语言学院出版社,1989年,253页。

李远哲的画像

人有很好的机会，比如我，在环境上，在经费上，大家给我的机会是很好的，这种机会并不是每个人都能碰到的。但是我觉得这并不重要。只要一个人好好努力，在社会上奉献出自己的力量，他就是一个很伟大的人，真正伟大的人。你们应该有很远大的抱负，好好训练自己，培养自己，好为社会贡献一点力量。你如果问我，得到诺贝尔奖之后的感想，我会说，我对科学的一些成就，或者是实验上得到的成功的快乐，已经很早就得到很大的满足了。诺贝尔奖对我反而是很大的干扰，真的是很大的干扰。我还是希望拿更多的时间跟我的研究生享受从事研究工作的乐趣。好好的努力，享受科学研究的乐趣，这才是值得羡慕的。

如果再深究一下，李远哲看重“享受科学研究的乐趣”，恐怕也与他“常常因为领奖或受到嘉奖感到不安”的心情有关。他之所以因为领奖受奖感到不安，是因为在他的实验室里面有 20 位研究生与他一起工作。虽然他获得了 1986 年诺贝尔化学奖，但他从来不认为是他个人的贡献，而认为是研究小组大家共同做出的贡献。李远哲曾经说：“所以，每当我领奖时，就会想到为什么要设立这么多科学奖，而且要奖给某个个人呢？我的这种疑惑持续了很久。”

直到有一天他与一位百岁老翁谈话后，他的疑惑才得到某种程度的缓解。这位百岁老翁是伯克利大学化学系的赫尔曼教授。当时有一家美国大公司捐了一笔钱给化学学会，设立一种化学奖，奖给对溶液的物理化学性质研究方面做出贡献的人。这个奖后来就称为“赫尔曼奖”，第一位获奖人就是百岁老翁赫尔曼教授，在他百岁诞辰的宴会上颁发了这个奖。

李远哲参加了这个宴会。在宴会休息时，李远哲坐到赫尔曼的身边问道:“您一辈子得了那么多奖,到了 100 岁还得奖,您对这种事怎么想呢?”

赫尔曼是很聪明的人,立即反问:“你为什么问这个问题?”

李远哲说,现在的科学研究工作不是个体劳动,而是群体工作。更主要的问题是我们科学家在实验室里探索物理的规律,得到的满足和兴奋并不是一两个奖所能比较的。为什么要设置这么多奖,难道有这个必要吗?

“你这话不对。虽然科学家不需要这些奖励,科学家努力作出贡献的原动力不完全在于社会对这种成就的承认。但是,我们科学家做的研究工作,社会上很少有人知道,所以社会需要设立这些奖。”

于是,李远哲悟出了下面的道理:

> 我想,他的意思是说,借助这些奖励可以告诉社会,科学家们在做些什么工作。也就是说,奖励某个科学家对这个科学家并没有多么重大的意义,而且通过这些嘉奖来告诉社会,科学家到底在探索些什么。
>
> 这几年来,我得了很多奖。我始终记住赫尔曼教授的话,我觉得我有个责任,有个义务,在得奖的时候,要告诉大家,我到底在做些什么工作。这是一个得奖科学家的社会责任。

这是多么宽阔的胸怀!宋陆游诗云:“涧深松老忘荣谢,天阔云闲任卷舒。”此之谓也!

## “我们都是一个根”

1978 年春天,李远哲作为“美国纯粹与应用化学代表团”成员到中国访问。在交谈中,李远哲向我国化学家们介绍了他的工作,并表示愿意为中美科技交流做出贡献。回到美国后,他很快给中国科学院化学研究所寄来伯克利大学正在装配的一套分子束装置图纸,还带口信说:欢迎派人到他的实验室去实习,以便掌握新的实验技术。

1987 年 12 月,中国科学院聘请李远哲为化学研究所的名誉研究教授。在接受聘书的仪式上他说:

化学所位于北京,对整个国家化学的发展起带头作用。目前应该承认,中国的科学水平还比较落后,有许多国家比中国先进。但是,中国人比较聪明、比较勤奋,一定会赶上去。不过还要问:只靠中国人的聪明和勤奋能赶上吗?要知道你在勤奋、努力,人家也在勤奋、努力。因此,全靠勤奋还是不行,还有搞好协调,认真合作,这样效率才会提高。

讲话中显露出的真挚之情十分感人。李远哲不仅在总体上关心中国的化学反应动力学的研究,而且在很多细节问题上他也认真提出自己的意见,惟恐浪费国家财力和人力。当他听说国内许多单位都想购置分子束实验装置,他立即直率地批评:“几个单位搞可以,不能几十个、上百个单位都搞分子束。我是搞分子束的,不能像卖瓜的只说自己的瓜甜。在化学动力学中,除了用分子束研究以外,还有许多重要的研究手段和问题。如宏观动力学中,有指导生产的很多工作要做。因此,不要搞不必要的重复和浪费。”

1980年,李远哲第二次回中国讲学。在回中国之前,他给化学所所长胡亚东教授写信说:

有一点我要坚持的是,我希望能在短暂的时间里多做出贡献。两年前去中国时,我已看了不少名胜古迹,所以我不想多花时间在游览上面。我与我的妻子吴锦丽说好了,她与小孩子们的参观与我的工作是要分开。……我希望在中国期间尽量避免宴会。大家见面谈谈,简便的茶话会便足够了,在宴会上花费财力是不应该的。我们的生活起居也力求简便。……虽说我在名誉上是北京化学所的研究教授,但是现在中国外汇有限,我们在中美之间的往返旅费,我将自己负担。

这种殷切地爱国之情,谁看了能不为之动容?正是在李远哲教授的帮助下,化学所的一套“束源转动式分子激光光解装置”经专家鉴定,投入了实验。这个装置在当时达到了世界先进水平,使中国在这方面的研究起步比较高。

这些成绩显然与李远哲教授的关怀和帮助是分不开的。

1986 年，获得当年诺贝尔化学奖以后，李远哲与夫人（中间的两位）回台湾老家祭祖。

李远哲教授对中国年轻人才的培养一贯高度重视。1980 年来讲学时，他就对胡亚东所长说，他希望听他演讲的人中至少有 20%是年轻的大学生研究生，最好是从“重点大学选 20 位三年级程度的学生”，而且说：“如果他们有困难，我愿意为他们多花点时间，您大概会同意，赶紧训练年轻的科学家是很重要的。”

后来，在伯克利大学他的实验室里，他接受了许多祖国大陆和台湾派去的进修生和博士生。有人开玩笑地说，在伯克利李远哲教授几乎成了中国人的代表。

一位北京大学的年轻教师赵新生，曾经在李远哲的实验室师从李远哲教授。1984 年李远哲还没有获得诺贝尔奖，北京大学化学系的韩德刚教授就对赵新生说：“我建议你去伯克利，在李远哲教授那里学分子束技术。李教授德高望重，那里的人们像对待诺贝尔奖获得者一样尊重他。”

赵新生听从了韩德刚教授的意见，向伯克利大学提出了申请，并给李远哲教授写了一封信。他的申请被批准，而且李远哲给他回了一封信。赵新生后来在回忆中写道：“李老师还回了一封中文信，告诫我：一些人来美国后变了，享受人生。希望我立志科学，使自己成为世界第一流的科学家。真是未见其人，已闻其声，让人产生了敬畏。”

见了李远哲教授后，李远哲对赵新生说：

中国学生在开始时容易造成错觉,以为书读得好就是学得好。其实搞研究才是最重要、最有效的学习手段。强调研究是伯克利的传统。你应该很快学会搞研究,成为你所从事课题的专家。

在与李远哲相处的几年中,赵新生深切地感到,虽然他站在远远高于研究生的地方,但他能创造一种氛围,让研究生们进行创造性的工作。学生可以无所顾忌地充分发表自己的见解,和他讨论甚至争辩,他总会以平等的态度来说服学生,而且他决不会给学生造成一种印象:你的问题太愚蠢。

有一件小事让赵新生永远不能忘记:"一次,我的一位同学来伯克利,顺便拜访李远哲教授。谈话之间外面下起了雨。我的同学要去化学系的一个地方,李老师就自己开车把这位同学送到化学系,并让我一起去,说这样我们可以多聊几句。对于我的培养计划,李老师总是从中国的现实和发展条件出发,尽可能让我的学习与今后的工作更好地衔接……。李老师为中华民族科学的奋起腾飞,花费了许多苦心的努力,我们可以从无数的事中看到。"

在大连市,中国科学院物理化学研究所是李远哲教授十分关注的地方,在9年的时间里他6次访问中国,而其中有5次专程访问了大连物化所。在他的帮助下,大连物化所成立了分子反应动力学国家重点实验室,后来又在他的帮助下,物化所要建造一个功能完备的交叉分子束实验装置。

1986年,在中国第一届分子动力学研讨会期间,他找到大连物化所何国钟研究员说:"老何啊,和你一起在美国学习的意大利、日本的同行们,差不多已经把装置搞起来了,这回就看你的了。"

何国钟研究员看到李远哲那焦急的神情,非常感动。

李远哲常常对认识的人,提到邓小平会见他和李政道时说的一句话:

不管怎么样,我们都是一个根,但是如果只是根深蒂固,不发扬光大,我们都没有光彩的。

1987年7月,中国科学院化学所的研究生们与李远哲教授座谈,整个房间挤满了人。李远哲教授穿一件普通白衬衣,对研究生们说:

1987 年，李远哲与李政道两人回国，受到邓小平的接见。

去年，我和几位研究生们到颐和园散步，有人问我，您觉得中国还有希望吗？我很奇怪，因为中国的希望就在你们年轻人身上。现在中国的科学在世界上不算先进，但是，只要青年人努力，5 年，10 年，20 年，一定会赶上的。

现在离李远哲教授讲话已经过去 20 多年了，中国在反应动力学研究方面已经走到了世界的前沿，许多研究成果早已达到世界先进水平。

李远哲教授对此一定会感到莫大的欣慰！

# 捕捉原子的魔术师——朱棣文

当我想到还有更多的优秀科学家，特别是比我强的科学家还没有获奖时，我自然就不应该把它看得有那么重。

朱棣文

幼年的朱棣文和母亲在一起。

2000年8月24日，著名美籍华裔物理学家、1997年诺贝尔物理学奖获得者朱棣文教授应邀来上海交通大学Bio-X中心讲学[①]。乘讲学之隙，《文汇报》记者采访了他。我们从访谈记录中可以领略到这位物理学大师的科学风采和真知灼见。

记者：这些年来，特别是您获得诺贝尔奖后在研究领域仍然非常活跃，请问您是怎么能长久保持这种研究激情的？

朱棣文：我经常会换一些新的领域，把新的想法、新的概念带到

① "Bio" 是生物学英文单词的缩写；"X" 指物理、化学、工程学等各种自然科技。"Bio-X" 是朱棣文等科学家最早提出和倡导的与生物学有关的多学科交叉研究的概念。

这些领域中去。有关激光冷却和捕获原子的概念并不是现成的、能在课堂里学到的,而都是从新的领域中重新开始搜索学起的。我非常愿意这样做,这也就使得我一直处在学习状态,不断学习新的东西能使一个人的学术思想非常年轻。

现在的问题是,自从我1997年得了诺贝尔奖以后,很多人请我去做报告,……其实我最愿意的是把这些时间都用在实验室,和学生在一起,这样我才会更有创造力。我最开心的事情是在实验室里做实验。

## 家学渊源水流长

朱棣文的祖籍是江苏省太仓县(今太仓市)。江苏太仓位于东海之滨,长江入海口的南岸。《太仓州志》记载道:“春秋时,吴王于此置仓,故名太仓,又曰东仓。”“太仓”之名由此而来。元朝时期,当地官府积极推动海外贸易,在此修筑了长达15千米的长堤码头,太仓因此享有“六国码头”的美誉。明朝永乐年间,三保太监郑和七下西洋,起锚地和收泊地都在这里,太仓从此威名远扬。

太仓不仅是“漕舟之津”,还是书香之城,一脉书香的精神在这里代代相传。

朱棣文的父亲朱汝瑾,1918年生于太仓,1940年获清华大学化学学士学位。1943年,他随二姐朱汝华赴美国留学,在麻省理工学院继续攻读化学专业,并在那里认识了朱棣文的母亲李静贞女士,1945年他们结为伉俪。

1946年,朱汝瑾获得了麻省理工学院化学博士学位。由于当时中国正处于战乱时期,朱汝瑾夫妇就决定留在美国从事教书生涯。1972年起,任美国技术资源顾问工程公司董事会主席兼董事长。他一生著述颇丰,是国际知名的化学工程专家。

早年离家的朱汝瑾先生对家乡始终怀有浓浓的乡情。回家乡探亲、祭祖是他多年的夙愿,但由于种种原因始终未能成行。2000年11月,怀着深深的遗憾病逝在美国。

朱棣文的母亲李静贞女士出生于天津一个教育世家,毕业于清华大学经济系。在和朱汝瑾结识时，她正在麻省理工学院攻读工商管理。后来，她成为了一位颇有才华的经济学家。

李静贞的父亲——朱棣文的外祖父——是李书田先生，他自幼资质聪颖，与江南才子顾毓琇先生是清华大学的同学。1923年，李书田考取官费赴美留学，在康奈尔大学攻读。1926年，李书田获得土木工程博士学位后回国，此后成为我国著名的土木工程学家和水利学家。

朱棣文和哥哥朱筑文、弟弟朱钦文都在各自的领域里建立了不俗的业绩。哥哥朱筑文集物理学、生物化学、医学3个博士学位于一身，现为美国斯坦福大学医学院教授，从事DNA研究。弟弟朱钦文18岁就大学毕业，21岁就获得了政治学博士学位，后进入美国最负盛名的大学之一——哈佛大学法学院。他目前是洛杉矶一家著名律师事务所的合伙人，精于知识产权，是美国100位最有名的律师之一。在自家三兄弟当中，朱棣文十分看重弟弟，认为他是他们三兄弟中最聪明的一个。

朱棣文有过两次婚姻。他与第一位妻子生有两个儿子，后来他们离婚了。他现在的夫人吉恩·朱(Jean Chu)，生于英国的威尔士，在获牛津大学物理学博士学位后，到美国哈佛大学物理系做博士后，最后转到斯坦福大学，并在那里与朱棣文相识、相爱。她不仅美丽、开朗，而且是一位很有才华的女子。她非常喜欢中国文化，她的中文说得比朱棣文还要好。

朱棣文和夫人吉恩·朱

吉恩与朱棣文有着许多的共同爱好。他们爱好物理，也都爱好体育运动。吉恩·朱曾是牛津大学篮球队队长。当有人问她怎样赢得朱棣文的爱时,她笑着幽默地说:“我在打网球时赢了朱棣文,这样就赢得了他的爱情。”

## 迷恋上了物理学

1948 年 2 月 28 日,朱棣文诞生在美国密苏里州圣路易斯市,他是朱汝瑾夫妇的第二个孩子。朱棣文 2 岁时,朱汝瑾转到纽约技术工程学院任教,一家迁居纽约,在长岛定居。

童年的朱棣文就有丰富的想象力和极强的动手能力。他经常把软肥皂捏成各种动物形状,父母为之感到惊奇。到了小学四年级,他已成为了一名“合格的”安装工,将木头雕刻出或用零件组装出一件又一件器具。朱棣文回忆说:“我花了许多时间来制作一些没有明确用途的器具。在我房间的地毯上,经常散乱地摆放着数以百计的金属‘梁’和小螺母、小螺杆,它们是我尚未完成的半成品……”

在小学,朱棣文还没有改掉在家中养成的淘气习惯。在课堂上他显得不太安分,不像大多数小学生那样规规矩矩地坐着听讲。碰到好笑的事情他绝不放过,总会发出怪笑,甚至尖叫。有一次在上英文课时,他突然发现有两篇文章是同一作者所写,就像发现了新大陆一样,立刻在教室里狂叫起来,手舞足蹈地跳着。他为这个“发现”而沾沾自喜,忘乎所以。

当然,朱棣文也有十分安静的时候。当他喜欢上某一门课程时,他会很着迷、很专注地听老师讲解,仔细地咀嚼老师所讲的每一句话。由于偏科,朱棣文那时的学习成绩并不理想。

朱棣文喜欢体育运动,课外经常玩橄榄球、棒球和篮球,有时还玩冰球。上八年级时,他又迷上了网球,还买了一本如何打网球的书,认真钻研打网球的技术。他的球技因此不断地得到了提高,学校校队还吸收他当了三年的替补队员。后来他又喜爱上了撑杆跳,每天苦练,不知摔了多少次,身上常常是青一块紫一块的,他很快跳过了 2.4 米的高度,但这一成绩还不够加入校田径队的资格,这使他感到很遗憾。

在初中朱棣文对几何学产生了浓厚的兴趣,因为几何不用死记硬背,只需用清晰的、逻辑推理去推断结果。每当沉浸在几何推理中,他就有一种说不出的愉快。层层深入的逻辑推导,把他引入到一个奇妙深奥的数学世界。

很有意思的是，很多卓有成就的科学家，例如爱因斯坦、英国哲学家罗素，在年少时都非同一般地热爱几何。想必是那严密的逻辑推理居然得出奇妙惊人的结论，让他们无比地惊讶和欢乐吧。

后来朱棣文的兴趣又转到化学上来了。他和一个同学饶有兴趣地测定了居住周围土壤的酸碱度及营养流失。他们还一起自制火箭，费用来自父母给他在学校的午餐费。

引导朱棣文对物理学产生兴趣的是他的高中物理老师托马斯·迈纳。这位知识渊博的物理学博士是他走上物理研究之路的启蒙老师，朱棣文至今对这位恩师仍心怀感激。

迈纳先生告诉朱棣文，物理学的知识不用背诵，只需根据物理的基本原理和定律，通过演绎得出结果，最后由实验来检验。迈纳老师的教导对朱棣文产生了决定性的影响，将他带到一个奇妙的物理世界。从小动手能力就很强的他，就这样喜欢上了物理学。

在迈纳老师的鼓励下，朱棣文在中学的最后一个学期设计制作了一个物理摆，用来测量重力加速度。朱棣文从小就积累起来的“建筑”技能，对他建造钟摆发挥了直接作用。时间和空间概念，从那时起已植入他的头脑当中。25 年后，他利用激光冷却原子方法，发明了一种测量重力加速度更精确的方法。

迈纳老师还向学生介绍了大物理学家的事迹。居里夫妇如何在极为艰苦的条件下，全身心地投入到繁重的科学实验，从而发现了放射性元素“钋”和“镭”；爱因斯坦是如何创立了相对论，以及它对宇宙观的革命性影响；费曼是如何对现代物理学做出重要贡献的……就这样，朱棣文立志将来要成为一名物理学家。

高中毕业后，朱棣文决定考大学物理专业。然而，身为化学家的父亲并不太赞成他的选择。他认为朱棣文比较适合读建筑专业，他深知现代物理学的挑战和困难太大了，要想做出突出成绩是非常不容易的。如果不是异常聪颖的天才，根本不必涉足其中。父亲觉得朱棣文不属于那种天才的孩子，担心他这样的选择将来会一无所成。

父亲虽然不希望朱棣文选择物理学，不过最后还是尊重了他的选择。朱家上一辈几乎全都是在化学领域中有所建树的学者。在这个化学世家中，朱棣文又可算上是一只“黑羊”。

对于朱氏三兄弟的教育，他们的父母倾注了大量的心血。朱棣文耳濡目染，从父母那里学到了勤劳、奋斗和谦虚的品德，养成了百折不挠的性格。同时，在母亲开放式教育理念的引导下，朱棣文从小又是美国教育中的受益者。在回忆起父母对自己教育与影响时，朱棣文总是感激不已：“如果没有父母的激励，我是不可能取得成功的。”

## 从“阴影”中走出来

《费曼物理学讲义》（1982 年版）封页

在高中最后一年，朱棣文向美国许多名牌大学提交了入学申请，但由于他中学成绩不是很好而被拒绝了，这也使得他的父母感到沮丧。相比之下，他哥哥进入了普林斯顿大学，两个堂兄进入了哈佛大学，都是美国的名牌大学。最后，朱棣文无奈地走进了不是那么著名的罗彻斯特大学。这所创建于 1850 年的大学，地处纽约州西部工业城市罗彻斯特，经过百年的发展，也已跻身于美国 100 所著名高等院校之中。

与所有刚进大学的新生一样，朱棣文内心充满了激动，精神也格外振奋。但是，他没有进入名牌大学仍然是他心坎中的一道“阴影”。从一踏进大学物理系的那一刻起，他就暗自下定决心，一定从这道“阴影”中走出来。

在大学头两年的课程中，朱棣文的物理课程所占的比重比较大，而且以著名美国物理学家费曼编写的《费曼物理学讲义》作为教材。在这部教材中，费曼以他对物理学的精辟见解、对待科学的诚实态度、非同凡响的科学思想方法，以及幽默、诙谐的精彩讲解，一下子就牢牢地吸引了朱棣文。费曼在讲义里写道：

有一位诗人曾说过:“整个宇宙就存在于一杯葡萄酒中。”……但真实的情况是,当我们近距离观察一杯葡萄酒时,我们可窥见到整个宇宙。这里出现了一些物理学的现象:弯弯的液面,它的蒸发取决于天气和风;玻璃上的反射;而在我们的想象中又添加了原子。玻璃是地球上的岩石的净化产物,在它的成分中我们可发现地球的年龄和星体演化的秘密。……让它最后再给我们一次快乐吧!喝掉它,然后把它完全忘掉!

在《费曼物理学讲义》中,像上面这样的生动、幽默,而又启发学生物理学想象的段落随处可见。费曼不仅深入浅出地讲授了物理学知识,而且也不时地为学生揭示了物理学之美:

即使我们不能从具体的测量结果看出美来,我们也可以声称,在描述一般物理规律的方程中,我们看到了某种美。例如,在……波动方程中,可以看到 x、y、z 和 t 呈现出的规律性,这就体现了某种美。这种 x、y、z 和 t 表现出的优美的对称性,是人的思维所反映出的一种更伟大的美。

朱棣文还透彻地领会到费曼关于科学和有关学习科学的真知灼见:

科学是一种方法,它教导人们:一些事物是如何被了解的,不了解的还有些什么,对于了解的,现在又了解到什么程度,如何对待疑问和不确定性,依据的法则是什么,如何思考问题并做出判断,如何区别真理与欺骗、真理与虚饰……在对科学的学习中,你学会通过试验和误差来处理问题,养成一种独创精神和自由探索精神,这比科学本身的价值更巨大。还要学会问自己:“有没有更好的办法来做?”

费曼的《费曼物理学讲义》不仅是物理学专业新生的入门课,而且是他们学习物理的指南。自 1963 年首版以来,一批又一批莘莘学子从中受益匪浅,朱棣文便是其中的一个。

大学二年级的时候发生了一段小小的插曲。那时,教他数学的教授特别出色,而教物理的老师则相形见绌。这位数学教授看中朱棣文的数学才能;于是,朱棣文学习数学的兴趣越来越大,成绩也相当突出,1968 年他还获得了大学的数学奖,乃至大学的数学教授们都期望他日后能从事数学研究。

幸运的是费曼最终拯救了他。朱棣文曾经回忆说:“要不是使用了《费曼物理学讲义》,我几乎肯定要放弃物理课了。”经过 4 年的学习,朱棣文在 1970 年以优异的成绩大学毕业,还荣获美国国家科学基金会博士预备生奖学金。这时,他不仅已从过去的“阴影”中走了出来,而且开始向他梦想的目标——理论物理学研究进军了。

这年秋天,朱棣文走进当时理论物理学教授阵容强大的加州大学伯克利分校,开始了他的研究生学习时期,并继续编织着成为理论物理学家的美梦。

伯克利分校是加州大学 9 所分校中历史最久、名气最大的一所分校,拥有一支强大的师资队伍,其中有许多国家科学院院士和工程院院士,以及多名诺贝尔物理奖获得者。以核科学研究而闻名于世的劳伦斯·伯克利实验室也在那里。

在美国,那时理论物理博士毕业生要想找到一个理论物理学研究岗位,非常困难。一些好心的老师和同学都劝告朱棣文:从事理论物理的风险很大,除非你是像费曼那样的优秀人才,否则还是去搞实验物理为好。但是,朱棣文仍然坚持自己的初衷不动摇。值得庆幸的是,两个月以后发生了戏剧性的转变。

有一天,朱棣文与同学一起到实验室做人耳对声音频率的敏感度的测试实验。对于物理专业的研究生来说,这是一个简单的“游戏实验”,但是朱棣文却从中再次体会到实验的乐趣。他认识到,自己的兴趣还是应该在实验领域,做一名实验物理学者将会使他更加愉快。就这样,他决定重操他在儿时就喜欢并擅长的旧业——动手做物理实验研究。

1976 年,朱棣文在伯克利获得了理学博士学位。在随后的两年中,他继续留在那里做博士后研究。在这段时期,与朱棣文同一个组的研究生曾对一位中国科学家说,朱棣文在伯克利念书的时候,已经表现很好了,他有很多新的想法，而且将来有希望拿到诺贝尔奖。20年后，这个研究生的预言果然言中了。

1978年春，在完成博士后研究后，由于不满足于在伯克利取得的成绩，为了拓宽知识面，进一步扩大视野，朱棣文决定离开伯克利，到著名的贝尔实验室工作。

## 捕获原子的突破

贝尔实验室原名“贝尔电话实验室”，创建于1925年，过去一直隶属美国电报电话公司，直到1996年才改称“贝尔实验室”，隶属朗讯公司麾下。这个实验室一直是世界上规模最大、通信科技最先进、优秀人才最集中和科技成果最突出的工业实验室，而且一直雄居世界研发机构的榜首，被称为世界科技研发的“象牙之塔”。

1978年秋，朱棣文和20多个青年科学家一起被贝尔实验室选中，到那里从事物理学前沿研究。在这个实验的天堂里，朱棣文一干就是9年。在这期间，微电子科技专家、科技管理战略家洛斯(Ian Munro Ross，1927— )任实验室总裁，这可以说是朱棣文的幸运。

这时实验室的科技人员已发展到2万多人，如何进行有效管理，发挥团队作用，就成为了实验室能否取得理想成绩的关键因素。作为深谋远虑和雄心勃勃的总裁，洛斯认为：“不论计划是大还是小，它的成功仍然依赖于个人的贡献，为了保证公司内所有的这些个人的贡献继续出现，不论计划是什么，我们都必须维护和加强有利于创新气氛。”

关于“创新气氛”，洛斯解释说，它对所有人来说是激励和支持创造性工作的气氛，是使科研人员知道自己能够做并希望做出贡献的气氛，是使科研人员知道他们的贡献能得到同事和管理人员确认的气氛。洛斯还说，创新气氛是一种环境，人们在其中能自由地去同管理人员谈自己如何更好地工作的意见，发表自己对实施整个研究计划的建议，同时他们还能感到自己的意见将会被公开地接受或受到客观地评价。

洛斯的管理理念，对实验室的科技人员有很大的激励作用，促使他们大胆地去思考和创造。这个理念以及实验室优良的条件，为朱棣文创造了发展良机。朱棣文后来对此回忆说：

> 我们感到成了“被选中的人”，除了做我们最热爱的研究工作之外，无需做任何事情，献身科学的高兴和兴奋气氛充满了大厅和空间受限的实验室、办公室。我们互相影响、共同进步。生机勃勃的讨论随处可见，甚至吃午饭时都在进行，并且延续到网球场和社交集会中。这儿的风气太好了，不能放弃，所以我再没有回伯克利工作。对此，我现在还感到内疚。但是，我认为那里的同事理解我的决定，并且原谅了我。贝尔实验室的经理给我们提供资金，保护我们不受无关的官僚主义干扰，并且鞭策我们不要满足于只是为科学做了有益的事。

在贝尔实验室，朱棣文开始了他真正的物理实验研究生涯。他很快就找到了一个关于“电子偶素”的实验项目。所谓电子偶素（或称正电子素，positronium），就是由电子和正电子组成的一种亚稳定的束缚态，化学符号是Ps。自1950年发现它以来，对它能级的精确测定就成了实验家的研究项目之一。但是这项实验研究非常困难，因为这个系统仅存在$140\times10^{-9}$秒后就会湮没为γ（读伽马）射线，而且在任意时间内都测量不到该系统足够的数量。

实际上，在朱棣文着手这项实验之前，也有不少人从事过这项实验，但都以失败而告终了。他的上司也认为他正在进行的是一项不可能成功的实验，还担心这样下去会影响了他的事业。两年过去了，他也的确没有取得任何进展。他的上司要求他立即放弃这项研究，然而他还是没有放弃，并和他的合作伙伴艾伦·米尔斯（Allen Mills）一道继续研究。最后，他们终于取得了成功。

1983年秋，朱棣文升任为实验室量子电子学研究部主任，到实验室在新泽西州荷尔德尔的分部工作。这时他的研究兴趣已变得相当广泛了，并在多个研究课题上取得了成果。就在这个时候，一个偶然的机会改变了他的研究方向，使他做出了新的决定：放弃所有其他的研究，全力投入到“激光冷却和捕获原子”的研究中。

那年秋季的一天，朱棣文和同事阿斯金（Arthur Asking）等人在实验室餐厅共进午餐。阿斯金告诉朱棣文，十几年前他曾提出了激光冷却和捕获原子的想法，但没能引起上司的重视，而他自己也没有实现这个想法。

阿斯金的设想立即引起了朱棣文的极大兴趣。在随后几个月里他时刻都在思考着它，并进行了一系列实验。他逐渐认识到，如果想利用激光来捕获原子，首先就必需使原子冷却。

在通向操纵和控制单个原子的科学研究中，物理学家们曾经历了相当漫长而又艰苦的探索。

激光冷却概念最早的提出人之一肖洛。1975 年他和汉斯提出的基本思想是：利用激光光子动量传递给原子，来阻尼原子的热运动，使之温度降低。

早在 1619 年开普勒就曾提出，光可能有机械效应。1873 年，麦克斯韦对"光压"理论做出了重要贡献。爱因斯坦 1917 年证明了原子在吸收和发射光子后，它的动量会发生变化。美国物理学家阿瑟·康普顿在 1921 年发现了康普顿效应，即 X 射线受电子撞击后会发生散射。1923 年，英国物理学家查尔斯·威尔逊（Charles T. R. Wilson）最早用云室观察到反冲电子的轨迹。1933 年，奥地利物理学家奥托·弗利什（Otto Frisch）第一次在实验中观察到反冲原子。1966 年，苏联物理学家索罗金（P. Sorokin）等人发明激光器，为进一步探讨"光的力学特性"提供了优越的手段。

进入 20 世纪 70 年代，列托霍夫（V. S. Letokhov）等苏联物理学家和美国贝尔实验室阿斯金小组在理论和实验上，对光子与中性原子的相互作用进行了重要的早期研究。尤其是阿斯金等人提出了利用激光束聚焦的方法迫使原子束弯曲，从而达到捕获原子的目的。研究激光器的先驱者之一、斯坦福大学的阿瑟·肖洛（Authur L. Schawlow，1981 年诺贝尔物理学奖获得者）和汉斯（T. W. Hans）于 1975 年首先建议，利用相向传播的激光束使中性原子冷却。他们方法是把激光束的频率，调谐到低于原子跃迁频率，并利用多普勒效应原理把中性原子"冷却"。与此同时，美国的外兰德（D. J. Wineland）及西雅图华盛顿大学的汉斯·德默尔特（Hans G. Dehmelt，1989 年获得诺贝尔物理学奖）对于离子陷阱中的离子也提出过类似的建议。1978 年，阿斯金等人利用激光首次实现了原子束聚焦。1979 年,苏联物理学家巴鲁金(V. L. Balukin)等人首次利用激光使钠原子减速。

自 1983 年秋起,朱棣文小组就开始了激光冷却和捕获原子的实验探索。不到两年的时间,即在 1985 年,他们就取得了突破性的进展。

那年,朱棣文小组利用两两相对,沿三个正交方向的 6 束激光使原子减速。取真空中的一束钠原子,先以迎面而来的激光束制动,然后把钠原子引进 6 束激光的交汇处。这 6 束激光都比静止钠原子吸收的特征频率稍有些红移,其效果就是不管钠原子企图向何方运动,都会遇上具有恰当能量的光子,并被推回到 6 束激光交汇的区域。在这个小小的区域里,聚集了大量的冷却下来的原子,组成了肉眼看去像是豌豆大小的发光的气团。由 6 束激光组成的阻尼机制就像一种黏稠的液体,原子陷入其中将不断降低速度。

这种用光压阻碍原子运动的方法,朱棣文称之为"光学黏胶"。然而,仅利用光学黏胶法,原子还只是被冷却,实际上还没有真正被捕获。因为,重力将使它们在 1 秒钟内从光学黏胶中落下来。为此,还需要设置一个陷阱——磁光陷阱。这个陷阱由 6 束激光排列,再加上两个磁性线圈,以便给出可微变的磁场,其最小值处于激光束相交的区域。由于磁场会对原子的特征能级起作用,它会产生一个非常大的力,从而把原子拉回到陷阱中心。因此,原子就被激光和磁场约束在很小的一个区域里。

我们知道物质是由分子或原子构成的,它们总是处在杂乱无章的热运动之中,其平均速度与温度成正比。在室温下(约 300K),它们的速度约每秒几百米;当温度降低至 1.5K 时,速度约为每秒几十米。为了使它们"静止"下来,就必须再降低温度。直到温度非常接近绝对零度,它们才真正接近静止。

1985 年,朱棣文小组已能使钠原子冷却 240μK,即绝对零度以上的 100 万分之 240 度。对于他们所取得的这一突破性进展,《贝尔实验室新闻》在 1986 年 7 月 21 日发表的《科学家在光"瓶"中捕获原子》一文中宣称,朱棣文"用重新定向捕获的激光束,使原子停留在我们随意移动光瓶而无泄漏原子的地方","当我们完善我们的方法时,我们希望准确控制单个的原子,用'光钳'将它靠向另一个原子移动,以便研究它们的相互作用。"

阿斯金对朱棣文所取得的成就给予了很高的评价:"朱棣文做了一些绝对漂亮的实验,我对他的成就很高兴,并一直认为他会得诺贝尔奖。"

在激光冷却和捕获原子的技术上，朱棣文小组并没有就此止步，还继续做出了新的努力。朱棣文随后又构想出利用加动力的激光束穿过“光黏胶”的方法，不断地使原子冷却下去。

在朱棣文等人的影响和启示下，美国国家标准与技术研究所的威廉·菲利普斯(William Phillips)及其合作者运用高效率的磁捕获法，在1988年将原子冷却到绝对零度以上100万分之40度。法国巴黎高等师范学院的科昂-塔诺季(C1aude Cohen-Tannoudji)在1988年至1995年间将氦原子冷却到绝对零度以上100万分之1度。

朱棣文正在做实验

朱棣文、菲利普斯和科昂-塔诺季三人虽分别对激光冷却和捕获原子做出了重要的贡献，但相比较而言，朱棣文的贡献是最领先的。他最先提出利用激光冷却原子的想法，比后二者早三年实现了这个目标。

在回顾贝尔实验室的这段经历时，朱棣文曾满怀感激地说：“贝尔实验室是研究的伊甸园”，在那里“生气勃勃的讨论时常打断研讨会，而在自助餐厅的偶然谈话有时又标志着新合作的开始”。

## 斯坦福大学的教授

从1978—1987年，朱棣文在贝尔实验室度过了终生难忘的9年时光。在那里，他突破性地发展了激光冷却和捕获原子技术，使他享誉物理学界。

然而，就在取得这项突破还不到两年的时间，他却突然决定离开贝尔实验室到斯坦福大学去教书。这个看似“意外”的举动，一时使得许多圈内人士不能理解。

实际上，朱棣文是一个使命感很强的科学家，在他思想深处始终有个愿望，那就是盼望有一天去做教师。他一直期望像他的导师欧根·康明斯那样，培养莘莘学子，帮助他们登上世界科学的高峰。他的这个愿望，随着时间的推移变得越来越强烈了。

1987年，在美国乃至全世界颇负盛名的三所高校——伯克利分校、哈佛大学以及斯坦福大学——几乎同时向他发出邀请。对于这些大学的工作环境他都很满意，但经再三考虑最后选择了斯坦福大学。

斯坦福大学在美国享有很高的声誉，不但教学成绩优异，而且科研成就也很卓著，是美国著名的科研中心之一。校内设有很多科研机构，如霍普金斯海洋站、医学研究中心、直线加速器中心、电子学实验室等等，其中尤以直线加速器中心的规模和名气最大。学校在计算机和集成电路方面的研究居美国领先地位，在美国各大学的综合排名为第二，仅次于哈佛大学。由于有得天独厚的办学条件和一流的学习与研究氛围，斯坦福吸引了许多国家和地区的优秀学者和学生。在这样一所名校讲授物理，同朝气蓬勃、思维活跃、充满好奇心的学生朝夕相处，朱棣文感到格外地年轻和振奋。

美国斯坦福大学直线加速器中心(SLAC)

在一面教学的同时，朱棣文还一面注重自身的学习。在到斯坦福一年后，他开始使用“光学镊子”(optical tweezers)方法来操作单个的 DNA 分子，把微米尺寸的聚苯乙烯小球连接到分子的末端。为了解分子生物学方面的知识，他特地请来大学医学院一位博士做他的老师，每天晚上给他讲解分子生物学。

在荣获 1997 年诺贝尔物理学奖以后，他仍然没有一点架子。他曾幽默地对学生们说：“我的学生应该还是如往常一般地对我，也许会多一些尊敬，但如果有什么大的改变，反而会令我觉得讶然。”

## 不应把获奖看得那么重

1997 年 10 月 15 日凌晨 3 时，斯坦福校园一片寂静，朱棣文一家已进入了梦乡。

突然，一阵急促的电话铃声叫醒了朱棣文。他的一位研究生十分激动地通过电话来祝贺他荣获了本年度的诺贝尔物理学奖。起初他以为是在捉弄他，拿他开玩笑搞恶作剧，因为他自己也经常爱和研究生们开玩笑。直到媒体打进电话来，他这才确信自己是真的获得诺贝尔奖了！

已无睡意的朱棣文立即通过电话给母亲送去了福音：“妈妈，我得了诺贝尔物理学奖!”母亲听后兴奋得再也睡不着觉了，而父亲则高兴得流下了眼泪。他们也许记得，1994 年元旦朱棣文的叔叔朱汝琛到美国探亲时，朱棣文的父亲朱汝瑾曾经对朱汝琛说：“朱棣文什么奖都得到了，就差一个诺贝尔奖了。”

老人对儿子多年的期望，今天终于成了现实！

新闻记者像潮水一样朝朱家涌来。朱棣文的母亲对记者说：“身为父母，儿子荣获了诺贝尔奖，我们当然非常开心，更重要的是，他替中国人争了光。”

“替中国人争光”——这是海外华夏儿女的共同心声，也是中华民族赖以生存的巨大凝聚力量。朱棣文是继李政道、杨振宁、丁肇中、李远哲之后的第 5 位华裔诺贝尔奖获得者，也是第 4 位获得诺贝尔物理学奖的华裔科学家。

那天上午，斯坦福大学应各媒体之邀，破例在学校学生活动中心为朱棣文教授举行了一场记者招待会。

在朱棣文答记者问之前，斯坦福大学校长作了简短地介绍，对朱棣文的物理学成就给予了高度评价，并赞誉他是一位“伟大的物理学家”。然而，朱棣文不同意校长对他的赞誉，说自己仅仅“是一位普通物理学教授而已”。

面对记者的镜头，朱棣文说：“我还是我，跟昨天是同一个人。”“得奖当然是一种肯定，心情可以说是非常好，感到十分荣幸，毕竟我们的研究被认同了。”朱棣文还表露出一个海外华裔的浓浓的中国情结：“如果我现在还有什么遗憾的话，那就是我不太会说中文。”

这年12月10日，朱棣文在父母亲，以及哥哥和弟弟等人的陪同下，来到了风光旖旎的斯德哥尔摩，出席了当年的诺贝尔奖颁奖典礼。

下午4时30分，在鲜花装点的音乐大厅里，华灯高照，金碧辉煌，座无虚席。

朱棣文等诺贝尔获奖者穿着笔挺的燕尾服，满怀激动和喜悦的心情步入了音乐厅。他们在主席台就座，就座的次序是按照诺贝尔遗嘱里的学科次序：物理学、化学、生理学或医学、文学、经济学。获当年物理学奖的3位物理学家朱棣文、科昂-塔诺季、菲利普斯依次就座在主席台的最右边。

1997年12月10日，瑞典国王向朱棣文颁发诺贝尔物理学奖章和获奖证书。

当国王走进音乐大厅时，乐队演奏瑞典国歌。在庄严、肃穆的大厅里，瑞典皇家科学院本特·纳吉尔教授郑重地向世人宣布：“瑞典皇家科学院决定把今年的诺贝尔物理学奖颁发给3位物理学家，以表彰他们在“利用激光来改进冷却和捕获原子的方法取得的进展。……我们现在还不清楚今年的诺贝尔物理学奖有什么实际用途，但我相信它最终会有的。……这个方法为我们控制和研究原子和原子气体开辟了一个新天地。”

之后，瑞典国王开始亲自向诺贝尔获奖者颁发诺贝尔奖章和获奖证书。伴随着乐队的伴奏乐曲，朱棣文第一个前去领奖。当他走到国王跟前，国王陛下和他一手相握，一手递给他奖章和证书。从国王手中接过奖章和证书后，他向国王和所有参加盛典的人鞠躬，此时大厅里响起了热烈的掌声。

## 冰山的一角

一项关键的物理学新技术的发明或不断改进，对科技发展产生的影响是巨大的。它常常带来新的科技研究手段，导致一些科技新问题的提出，从而推动着整个科技向纵深发展。科技史上不乏这方面的例子。例如，低温技术的不断改进，为人们研究低温下物质的物理和化学性质提供了条件，导致了超导现象的发现，推动了超导理论与应用技术的向前发展。

在 20 世纪 80 年代初，当朱棣文刚从事激光冷却和捕获原子技术研究时，对于这个技术的未来应用还一时说不出一个子丑寅卯来，他只是对这项技术本身有着浓厚的兴趣。在他和其他人取得成功的 10 年之后，这项技术已被证明非常有实用价值，而且应用前景越来越广泛。朱棣文说："这项成果正在开始找到大量的用途，……这些用途涉及不同的领域，有材料科学方面的，也有对光与物质相互作用的更为深入的研究。目前的应用还仅仅是沧海一粟而已。"

下面我们简要介绍这项技术在当今科技中的一些重要的应用及成果，这样读者就可以进一步地认识到它的意义与作用。

### 1.玻色-爱因斯坦凝聚现象的实验验证

1924—1925 年，印度物理学家玻色（S. N. Bose）和爱因斯坦，对由玻色子（具有整数自旋的粒子）组成的物质系统，提出了一个统计理论，后来被人们称之为"玻色-爱因斯坦统计"。当人们把这个理论应用于玻色子组成的理想气体系统时，居然得出一个非常奇妙的现象：当系统温度低于某一临界温度时，系统中大量的粒子的动量和能量为零！这也就是说有大量的粒子是"静止"不动的。人们把这个现象称为"玻色-爱因斯坦凝聚"（Bose-Einstein condensation，BEC）。

玻色-爱因斯坦统计一直被公认为是正确的理论，并接受了许多实验的验证。但是它所预言的玻色-爱因斯坦凝聚现象，半个多世纪以来却一直没有实现。于是,实现这一重要的物理现象就成为了实验物理学家追求的重大目标之一。

这个实验的重大突破最终来自朱棣文等物理学家实验上取得的成功。20 世纪 80 年代中期, 朱棣文他们发展的激光冷却和捕获原子技术, 即利用激光束去冷却原子,减缓它们的运动速度,这就使得玻色-爱因斯坦凝聚有可能实现。朱棣文等人提出:冷却的碱金属原子可形成只有弱相互作用的“玻色-爱因斯坦凝聚”。这样,朱棣文等人就实际上指明了这个实验的具体实现途径。

1995 年, 碱金属原子稀薄气体的玻色-爱因斯坦凝聚终于在由美国科学家康奈尔(E. Cornell)和韦曼(C. Wieman)所主持的实验中实现了。他们在比绝对零度高出 1000 万分之 2 度的超低温下, 使约 2000 个铷原子形成了“玻色-爱因斯坦凝聚”。与此同时,德国科学家克特勒(W. Ketterle)也独立地用钠原子进行了同样的成功实验。这三位科学家的成功犹如找到了让原子“齐声歌唱”的途径,引起了物理学界很大的震动。6 年后,他们三人因此而共同分享 2001 年度的诺贝尔物理学奖。

### 2.操纵原子的通道

前面曾讲过,物质是由分子或原子构成的,而它们总是处在杂乱无章的运动之中的,其平均速度随温度的降低而减小。在室温下(约 27℃),它们的速度约每秒几百米;在温度降低至 −270℃时,速度约为每秒几十米。当温度降低到比绝对零度(−273.16℃)高 $10^{-6}$℃,即 1 微开(1μK)时,自由氢原子预计将以低于每秒 25 厘米的速率运动。

由此可见,为了操纵和控制孤立的分子或原子以便于研究它们的性质,就必须不断地降低温度,使分子、原子“静止”下来。

朱棣文等人发展的激光冷却和原子捕获技术,为深入研究原子的性质及其利用,打开了通道。他们用激光把气体冷却到微开(1μK)温度范围的方法,可把冷却了的原子悬浮或拘捕在“原子陷阱”中,使原子置于相对静止或“冰冻”状态,这就为深入研究原子的性质及其利用创造了有利的条件。个别原子可以以极高的精确度得到研究,从而确定它们的内部结构。当在同一体积中捕获越来越多的原子时,就组成了稀薄气体,这样就可以详细研究稀薄气体的一些特性。

近20年来,激光冷却和原子捕获技术的应用成为了分子、原子物理学研究的一个重要突破口,同时还打开了通向更深入地了解气体在低温下的量子行为的通道。

3.新的原子钟

人类文明的进步与时间测量的技术息息相关。朱棣文发展的激光冷却技术,将大大推进人类对时间测量技术的发展,使太空航行能够达到更精确的定位。

1967年,科学家为时间“秒”的标准做出了新的规定:铯原子基本光波的9192631770次振动为1秒。铯原子钟的精确度可达每3000万年只有1秒误差。目前世界上有两套全球卫星定位系统,一套是美国的(称为GPS),一套是俄罗斯的(称为GRONASS),这两套系统精确丈量时间的“尺子”就是铯原子钟。

尽管铯原子钟已经很精确了,但在某些情况下它的精确度还是不够。对地球附近行星系进行探测,它还勉强够用,但对太阳系以外的星球(距离至少几光年)的探测,它就远远不够用了。这就需要制造比铯原子钟更精确的钟,这时激光冷却技术就是关键技术之一。

1997年,朱棣文小组利用激光冷却方法使冷却的原子从捕集器中向上喷射出,形成一个原子喷泉,就像喷泉喷出的水一样。科学家们认为,利用原子喷泉可制造出一种新的原子钟,其精确度比现在最精确的原子钟还要高100倍。目前世界上大约有十来个研究小组正在试制这种原子钟。

朱棣文的这个实验是在地球上做的。而一些科学家正尝试到太空去做这个实验。因为在地面进行激光冷却,当原子的速度大幅度减低时,地心引力的作用导致原子自由下落,使原子被冷却的时间仅达千分之几秒。而在太空无重力下做相同实验,就可使冷却时间长达数千秒之久。这样,可把激光冷却的原子钟的精度再提升数10到100多倍。

朱棣文曾满怀信心地表示,基于激光冷却和捕获原子技术的“原子钟”不久将用于太空航行等系统,其精确度高于目前的1000倍。这种精度,如果以人的一生可以活80岁来算,从出生到死亡的时间误差只有80万分之1秒;即使以宇宙150亿年的寿命计算,误差也只有4分钟。

4.其他应用前景

实际上,激光冷却和原子捕获技术如今还有更为广泛的应用前景。

人们可以利用这项技术来做精确测量,特别是做“重力测量”,从而解开地球上的许多物质谜团:观察油田的内层、勘探海底或地层内的矿物质。人们还可以利用这项技术解读脱氧核糖核酸(DNA)的密码;研究“原子激光”,制造精密的电子元件;制成高灵敏度原子干涉仪,放到空间的微重力环境中,以最终验证爱因斯坦的广义相对论……

大家知道,光速非常快,在真空中是 30 万千米/秒。因此,光从太阳射到地球上仅需 8 分钟;而月球光射到地球仅需 1 秒钟。能不能像开车一样踩一下刹车,就让光停下来? 这个问题,在以前可以说完全是科学家们的一种幻想,而现今似乎已经有一线希望使它成为现实。

在 2000—2001 年,丹麦和美国科学家利用激光冷却的原理,已把光速降至 1.6 千米 / 小时,这个速度与人散步的速度差不多了。这两个国家的科学家都是把大量金属钠原子组成的原子气体,冷却至接近绝对零度,从而形成了“玻色-爱因斯坦凝聚”状态。在这种状态下,原子的速度几乎为零,其结果是,原子就被迫互相重叠,形成一种“冷凝物”,从而大大地改变了它的“折射率”,使光停滞不前。

## 血浓于水的感情

在美国出生和长大的朱棣文,中文一直说得不太流利,这也成了成年后的他挥之不去的遗憾:“如果我现在有什么遗憾,那就是不会中文。小时候,爸爸妈妈要我与哥哥、弟弟学中文,但我反抗。因为,我们生长在西方的社会中,朋友都是西方人,我们当然不想做与他们不同的事。但是如果是现在有人要我学中文,我不会再像小时候那样去反抗了。”

但是在父母的教导下,朱棣文没有忘记自己是中国人,是炎黄的子孙,华人的后裔。成年以后,他以父母都是中国人这一事实而自豪。他不止一次地对媒体和周围的人讲:“我在美国出生、长大,当然是美国人。但在血缘上,我是中国人。所以,有许多基本的价值观,我想我是‘中国的’。”

1988 年,朱棣文应中国科学院上海光学精密机械研究所王育竹教授的邀请，首次来中国进行学术交流。不惑之年的他头一次踏上了祖国的土地。

1997年6月，他又应邀出席清华大学高等研究中心的成立大会，朱棣文再次来到中国。在大会上，他作了题为《激光捕获原子和分子的应用》的主题报告，赢得了雷鸣般的掌声。会后，江泽民主席在中南海专门接见了他。两人一见面就认了同乡。江主席是江苏扬州人，而朱棣文祖籍在江苏太仓。

朱棣文正在演讲。

这年的11月，江主席到美国访问。2日这天，江主席在洛杉矶下榻的酒店又一次会见了朱棣文。两人像老朋友一样进行了亲切友好地交谈。江主席对朱棣文获得诺贝尔奖表示祝贺，并对朱棣文说，中国的现代化建设十分需要高科技，希望朱棣文能对中国的科学技术进步献计出力。朱棣文听后诚恳地表示，作为一个炎黄子孙，这是他义不容辞的责任。

在这次会见后，有位记者问朱棣文："有的报纸说您的中文名字不是朱棣文，甚至没有中文名字，是不是这样？"

朱棣文双眉紧锁，很严肃地回答说："不，这不对。虽然我不会讲中文，但我有中文名字。"

这时朱棣文摊开手掌，以手指代笔，在手心上写下了中文"朱棣文"三个字，并激动地说："这就是我的中文名字，它什么时候都不会改变。"

在美国出生和长大的朱棣文，曾先后两次回到家乡太仓探亲寻根。

第一次是在1998年8月24日，他受父亲的嘱托，在王育竹教授的安排下，他利用在上海嘉定中科院光机所讲学间隙，前往相隔仅18千米的太仓寻根访祖。可惜那次在家乡只停留了四五个小时，只能浮光掠影地看一看。他见到家乡人的第一句话是："你们晓得我得奖的事吗？"太仓市的一位领导亲切地回答说："怎么不晓得，家乡人民还要欢迎你呢。"太仓市的那位领导随即把收集到的有关朱棣文获奖的一大堆资料拿给朱棣文看。一股暖流涌进朱棣文的心头，他没有想到家乡人民会这么关心他、了解他。他感到自己与家乡的距离更近了。由于讲学时间安排得很紧，朱棣文那次连祖父母的墓也没能去祭扫，这给他多少留下了一些遗憾。

第二次是在 2000 年 8 月 24—25 日。这一次朱棣文偕夫人吉恩 · 朱专程到祖籍太仓寻根祭祖。太仓市以最高的规格迎接了她的优秀子孙。

24 日晚，朱棣文的国内亲戚 20 多人，纷纷从上海等地赶到太仓看望朱棣文夫妇。当朱棣文看到这么多的亲戚时心里高兴极了。他请一位堂妹将每个亲戚一一做了介绍，当介绍到长辈时，他就鞠躬；当介绍到同辈兄妹时，他就握手致意。他那传统的中国礼节，使亲戚们感到格外亲切。为了让年迈的父母也能和这些亲戚"见面"，他用数码相机为每位亲戚拍照。他说，他要把他们的照片带到美国去，以后想念他们时，就打开相机或电脑，在荧屏上与大家相会。

25 日上午，太仓下起了毛毛细雨。冒着阵阵秋雨，朱棣文夫妇第一次为祖父母扫墓。或许是他浓浓的亲情感动了上苍，那淅淅沥沥的雨一直下个不停。朱棣文神态肃穆，缓缓地将手中素色的鲜花摆放在祖父母的墓碑前，并按当地的风俗深深地鞠躬。雨中的墓碑沉默无语，长眠此地的祖父母已经等得太久太久。今天终于迎来了在大洋彼岸的孙子的第一次祭扫。

2000 年 8 月 25 日，朱棣文夫妇在太仓给朱棣文祖父祖母扫墓。

朱棣文的衣服已被雨水淋湿了，但他仍没有离开之意。他让夫人与他并排站在祖父母的墓前，再一次深深地鞠了一躬。他用相机在祖父母的墓碑前、墓碑后拍摄了数张照片，以便让不能前来的父母也能瞻仰到。他知道，对年迈的父母来说，这些照片将是排遣乡愁的良药。

为了表示对朱棣文的崇敬，太仓市曾于1999年11月30日以朱棣文的名字命名了一所小学——朱棣文小学。学校简介中写道："朱棣文是世界诺贝尔奖的获得者，他的祖籍在太仓，学校以他的姓名来命名，表示对这位伟大的科学家的崇敬和纪念。"

那天上午10时许，朱棣文夫妇参观了朱棣文小学，这是他第一次到这所学校。他要看看这所学校建设得怎样，孩子们的学习怎么样。

校园内打扫得干干净净，"欢迎朱棣文博士来校检查指导"的大红欢迎横幅在雨中显得格外醒目。学生们早就手持鲜花候在了教学楼前，夹道欢迎他们心目中的偶像。

朱棣文在校长会议室里仔细听取了学校领导的介绍。当听到学校正在争创江苏省一流学校时，他满意地笑了。他说："无论背景怎样，教育对每一个人来说都是最重要的，小学对孩子们来说是人生的第一步，要打好扎实的基础，学校要为学生创造一个有利的学习环境。"还说要让孩子们从小就学习好两种语言，"从小学习两种语言会记得很牢的，不会忘记的"，"英文是国际通用语言，学习语言越早越好"。

2000年8月，朱棣文在太仓朱棣文小学和同学们亲切交谈。

随后，朱棣文提出要与学生见见面。当他观看完了孩子们的绘画、书法、航模及艺术的表演，正准备离开小学时，校长突然提出请他为学校题词。他似乎一下子给难住了，并风趣地说："让我想想。"

在和夫人经过一番商量后，他拿起了水笔，写道：

小学是基础教育，是一个人学习生涯中迈出的最重要的一步，要在这里让学生热爱学习，学会学习。

朱棣文　2000年8月25日

题词是用英文写的，而落款"朱棣文"三个字，是用了英文和中文。

太仓市为了颂扬朱棣文这位为人类做出卓越贡献的伟大科学家，早就有意在朱棣文家老宅处修建一座象征性的建筑，以激励后人勤奋读书、奋发向上。在朱棣文1998年8月第一次到太仓时，太仓市有关领导就告诉了他这个决定，当时有两套方案：一是建一碑墙，有镂窗，上镌文字；另一是用花岗石雕凿成一部摊开的石书，上刻文字。

朱棣文在看过设计图后表示："要本着这样一个原则，这座标志性的建筑要简单朴实。"他的夫人随后补充了一点：要以人为本，设置一些石凳，让游人能在此小憩，给人一种温馨感觉。

在这两套方案之间，朱棣文倾向于书型的那种方案。这座用乳白色花岗石雕凿而成的大书，平卧于米色大理石基座上，基座上"朱棣文祖居处"六个大字，格外醒目。它面对旧城改造后的宽阔马路，用红色地砖铺着的人行道及人行道后面的草坪将它与马路隔开。大书的背后是郁郁葱葱的参天大树和盛开的鲜花，大书的两侧绿草如茵。

这本呈翻开状的石书，简朴而又厚重。上面用中文和英文镌刻着金色的文字：

朱棣文祖居旧址

这里，曾是城厢镇新东街17号一幢朱姓家族的普通住宅，深受娄东文化浸浴的朱氏一门，走出了如世界著名化学工程专家朱汝瑾（朱棣文之父）、美国化学家协会会长朱汝华（朱棣文姑妈）、美籍华裔物理学家朱棣文等12位博士、教授。

朱棣文，1948年2月28日出生于美国密苏里州圣路易斯市，现为美国斯坦福大学物理学和应用物理学教授、美国国家科学院院士、中国科学院外籍院士。朱棣文对物理学情有独钟，1987年获美国物理学会光谱学奖；1993年荣获国际科学奖；1994年获美国物理学会的激光科学奖；1994年获美国光学仪器学会的分光科学奖；1995年获科学艺术奖；1996年获左根汉研究奖。朱棣文从事目前世界上最尖端的激光致冷捕捉技术研究，他因与同事一起成功发明了用激光冷却进行低温下俘获原子的方法，于1997年10月15日，被瑞典皇家科学院授予诺贝尔物理学奖。

鉴于朱棣文对世界物理的巨大贡献，为表达太仓人民对朱棣文教授的崇高敬意，在其祖居旧址，立此基石，以资敬仰，励人奋发。

太仓市人民政府　敬立

2001年2月

## 一位风趣、幽默、平凡的人

朱棣文是在中西文化共同浸浴下成长起来的，由此而继承了中西文化的精髓。在他的言行举止当中，既有东方人的谦虚、含蓄，也有西方人的率真、幽默。尽管是一位世界著名的科学家，但他也是一个性格开朗，非常幽默和风趣的人。

在获得诺贝尔奖后，有人问朱棣文如何处理100万美元的奖金。他幽默地说："我们是三个人共同得奖，因此，得把100万美元分成三份。另外'山姆大叔'又要拿走一半（指纳税），真正剩下来到手中的只有十多万美元而已。"

对于这笔奖金他风趣地表示，自己要好好想一想该怎么个用法。随后他又说，他打算要用这些钱还贷款，另外还想买一部山地自行车作为锻炼之用。

1998年3月，朱棣文到台湾大学和台湾新竹清华大学演讲。当谈到他参加诺贝尔颁奖典礼及晚宴的经历时，他不无玩笑地告诉大家一些"鲜为人知的秘闻"。

在获奖那年12月10日的晚宴上，朱棣文等诺贝尔获奖者的座位是这样安排的：三位物理奖得主的座位在中央主桌，与瑞典国王、王后及王室成员同桌。朱棣文幽默地说，他比另外两位物理学奖得主还要幸运得多。因为他那一桌得奖人还要按各自英文姓氏的第一个字母的先后排序，而他的头个字母是排在最前的 C，[①]因此他就被排在了美丽的瑞典公主旁边！朱棣文还调侃地说，同样的原因他"侥幸地"成为第一个领奖的人。

颁奖晚会上，朱棣文坐在瑞典公主身边。

在参加那场晚宴之前，有人就特地告诉朱棣文，按照传统惯例，如果国王与王后没有站起来，全场谁都不能站起来或先行离席。因为一共有 1300 多人参加晚宴，因此整个晚宴一般要持续三四个小时。为了避免中途如厕，那天晚宴几个小时前就不能喝水，尽管晚宴供应的葡萄酒是那样诱人，但他也只能小口浅尝。当他看到许多年事已高的贵宾不能中途离席如厕，他非常同情地说，这"可是一个大问题"了。他还说，他很细微地观察了坐在他身边的端庄、美丽的瑞典王后与公主，特别是对她们所佩戴的珠宝颇琢磨了一番。他不乏幽默地说，"这可是有讲究的"，王后的大别针，上面有国王的侧面肖像，正好对着王后的脸，"这样王后就永远离不开国王的注视啦。"

2000 年 8 月，朱棣文携同夫人到太仓朱棣文小学参观。有一个年轻记者拿着采访记录本向他提问。朱棣文直率又风趣地说：你先要把你的本子合上听我的回答，然后你再想你要提的下一个问题该怎么去问。

---

① 朱棣文的"朱"在英文里是Chu，不是中文拼音文字的Zhu。

在业余时间，朱棣文一直是一个体育运动的积极参与者，并在这方面爱好相当广泛。难怪一位台湾的教授称赞：作为一个科学家、教授、君子及网球运动员而言，朱棣文在哪一方面都是十分的“酷”。

1998 年 3 月，朱棣文到台湾作演讲。诺贝尔化学奖得主李远哲邀请他和他比赛网球。台湾当地各大新闻媒体纷纷对这场比赛进行了报道。

3 月 30 日，台湾《中国时报》报道的主标题为《今天不谈科学　李远哲、朱棣文开打》，副标题是《诺贝尔得主对垒　网球场上拼高下　发挥研究精神　好个君子之争》。在这场比赛中，两位诺贝尔奖得主都发挥了顽强拼搏的作风。由于经常运动，朱棣文步伐矫健，发球有力，很难看出他已年届半百。他底线抽球强劲，一会儿满场飞奔救球，一会儿上网截击，有些明知很困难的险球也拼命救回，赢得满场掌声，观众赞叹“大师打球果然不同”。而他的夫人称赞他“有一点张德培的味道，可是差了点天分”。李远哲比朱棣文大 12 岁，已经 62 岁，当然不是朱棣文的对手。

业余时间朱棣文还有一个嗜好就是下厨做菜，与妻儿、亲友一起享用。他的烹饪手艺很高，中国菜、意大利菜、法国菜、墨西哥菜都很不错，但以中国菜和墨西哥菜最拿手。因为他的太太很喜欢中国菜的色香味俱全，而他的两个小孩则偏好墨西哥菜的辣劲。每逢家人聚会时，朱棣文总会大显身手，亲自下厨，为大家献上一顿丰盛的美餐。当他的母亲要来给他做帮手时，他总是执意不让，并对妈妈说：“妈，你别来，你会越帮越忙，我自己完全可以。”

提到下厨的“启蒙期”，朱棣文回忆说，有一次家里 3 兄弟跟妈妈在厨房包馄饨，“当时大家排成一列，妈妈负责调馅，大哥则在前头排面皮、放馅，我跟小弟在后面负责包馄饨，好像工厂的生产线一样，很有趣。”之后，朱棣文便常在厨房里跟母亲学做菜。中学以后，他就常单独下厨，做饭包带到学校去。他说：“美国学生多半带两个三明治、一瓶牛奶，就可以解决一餐；但是我的饭包可就多彩多姿了，有时候是中国菜，有时候是墨西哥料理，羡煞其他同学。”

朱棣文认为，他之所以喜欢下厨，可能是因为他一直喜欢动手做一些组合和操作的事情。他认为，组合与操作使他的机械、物理常识更加丰富了，“更重要的是，我养成了自己动手做的习惯，也让我的双手更灵巧了。”

朱棣文甚至把实验也称为做饭。他说，动手下厨像做实验一样，可以训练一个人的专注与解决问题的能力，朱棣文认为，所有男性应该以能烹饪为骄傲。诺贝尔奖得主李远哲与朱棣文在这方面的看法真是不谋而合。几年前，在选拔优秀高中生入大学时，李远哲曾淘汰了一些被称为非常优秀的孩子。当时那些孩子们的父母都很不理解，也有些不满。李远哲解释说："这些只会念书的孩子，连煎蛋、煮蛋都不会，怎么懂实验？"

有人说："会下厨的男人最有魅力，他们不但吸引女人，也让孩子爱接近。他们举手投足之间，多了一份人情味。"

朱棣文正是如此。朱棣文平易近人，凡与他接触过的人都会发现，他是一个非常有亲和力的人，而不像有些大科学家那样高不可攀。

在上海讲学时朱棣文忙里偷闲，兴致勃勃地逛卖服装的自由市场。在人头涌动的自由市场里，谁能知道他就是诺贝尔物理学奖得主朱棣文？他就像一个普通的上海市民，为能够买到两条自己喜欢的裤子高兴不已。

斯坦福大学物理系的一位华裔教授曾这样评价朱棣文：朱棣文虽为华裔第二代，但他兼具东西方人的优点，即把美国社会的自然大方与中国人的谦虚随和集于一身。

朱棣文就是这样一个人——做研究很投入，对学生很好，对父母妻儿充满爱，对祖先祖国时刻不忘。

# 研究是一种宗教上的“感召”——崔琦

如果只为一日三餐,并不需要去做研究,从事简单的体力劳动,便可以达到目的。做学问不是为了钱,而是为了能对别人有用。

崔 琦

崔琦教授,1998年获诺贝尔物理学奖

爱因斯坦曾把科学家按其从事科研的动机而划分为三类:一类人从事科学工作是因为科学工作给他们提供了施展其特殊才能的机会,他们热爱科学如同运动员喜好表现自己的技艺一样;一类人把科学看作谋生的手段,如果有机遇他们也可能成为成功的生意人;最后一类人是科学殿堂中的精华、真正的献身者,这类人为数不多,但对科学知识所做的贡献却最大。

按照爱因斯坦的这种分类,美籍华裔物理学家、1998年诺贝尔物理学奖获得者崔琦教授,无疑应当被划分到爱因斯坦所指的最后一类人当中。

崔琦曾经说:

> 做科学研究和做其他工作是差不多的,首先要对自己的工作或研究有兴趣,要用自己的心力去做事情。我不知道别人怎么看,我觉得永远不厌倦自己的工作,把自己的工作当成一种兴趣才是最重要的。对我个人来说,做研究就像是一种宗教上的“感召(Calling)”,觉得自己应该做点对社会、对人群有点贡献的事情。我在年轻的时候也常常感觉这种问题,比如说一个医生可以解除病人的痛苦,但是自己却没办法做到。但实际上看得广泛一点的话,社会的进展不是那么简单的,而是各方面共同进步之后,整个人群的福利才能改善。

## 只要他们在我心里就够了

崔琦全家福

1939 年 2 月 28 日,崔琦出生在河南宝丰县肖旗乡范庄村。他在家排行老幺,上面有三个姐姐:崔颖、崔珂、崔璐。生他的时候,他母亲已经 37 岁,父亲 42 岁。他的降生给崔家带来了极大的欢乐,父母给他取了个乳名叫“驴娃儿”。

崔琦的父亲崔长生,是一个耿直方正、不爱言语、老实巴交的农民。他大字不识一个,对外面的事情知道得很少,但在本性中却蕴藏着中国农民的善良和淳朴品格。1947 年宝丰解放后,崔家虽被划为富农成分,但家境并不太好,除了两间破草房,十几亩地,再加一头小毛驴之外,别无所有。崔长生平日干活常常是光着背、赤着脚,只到冬天才穿上一件破棉袄。农闲时节，他还常去邻县煤矿背煤，赚一点钱来补贴家用。

崔琦的母亲王双贤，是宝丰县茨芭岭村人。王家早年家道清贫，经祖父、父亲两代在河南临汝（今汝州市）经营面条生意，省吃俭用积蓄下钱来，陆续地在家乡置地 400 余亩，成了远近闻名的"王大户"，旧居从大门楼到后院有数亩地之广。

王家育有 3 男 2 女，王治军居长，依次是王治安、王治环、王名贤和王双贤。王双贤的三个哥哥——崔琦的舅父，均有不俗表现。二舅王治安是有名的教书先生，三舅王治环曾任郏县县立中学校长、河南省教育厅督学等职。崔琦的母亲王双贤心地善良，乐于助人，时至今日范庄村的老人们一提起王双贤，都无不交口赞誉。崔琦后来始终保持着与人为善、乐于助人的优秀品质，与母亲潜移默化的教育有关。

崔琦家虽说有几亩薄田，但崔琦并未过上什么好的生活。崔家由于劳力少，崔长生就把 10 亩地租给了同村的别人耕种，自己只留了一小部分。崔琦在一次接受记者采访时回忆说："四个孩子，地就分成四块，每个人就是半亩地，一块地在东边，一块地在西边。我记得的就是旱灾、水灾，再就是战争。"

出身大户的王双贤理应有良好的读书习文机会，但她父亲却固守"女子无才便是德"的封建思想，不让他的两个女儿读书。王双贤虽大字不识，但有着不同常人的广远见识和博大胸怀。在与哥哥们的相处中，她深知教育对一个人成才的重要意义。所以家庭生活无论如何艰难，她仍坚持让四个孩子跟着他们的三舅读书。崔琦的三个姐姐正是在这种情况下，先后完成大学学业的。这在农村的确是十分罕见的事。

崔琦 6 岁入小学。开学第一天他就不肯离开母亲，次日更是推说肚子痛，继而又说头痛，不肯上学。但是，母亲并不对这个惟一的儿子有丝毫溺爱，反而倍加督责。崔琦后来渐渐理解了母亲的良苦用心，上学因此风雨无阻，学习勤奋刻苦。崔琦天资聪慧在十里八乡是出了名的。在范庄村那时流传着这么一句顺口溜："驴娃儿"是个马蜂窝——心眼儿多。

在范庄村如今还流传着少年崔琦"量地"故事。大约在他十一二岁的时候，村里把他抽去搞分地工作。无论是三角形、菱形、梯形，还是什么奇形怪状的地都难不住他。当地的一位老会计有点不服气，便故意找了一块不规则三角形的地块来为难他。各个边的数据刚被量出，崔琦就说出了这块地的亩数。那位老会计反复算了多遍，与崔琦报的亩数分毫不差，于是不禁竖起大拇指赞叹道：“这个娃今后肯定有出息。”

1949年，崔琦从新宝镇石桥区高皇庙小学毕业。由于当地没有中学，他只得辍学在家。转眼两年过去，这可急坏了他母亲。为了儿子的前途，母亲毅然做出了痛苦的决定，让爱儿到外地求学。崔琦父母亲曾为此发生过争执。父亲考虑得比较实际：儿子再过几年就成为一个壮劳力了，在家里就是一个顶梁柱，而且他又是他们身边惟一的男孩子。崔琦自己也拿不定主意，他不了解外面的世界，更不知道离开家会发生什么事情。然而，母亲是一个主意坚定的人，她的坚持改变了崔琦一生的命运。崔琦对此曾感激万分地回忆道：

> 小时候在乡下耕田、割草、放牛，能从小学毕业已算幸运，但是母亲有远见，自己不会看，不会写，却坚持要我上学。

1951年秋天，三姐崔璐带着崔琦从老家出发，先到许昌，再坐上去北京的火车，到在北京的大姐崔颖处小住。此后，在已移居香港的二姐崔珂和澳门的三舅的帮助下，乘火车到香港。就这样，崔琦完成了他人生中最重要的一次转折。

离开河南家乡前的崔琦

临行的前几天，母亲一针一线地为他赶做了一件黑棉袄，一条蓝棉裤、两身内衣和几双鞋袜。临别时，他母亲心里明白，这一去不知何年才能相见，但她依然显得很平静，轻轻地抚摸着崔琦的头，安慰他说：“别怕，你放心去读书，到夏天收庄稼的时候，你就可以回家看娘了，然后再去念书。”

遗憾的是，崔琦的这一去竟成了与父母亲的永别。从此以后，他再也没有机会见到他的父母亲了。1958年，他父亲开始患重病卧床不起。为了不影响他的学业，他母亲没有告诉他。直到1959年夏天他父亲去世，他母亲仍没有对他透露一点儿消息。在这之后的9年间,他母亲不管自己受多大的罪,甚至住茅草庵,都没有告诉在美国的儿子,唯恐影响他的学业。1968年,他母亲寂寞地离开了人世,当时只有大姐崔颖一个人守在她的身边。

1998年,电视节目主持人杨澜到美国采访崔琦。当崔琦谈到他妈妈颇有远见,在他12岁那年将他送出读书时,杨澜问:“您12岁那年,如果你不外出读书,结果会怎么样?”

崔琦回答:“如果我不出来,三年困难时期我的父母就不会死。”

崔琦后悔得流下了眼泪。杨澜也流泪了。她多么希望她聘请来的两位美国摄影师能给当时的崔琦来一个特写镜头。让她吃惊的是,在审片时她居然看见了这个她所特别想要的特写镜头。杨澜问那两位摄影师:“你们听不懂中文,你们怎么会拍下这一感人场面?”

摄影师回答:“你们不是在谈论妈妈吗?‘妈妈’这两个字在全世界都是相同的。”

崔琦后来成为了一名基督教徒,他对父母的怀念与祭奠有着他独特的方式。他对杨澜说:“我对于父母的感觉是,只要他们在我心里就够了。也希望能够推己及人,能够影响、帮助到别人。”

据崔琦的大女儿艾琳(Aileen Tsui)回忆,一部名为《天堂的日子》的影片对她父亲有着经久不衰的吸引力。她说:

> 我猜想,《天堂的日子》这部影片之所以对爸爸有着强烈的吸引力,很大程度上在于片中对农村的贫穷状况及失去父母的小姑娘的描述,她以她发自内心的声音讲述了整部影片。……事实上他也正是在大约11岁离开了自己的父母,此后再未见过他们。在很小的时候他就独立生活了。他远离自己的家乡,完全靠自己养活自己……

## 发奋学习的培正时期

到达香港后,崔琦进入了六年级,开始接受到正规的学校教育。1952年,他考进了以理科著名的香港私立培正中学。培正高水平教学不仅得益于高水平的师资队伍,而且还与高素质的学生群体密不可分。培正的学生以思想活跃而远近闻名,外界对他们冠以"马骝头"(猴子)的称呼。这绰号一方面固然是说他们顽皮,但另一方面也反映他们思维活跃,不墨守成规。

在各种因素的作用下,培正中学培养出了许多世界一流人才,真可谓桃李满天下。尤其在数理科学方面,崔琦、丘成桐是其最杰出的代表。另外还有物理学家沈吕九、卓以,数学家萧荫棠等人。

培正良好的校风对学生们形成正确的价值观和奋斗目标,产生了重大的影响。正如崔琦所回忆的那样:"自己当时就是对赚钱的兴趣不大,那时总觉得要做学问,想的就是在学问方面有点儿成就。"

1956年,崔琦在香港。

培正为帮助那些家境清贫而成绩优异的学生完成学业,设立了奖学金。这对家境贫寒又无依靠的崔琦来说真是天大的喜事,他正是靠着全额奖学金才完成中学学业。

在培正读书时,崔琦就酷爱音乐,尤其是宗教音乐和古典音乐。他将为别人补习功课所得的报酬用于学习声乐,这不但陶冶了情操,也舒解了自己内心的痛苦与烦恼。他的中学同学卢遂业回忆说:当时他和崔琦都是基督徒学生团的少年团员,每星期他们都有聚会研读经文,见证和唱诗。由于崔琦的普通话发音准、咬字清晰,加之歌喉嘹亮,常是大家聚会领唱的高手。至今,卢遂业仍然欣赏崔琦当年教的一首诗歌:"爬、爬、爬上光明高山,灵风轻轻吹……"

崔琦所有的学科成绩都很优秀,他的毕业评语是:学习勤奋、成绩优秀、举止端正、彬彬有礼。曾教过他中文课的单伦理老师回忆说:崔琦是个守规矩、好学习、爱钻研的学生。

崔琦在研究和解决物理问题方面有着特殊的能力。他的同学罗云庆回忆说：在中学物理实验课中，要做一个关于力的合成实验，当许多同学还在忙得焦头烂额之时，崔琦早已把实验做完了。在他离开实验室之前，同学们纷纷请教他的秘诀。他说：问题在于要事先准确计算，往钩子上放砝码时重量要正确。由于他能够透彻理解课堂讲授内容，加之能够把理论与实验紧密地结合起来，所以他的实验能够很快完成。

1957年，他从培正中学毕业时，同学们在同学录中给他写下如下的评语：

> 六尺身材堪谓高，天赋英聪功课好，兼长国、英、数，日常小事却糊涂，五毫当一毫。写字时笔墨飞舞，笔迹字体有如乱草，指挥音乐，南拳北腿如比武，歌声动人，姿势美妙够风度。爱班之宝，基督虔徒。

崔琦中学毕业后，取得了台湾大学医学院学习的资格。然而由于当时父母亲的境况，以及他是否还能回到河南老家等问题都还不清楚，所以他没有去台湾，而是留在香港。为了考入香港大学，他进入了港英政府主办的两年制“特殊课程中心”。

对崔琦来说，1957年是特殊的一年，因为从这年开始，香港中文中学的毕业生经校长推荐，可以参加香港大学的入学考试了。这就意味着一扇通向成功的大门开始向他们敞开了。

作为中文中学，培正在学制和课程设置上与英国殖民地大学——香港大学衔接不上。中文中学的毕业生为考入该大学，还必须学习一些该大学入学考试所规定的课程。特殊课程中心就是为此而设立的。不过，在香港中文大学建立后，该中心也就完成了她的历史使命于1964年关闭了。

在中心学习的时候，崔琦戴着金边眼镜，总是面带微笑。他对同学谦逊友善，温文尔雅，说起话来很有幽默感。他常以诙谐的口气向同学们讲述有关培正老师和同学们的奇闻趣事，引得他们捧腹大笑。

尽管在中心的同学们的惟一目标就是要通过香港大学入学考试，但作为经过特别挑选的、一群才华横溢的学生，他们都有一种自豪感，并且充满了活力与梦想。

培训中心当时只有文科和数学教师，没有自然科学的教师，这对于渴望学习自然科学，特别是物理学的同学们来说显然是不尽如人意的。幸运的是，邻近的克莱门蒂中学的副校长王秀明先生志愿教他们化学。崔琦等人就成了他的业余化学班的学生。王先生利用业余时间义务性地承担起了这个额外的教学任务。当然，这群聪明而富有活力的学生也给他带来了很大的乐趣。

培训中心当时也没有物理老师，但同学们都必须要学好物理，因为那是进入香港大学理科系的必考科目之一。一开始同学们都非常着急，在求师无门的情况下，崔琦和同学们不得不最后决定自学物理。于是每个人都捧着物理课本潜心攻读起来，先是逐节逐章地学习，但随着时间的推移，大家逐渐发现，自学物理也并不是像原先想象的那么困难，非但如此，学习过程中还充满了求知的乐趣。在自学物理的时候，令崔琦惊奇和印象深刻的是，几乎所有的物理现象，都能用简洁物理公式来描述；自然界基本运动的简洁之美实在是令人赞叹。这些美的发现和享受，更增加了他探求物理知识的乐趣，他那强烈的好奇心也由此得到了进一步的发展。

经过近一年艰苦的学习，崔琦和另外两个同学终于通过了香港大学的高级物理和化学的入学考试，取得了进入该大学深造的资格。然而，一个意外地好运使崔琦最终没有进入香港大学。

当时美国的名牌大学，几乎不可能给在香港的中学生以任何援助。但幸运的是崔琦有着深厚的基督教背景，外国教友会的会友帮助了他。教友会牧师刘先生的母校是美国伊利诺伊州奥古斯坦纳学院（Augustana College），他与母校有着良好的关系。正是这位刘牧师极力向奥古斯坦纳学院举荐了崔琦。

## 奥古斯坦纳学院的奇才

1958 年春，崔琦收到了奥古斯坦纳学院的消息，他获得了该学院 1958—1959 年度的全额助学金，这样崔琦就能够进入该校深造。虽然奥古斯坦纳学院不怎么有名，但是，能有机会去美国念大学，他还是感到非常高兴。这年 9 月的第一个星期一，崔琦就来到奥古斯坦纳学院，注册成为了该校的一名学生。

奥古斯坦纳学院是一所规模不大的教会大学。与美国大多数研究型高等院校相比，她除了设置适当的数学、物理学等自然科学课程之外，还特别关注学生的全面发展，强调阅读人文学科的经典、鉴赏艺术、反思关于真理以及终极意义等永恒而重大的问题。

作为异国生活的第一站，奥古斯坦纳学院给崔琦留下了美好的回忆，而奥古斯坦纳学院也为培养出像崔琦这样的杰出科学家而倍感自豪。

初到奥古斯坦纳学院，崔琦给师生们的印象是有些腼腆和拘束；话语不多，但总是带着温和而又悦人的微笑，更多的时候是全神贯注地倾听别人讲话。他那时的英语讲得不流利，但语句却总是合乎语法。他不是那种富有挑战性的人，总是小心谨慎；他也不是那种易于冲动的人，自控力很强，能耐得住寂寞和孤独。这些表现可能与他幼时的家境以及那时国内的社会氛围有关。这种表现常常使同学猜想：他是否忍受着某种精神压力，或是否深藏着个人的不幸。

奥古斯坦纳学院标志着崔琦攀登科学高峰的开始。凭着他的智慧、立志成才的决心和毅力，他很快适应了学院的人文学科的课程。在自然科学课程方面，他更是如鱼得水，数学、物理和化学，成绩样样出众，以致在很短的时间里，他从事科学研究的才能已在校园里小有名气。一些同学送他绰号“奇才”，还有一些美国同学认为在非美国学生中，崔琦是一个“真正的智者”。

作为虔诚的基督教徒，崔琦是教堂活动的积极参与者。作为一名外国学生，他还是一名世界主义者俱乐部的志愿者，该俱乐部旨在推进不同民族和国家间，以及不同道德和宗教信仰集团间的相互理解。

1959—1960 学年，世界主义俱乐部为崔琦提供了奖学金。他们认为，崔琦不仅属于美国的少数民族，而且就其良好的表现也应该得到这一资助。尽管这笔奖学金数量不大，但可以支付崔琦一年的学费。

对于在美国读书的中国学生来说，除了通常利用获得的奖学金支付学费外，生活费常常还得要靠夏天打工去挣，崔琦自然也不例外。

在著名的纽约华尔街附近有一条街叫昌巴街，它是当年中国留学生夏天找工作的必去之地。在那里有数十家职业介绍所，其中有一家是华侨周重民先生开办的，专为华人介绍工作。对于举目无亲的华人留学生来说，它实在是希望之所在。

据崔琦的好友卢遂业先生回忆，1959 年当他从田纳西州到纽约找工作时，他在周先生的介绍所里意外地遇见了崔琦。崔琦告诉他，根据他在所内一个多小时的观察，他得出的结论是用广东话向办事人求职是明智之举；用普通话就会遭冷遇；若用英语则在办事人看来就更可憎了。最后，说广东话的卢遂业被介绍到一家餐馆当短工，崔琦也被介绍到布碌仑去工作。由于崔琦人缘好、工作勤快，整个暑期便在那里打工。

崔琦刚到学院时，他正式注册的本科专业是数学。在第二学年注册时，他遇见了数学老师麦克劳克林。麦克劳克林曾多次听说过他是一位来自香港的非常出色的学生。当崔琦要求注册高等微积分课时，麦克劳克林有一些犹豫不决：一个刚读大学 2 年级的学生，能够把高等微积分作为他的首选课程吗？因为，通常选修该课程的学生都是最高年级（即大四）的学生，偶尔也有大三的，但从未有过大二的。经过对他的微积分基础知识进行初步考察之后，麦克劳克林半信半疑地同意了他的申请。

后来的事实表明，麦克劳克林对他的疑虑是多余的。他很容易地就完成了老师指定的作业，以致麦克劳克林不得不给他设计一些富有挑战性的作业。但这些仍然没有能难住他。这时麦克劳克林感到，和一个杰出的学生进行智力竞赛对他来说是一个很大的鞭策。麦克劳克林的妻子有时问他：“你现在还跟得上崔琦吗？”

麦克劳克林对于自己在智力上是否还跟得上崔琦似乎也没有把握，但崔琦的进步有力地催促着他更加努力地工作。给他印象最深的是，崔琦解决各种疑难问题的能力很强，而且很少需要别人帮助。在他的学生中，很少有人像崔琦那样具有透彻分析问题的能力、强烈好奇心以及对学习新课程的无穷乐趣。麦克劳克林认为，与崔琦这样的学生在一起，对于自己来说实在是一件幸事。

尽管崔琦主修的专业是数学，但在物理学上他也投入了同样的精力。他一直乐于做研究生的物理作业，并敏锐地认识到要使自己将来成为一位物理学家，数学知识是必不可少的，而且越多越精越好。

在大学二年级快要结束时，崔琦决定用 3 年时间完成本科专业的学习。这意味着崔琦必须在第三年完成繁重的课程，但是这对勤奋、刻苦和聪明的崔琦来说，并不成问题。

在崔琦居住的宿舍楼中有几百名男生，其中不乏有各种各样的怪人。少数几个嗜书如命之徒和玩世不恭者便是其中的两类。崔琦当然属于嗜书如命的那一类。据崔琦的一位同学回忆，每当他深夜穿过宿舍大厅去喝咖啡时，总是发现崔琦穿着那件穿了多年而且已经磨损的毛衣坐在自己的桌子旁，一边喝茶，一边做作业，旁边还放着一本磨损得很厉害的英汉字典。

崔琦晚上因为常常学习到很晚，睡眠不足就成了一个问题，但他总是设法在 24 小时之内找机会来补足。他的秘密是“战略性地打盹”。

在大学快毕业时，崔琦决定把芝加哥大学作为他的首选目标。这主要是因为，李政道和杨振宁都是在这里获得博士学位的。后来的事实表明，他的选择是正确的。

在奥古斯坦纳学院的三年学习和生活中，崔琦不仅在学业上成绩优异，而且在校内的社会交往方面也十分出色。他对校内的一切善意的活动都大力支持、积极参与。到 1961 年大学毕业时，他已成了学校的知名公众人物了。

## 学业、爱情双丰收

1961 年秋崔琦来到一个充满机遇与挑战的王国——芝加哥大学。他的博士导师是只比他大 2 岁的斯塔克教授(Royal W. Stark)。崔琦的夫人琳达(Linda Tsui)在《我的丈夫崔琦》一文中写道：

“与斯塔克这样一位精力充沛、聪明能干、平易近人而又不古板的有影响力的年轻教授在一起工作，崔琦学到的不仅是知识和技能，而且还有在共同探索过程中逐步培养起来的自信心和热情。”

1962 年，年仅 25 岁的斯塔克来到芝加哥大学物理系任教。作为一位固体物理学家，他同时还在物理系的金属研究所从事固体物理研究。金属研究所当时拥有世界上最好的低温设备，此外还刚刚建立起一个纯化和生长金属单晶的实验室。另外，它还有一个优势条件，那就是有一大笔项目研究拨款。这笔拨款除了用于购置新的先进设备外，还有一部分用于研究生的研究津贴。

崔琦到芝加哥大学后不久，斯塔克通过对其进行多方面的考察，认定这位来自中国的研究生注定会成功，于是就让他作为他的助手，协助他从事科研工作。

在斯塔克的指导下，崔琦很快就熟悉了实验研究工作，斯塔克也开始放手让他独立工作。每当斯塔克回家吃晚饭时，他就让崔琦独自在实验室里记录和收集数据，由此逐步培养崔琦独立工作和思考的能力，对问题穷追不舍的探索精神，以及对科学的诚实品格。崔琦也时常对那些与自己的想法不一致的实验数据提出看法，如果斯塔克一时不能给出满意的解答，他们就重新采集数据，并继续进行研究，以揭示问题的答案。正是在这些过程中，他们不断获得更有远见的洞察和对问题更深入的理解。

1967 年，崔琦顺利地通过了博士学位论文答辩，获得了哲学博士学位。

1965 年在芝加哥大学的崔琦

在导师的挽留下，他没有辜负导师的期望，留下来继续协助导师从事科研工作。当时他们从事的是铁磁材料镍的德哈斯-范阿尔芬效应（de Hass-Van Alphen effect）的研究[①]。每当紧张的实验结束时，斯塔克和崔琦两人常常是精疲力竭。他们每天几乎要工作 16—18 个小时，每周工作 7 天，有时还必须连续工作 24 小时。当时的低温实验室是在一个没有窗子的地下室里，有时斯塔克晚上工作后离开实验室回家，到了外面时才惊奇地发现太阳已经升起！有时他们连续 6 个月地保持这种不间断的、满负荷的工作，随之是精疲力竭地休整一周，然后再回到实验室。就是在这样的环境中，崔琦成了惟一一位与斯塔克同甘苦、共患难、一起努力工作的学生。

同斯塔克在一起的日子，无论对崔琦来说，还是对斯塔克来说，都是愉快且令人难忘的。就崔琦而言，其重要作用之一在于，他此后的研究一直集中于二维电子气体的特性，这与他后来获得诺贝尔奖的工作密切相关。作为斯塔克的第一位博士生，崔琦后来荣获诺贝尔物理学奖，自然使昔日的导师斯塔克格外激动，因而芝加哥那段美好时光成了他时常回忆的主题。

在芝加哥大学学习与工作期间，崔琦在婚姻大事上也迈出了关键的一步。几年前，在奥古斯坦纳学院他就认识的挪威裔同学琳达，恰好也在芝加哥大学进修。于是，他们两人便开始交往。崔琦的幽默感、敏锐的思维、忘我

① 德哈斯-范阿尔芬效应指的是，在低温下强磁场中金属的磁化率随磁场倒数周期性振荡的现象。

的探索精神和旺盛的创造力，给琳达留下了深刻印象。

与琳达初次约会时，崔琦就让她到芝加哥大学图书馆的书堆中去找他。琳达好不容易才在图书馆的一个破旧、昏暗的书房里找到他。当时他正坐在一张小书桌前，沉浸在那些积满多年灰尘而又充满着智慧的书海之中。这里正是他常来的地方。

有一次，崔琦邀请琳达到他的宿舍去，那是一间地下室。在那里琳达惊奇地发现，在崔琦床铺的正上方的天花板上贴着一幅画。琳达对此难以理解，于是问：“为什么不把这幅画挂起来呢?”崔琦俏皮地回答道：“之所以这样放，是为了自己躺在床上或醒了之后都能去欣赏它。”琳达由此领略了崔琦的机智和顽皮。

1964年琳达大学毕业后不久，崔琦和她建立了幸福的家庭。后来，他们育有两个女儿：大女儿艾琳在哈佛大学获得艺术史博士学位，小女儿朱迪思毕业于医学院。这个充满欢乐和幸福的家庭，给崔琦带来了温馨和幸福。他的大女儿艾琳在一篇介绍自己父亲的文章中写道：

> 在双亲中，妈妈更善于表露自己的感情，她向我描述了在学院第一次见到我的父亲时的那种激动心情，当时她戴着皮帽子，吃着冰淇淋。我从一幅旧照片上看到，年轻时的父亲羞羞答答地笑，妈妈则在那儿大大方方地笑。当问及第一次认识母亲时，父亲总是回避问题。然而，即使父亲在那里一言不发，从父母在一起多年的和睦生活中我也能猜得到，从他们第一次认识时起，父亲就对母亲有着一种深深的信任感。

不过从当时的氛围看，崔琦算是比较有勇气的了，正如琳达所说：“与我交往也反映了崔琦不因袭传统的个性，因为在那个年代，异国婚姻是极不寻常的。”

1968年初，崔琦离开了芝加哥大学，去了位于美国新泽西州默里山的贝尔实验室；他的导师斯塔克随后也离开芝加哥大学，去了旧金山。

芝加哥大学的7年时间，对崔琦来说是非常重要的，他在那里打下了事业的基础，建立了美满的小家庭，真可谓事业爱情双丰收。

## 得天独厚,近水楼台先得月

贝尔实验室的研发一般从基础研究入手,着重发现新知识,特别是高新技术。它不仅在半导体等许多高新技术领域都走在时代的前列,成为现代高科技的摇篮,而且先后造就了 11 位获得诺贝尔物理学桂冠的科学家。20 世纪 30 年代以后,贝尔实验室开创了半导体物理的研究,并发明了晶体管,由此掀起了一场半导体技术的革命,揭开了微电子技术大跃进的序幕,同时也为信息科技革命奠定了坚实的物质与技术基础。50 年代,贝尔实验室在集成电路、半导体材料等方面取得了重大进展。60 年代,发明了一种非常重要的半导体材料生长技术,即分子束外延技术。借助该技术,可根据需要生长出性能优异的半导体材料,从而大大提高了半导体元器件的性能。对于该技术的发明,崔琦的培正校友、华人科学家卓以和功不可没,被誉为"分子束外延之父"。60 年代以来,贝尔实验室已发展成为世界半导体物理研究的中心。

贝尔实验室优良的物质与技术条件以及不断创新的氛围,为崔琦的研究创造了良好的环境。崔琦在此先后在一些权威学术刊物发表了 40 多篇科研论文。他的研究范围包括砷化镓-砷化铝镓异质结构中的二维电子气研究、异质结构中量子霍尔平台的解释、二维电子气中霍尔电阻的量子化、低温条件下的量子霍尔效应等多方面的内容。他的这些研究成果与经历成为日后他作出重大发现的奠基石。

经过长期不懈的努力,在 1982 年春,崔琦终于迎来了丰厚的回报。他和他的两位同事施特默、戈萨德,在进行量子霍尔效应的测量时意外地发现,除了观测到了不久前被德国物理学家冯·克利青(K. Von Klitzing,1985 年获得诺贝尔物理学奖)所发现的整数量子霍尔效应外,还发现了一个全新的"分数量子霍尔效应"。

为了帮助读者理解什么是"分数量子霍尔效应",下面简要介绍一下霍尔效应和整数量子霍尔效应。

早在 1879 年,美国物理学者霍尔(Edwin H. Hall)便发现了霍尔效应。当时他只是美国霍普金斯大学的一名 24 岁的研究生。他发现假如有电流沿着薄层导体表面流动(沿图中 X 轴方向),而电流和薄层导体都垂直于外加的磁场时(图中沿 Z 轴的 B 代表磁场方向),导体横向两端就会有一个电压出现(沿 Y 轴,称为霍尔电压)。不仅如此,霍尔还发现霍尔电压和霍尔电阻都与磁场强度成正比。由于它们还与带电粒子的浓度也成正比,因此,霍尔效应提供了一个便捷的测定不同磁场中带电粒子浓度的方法。这种测定方法现今依然在物理实验中被普遍采用。

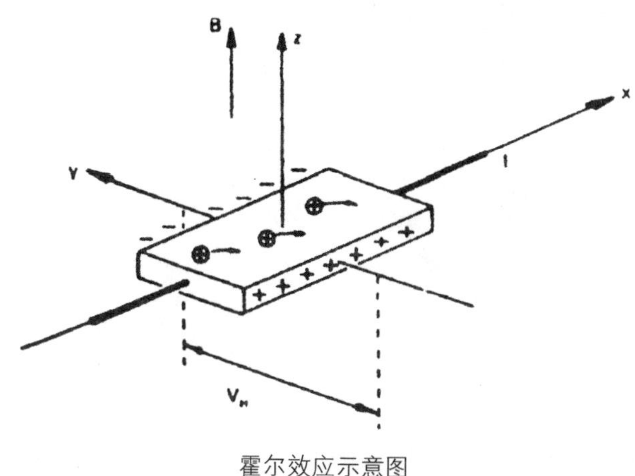


霍尔效应示意图

然而,霍尔所发现的霍尔效应只是在常温和弱磁场条件下的现象。那么,在极端物理条件下(如极低温、极强磁场等),这个现象将会呈现出什么新的特点呢?这便是在低温技术和半导体技术都得到高度发展之后,引起物理学家们关注的课题。

二维电子系统的研究是从 20 世纪 50 年代才开始的。1957 年,美国物理学家施里弗指出,如果与半导体表面垂直的电场很强,垂直于界面方向的电子的自由度被取消了,而与表面平行的方向上的运动会是自由的,这就是一种“二维电子系统”(two dimensional electron system)。当时,这些还只是理论探讨,检验理论的实验条件尚不具备。

到了 60 年代,随着硅半导体器件的制造工艺取得的重大突破,用平面工艺制作的金属-氧化物-半导体场效应晶体管,能够实现对反型层中的电子浓度的控制,从而为反型层的物理研究提供了可能性。1966 年,美国 IBM 公司的科学家用实验有力地证明了二维电子系统的存在。这一实验极大地激发了物理学家对二维电子系统研究的积极性。此后,二维电子系统在极低温、强磁场条件下的输运现象日益受到物理学家们的关注。

1980 年,德国物理学家冯·克利青(Klaus Von Klitzing)在低温(约 1.5K)和强磁场(18T)条件下,对硅-半导体场效应晶体管中二维电子系统的输运特性进行了高精度的测量。他发现了一种新的霍尔效应——量子霍尔效应(也称整数量子霍尔效应)。

冯·克利青在做实验。

量子霍尔效应的发现是固体物理发展史上的一个新的里程碑,冯·克利青因此而荣获 1985 年的诺贝尔物理学奖。诺贝尔基金委员会高度评价说:“量子化规律会非常准确地起作用,这是人们没有预料到的,……冯·克利青 1980 年的实验性示范是非常出人意料的。”

仅仅就在冯·克利青的发现两年之后,崔琦、施特默(Horst L. Strmer)等又发现了分数量子霍尔效应。

## 分数量子霍尔效应的发现

崔琦和施特默最初的目标是在于探讨“维格纳结晶”,它是 1934 年就被维格纳预言的。维格纳认为,极稀薄的电子气体在低温下将会结晶,即电子排列成有秩序的格子,其图像类似于原子气体遇冷时凝结成晶体。这个预言于 1979 年在液氦界面上附着的二维电子气中被发现了。但是,如果想使半导体反型层中的高密度电子气结晶,还需要更极端物理的条件——即极低温和强磁场等。

1980 年,崔琦和施特默开始致力于这个问题的探究。一年以后,他们利用同事戈萨德(A. C. Gossard)制备的砷化铝镓-砷化镓异质结构,在较低磁场下,观察到了冯·克利青先前曾发现的整数量子霍尔效应。这时他们就想：如果继续加强磁场和进一步降低温度，会发生什么现象呢？

f = 1 / 2 及 1 / 3 时磁通量子（箭头）和电子（圆球）分配示意图

1982 年春，崔琦和施特默把同样的材料放在温度为 0.1K、磁场强度接近 30T（地磁场强的 100 万倍）下进行实验。在这种极端条件下，他们发现，霍尔平台中有几个平台的电阻值变成“填充因子 f”的分数值。他们最初发现了 f=1/3，接着发现有 f=2/3 的迹象。这是一个全新的现象，与冯·克利青所发现的整数量子霍尔效应截然不同。为了区别于整数量子霍尔效应，科学家将这种现象称为“分数量子霍尔效应”。

既然分数量子霍尔效应与人们所了解的整数量子霍尔效应完全不同，那么如何去解释它呢？这是对理论物理学家提出的一个挑战。

开始一段时间没有什么进展，直到 1983 年，还在贝尔实验室工作的劳克林（Robert B. Laughlin）提出了一个完全出人意料的理论，才解释了分数量子霍尔效应。

按照劳克林的理论，在极强的外磁场强迫下，奇数个“单位磁通量子”与电子复合成为玻色子，复合玻色子在接近绝对零度时发生玻色-爱因斯坦凝聚，形成量子霍尔液体。由于复合玻色子是由电子和磁通量子组成，这种量子"准粒子"的激发就具有非常奇特的性质。准粒子带有分数个电子电荷,满足分数统计。对于劳克林的这个理论,美国著名物理学家安德逊(P. W. Anderson)评价说:"这是一个非常迷人的理论,给分数量子霍尔效应一个很自然的解释。"

后来,物理学家又发展了从费米-狄拉克到玻色-爱因斯坦的二元性玻色子图景。在这一图景中,人们对劳克林波函数和分数量子霍尔效应有了更好的理解。在某种意义上说,物理学家们已经抓住了现象的物理本质:这种现象是由"规范不变性"这一普适原理所决定的。

分数量子霍尔效应的深刻的物理内涵,自从1982以来,长期吸引了实验物理学家和理论物理学家的关注,这在物理学史上是不多见的。在过去的20年中,实验物理学家进一步发现了分数量子霍尔系统的许多令人惊奇的特性,理论物理学家则着迷于这类系统的丰富结构。其间,物理学家们曾认为已完全弄清了分数量子霍尔系统并决定结束这一课题,但是新的实验发现和新的理论解释又迫使他们不得不再次回到这一课题上来,而且每次都带来一种全新的认识。目前,物理学家们对是否已完全理解了分数量子霍尔系统的所有细节,是否还有新的东西有待发现等问题还没有终极的答案。他们还远未完全理解分数量子霍尔系统,他们所探讨过的只是一个令人神往的高品位"金矿"的一角。

尽管人们还尚未完全理解分数量子霍尔系统,但这一发现的重要性是不容置疑的,这是因为它代表着一种全新的物质状态,包含着一种全新的秩序,改变并扩大了我们对物质状态的基本理解。

如果说,整数量子霍尔效应的发现揭示了二维电子系统,在强磁场下呈现的宏观量子化现象,并对电学测量方法产生了革命性的意义,那么分数量子霍尔效应则表明,在更强的磁场下,由于强关联效应(Strong Correlation Effect),二维电子气体形成了一类新的量子流体——分数量子霍尔液体,它是一种全新的物质状态,这种状态包含一种新型的秩序——拓扑秩序。

这类新的量子流体的研究,无论在理论上和实验上,都将有力地促进人们认识强关联电子系统的物理性质。可以相信,作为凝聚态物理的新颖而重要的领域,分数量子霍尔效应还将引出令人惊奇的新结果,将开拓微电子时代的新领域。崔琦认为:

至于如何应用这个新理论现在还不清楚，但它是客观存在的，它揭示了电子的一种全新特性，目前主要还是在思维方面有更多的价值，主要是为人们开辟了一条新的思路。

## 崇尚教学相长

崔琦在贝尔实验室工作期间，有一次出席巴尔的摩召开的一次物理学会议上，遇见了昔日的导师斯塔克教授。他告诉导师说，作为基督教徒，自己感到有一种责任和义务，对他本人曾在中国接受的教会教育有所回报，因而感到自己应离开贝尔实验室找一个教学职位。斯塔克教授对这种想法明确表示了反对：“如果上帝真的要你那样做，他就不会让你做我的学生。”

但是崔琦没有接受斯塔克教授的劝告，在贝尔实验室工作了 14 年之后的 1982 年 2 月，还是离开了贝尔实验室，来到普林斯顿大学，承担起传道、授业、解惑的职务。崔琦这次变动的原因，除了中国传统文化的影响之外，或许还有另外一个原因，那就是教书所具有的一个独特优点的吸引：一个兼做教学工作的科学家，比一个单纯从事研究工作的科学家，要求在更为广泛的知识领域里跟上科学的发展，即教学相长。面对意气风发、富有创新精神的青年学子，作为教师会不断接触到新思想和新事物，既能使自己的科学事业青春常在，又能在教学中更充分地体现自身的价值。关于这一点，崔琦在《自传》中写道：

我的许多朋友和同事都曾问我：“为什么选择离开贝尔实验室去普林斯顿大学任教？”至今我还不知道怎么回答。这或许与我童年在家乡没有机会上学的经历有关？或许与孔子儒家思想的影响有关？当我独自静下来时候，常有一隐约的声音在对我说：“求知问学是人生最有意义的事情。”试问有什么方式能比通过教学来学习知识更好呢？

2001 年 9 月 27 日,《北京青年报》记者汤正宇采访了崔琦后,向人们揭示出崔琦当初决意离开贝尔实验室的另外一个原因:“更为重要的是,崔琦是一位沉迷于物理实验的学术人,商业与金钱的气息常常令他感到心烦意乱。1982 年,也就是发现分数量子霍尔效应不久,崔琦就决定离开贝尔实验室,前往美国现代物理学的重镇——普林斯顿,理由是‘做实验又有何难?做研究报告才烦人呢’!”

在科学技术飞速发展的今天,许多大学都非常强调科研成就,以此来提高学校的名声和地位,而普林斯顿大学始终坚持以教学为首要任务,要求“教授应成为学生的哲学家、向导和朋友”。早在 20 世纪初,学校就建立了“导师制”,从而使学生和导师之间始终保持着密切联系,为学生的健康成长创造了得天独厚的条件。再加上优美的校园环境和一流的教学设施,使学校云集了著名的专家和学者,成为青年学子梦寐以求的学习圣地。

200 多年来,普林斯顿大学以其丰厚的文化积淀、纯朴的学风、严谨的治学精神为美国乃至全人类培养了一大批优秀人才。其中既有包括第四任总统麦迪逊在内的许多政治家,又有 30 位诺贝尔奖获得者。或许是巧合,在加盟普林斯顿大学后,崔琦住的那黄色木屋距爱因斯坦当年的住宅只有咫尺之遥。每当提及此事,他总是神情激昂。

1998 年崔琦在普林斯顿大学实验室。

作为电机工程系的一名教授,崔琦把大量的经历都投入到从事固体物理教学和指导研究生当中。他不仅处处严格要求自己,为人师表,而且在教学与科研中常引用《四书》、《五经》中的章句,《大学》中的“修身、齐家、治国、平天下”更是他常用来教育学生的经典。

现任普林斯顿大学物理系教授的张锦福先生,曾是崔琦在普林斯顿大学指导的第一位博士后。在回忆起与导师在一起的日子时,他不无感慨地说道:“除了广泛的研究领域之外,作为一位教育工作者和激励者，崔琦是一位追求完美的人，他有着使一个人把事情做到最好的巨大的感召力。他所具有的非凡的凝聚力强烈地吸引着周围的每一个人，许多博士后和研究生从他的指导中受益匪浅。”

除了教学以外，崔琦还是执著于自己的科学研究事业，追求科学研究的尽善尽美。他继续围绕分数量子霍尔效应深入研究，先后发表 60 余篇论文。同他一起合作的研究者达 40 多位，这不仅体现了当代科学研究具有多方协作的特点，也体现了他善于学术交流与合作的研究风格与方法。

## 获得诺贝尔物理学奖

1998 年 10 月 13 日，瑞典皇家科学院宣布当年度的诺贝尔物理学奖，授予美国斯坦福大学的劳克林教授、美国哥伦比亚大学与贝尔实验室的施特默教授、美国普林斯顿大学的崔琦教授，以表彰他们发现了一种具有分数电荷激发状态的新型量子流体。瑞典皇家科学院宣称：

> 三位科学家所取得的成就使人类在对量子物理的理解，以及在现代物理的众多领域发展重大概念等方面有了一个新的突破。

由于时差关系，发布颁奖消息的时间对应的是美国的 13 日清晨。当诺贝尔委员会打电话通知崔琦时，崔琦和太太一清早就看病去了。获奖喜讯传遍了普林斯顿而他却毫不知情。从医院回家后，他仍像往常一样在家里用早餐。当他打开收音机，才从新闻报道中得知自己获奖。尽管有些意外，但并没有什么特别的反应，因为他还得去医院验血。

这天上午，普林斯顿大学电机工程系决定，为崔琦获奖立即召开一个新闻招待会。但大家一时找不到崔琦。他既不在家也不在办公室。最后，大家发现他像往日一样还在实验室里忙着时，才松了口气。大学工程与应用科学院院长韦潜光先生描述了当时招待会中所发生的事情：“当他还穿着那件衬衣与黑紧身套衫走进会场的时候，无数的闪光灯与照相机一起对准了他闪亮，他脸上的笑容仿佛在问：‘这大惊小怪是怎么回事啊？’……发布会上问题不断，诸如：‘您能用一句话来向一个外行解释清楚你的研究成果吗？’，‘这个发现有什么用处呢？’，还有人希望他用中文向他在中国的朋友讲一句话。崔琦笑着回答说：‘你们不能太把这当回事了，一切照旧，没有什么不同。’”

10月13日这一天，对崔琦来说是一个喜庆的日子，对他昔日的香港培正同学来说也是如此。

经过一番磋商，香港培正中学1957届同学决定为他举行一次庆祝会。考虑到崔琦身体不是太好，同学们起先拟将会场定在普林斯顿，但崔琦认为在纽约唐人街举行却更有意义。40年前当他还是一个穷学生的时候，暑期曾经在那里的餐馆端过盘子。他希望在那里举行庆祝会，或许能使现在千百个端盘子的中国留学生得到一些鼓励，说不定其中会有几个受到这次鼓励而成为将来的诺贝尔奖获得者。

11月14日，庆祝会在纽约唐人街孔子大厦举行。崔琦和太太怀着无比激动的心情与来自世界各地的培正校友分享诺贝尔奖荣耀。同学们争先恐后地找他拍照和签名，让他忙得不可开交。不过，他仍然抽出很多时间陪着昔日的化学老师张启滇先生，问长问短关怀备至。

晚宴在麒麟金阁举行。一共有300多人参加，有培正同学总会会长何厚煌先生，他代表在香港的同学前来纽约祝贺崔琦的；有数理奇才丘成桐、卓以和与萧荫棠；纽约市市长和华埠侨领也应邀莅临，可谓是一次盛况空前的培正校友聚会。宴会上，美洲辉社社长李泽洲致辞颂扬崔琦的成就：“我们中国古代有科举制度，在北京考试名列第一就被称为状元。今日崔琦同学可谓全球物理科考试第一名，所以崔同学可称为世界状元。”

一年一度的诺贝尔奖颁奖盛典将在12月举行。本来崔琦原定在12月要到夏威夷参加一个会议。由于他患有较严重心率不齐症，不宜长途旅行，又要出席诺贝尔奖颁奖典礼，他只好取消夏威夷之行。他曾幽默地问家人：“是到天寒地冻的斯德哥尔摩，还是到风光明媚的夏威夷？”最后还是选择了斯德哥尔摩，他说：“这是社会给我的殊荣，所以我想这是惟一恰当的方式来充分表达自己的感激。”

12月7日，崔琦偕同妻子和两个女儿一行飞抵斯德哥尔摩。

按惯例，每年的诺贝尔奖获得者都应作学术报告，即诺贝尔演讲。12月8日下午，诺贝尔物理学奖获得者作演讲报告。在三位诺贝尔物理学奖获得者中，崔琦年龄最大，也是第一位报告人。他的报告是《强磁场下二维电子气中的无序作用与相互作用》。他一开始就简单介绍这一研究的起因：

在这次演讲中，我将概括描述这些年来，在低维半导体电子学研究与探索中，或者，是在更简单的二维系统的电子性质研究中，我所获得的物理知识。总之，被限制在异质半导体材料界面中的电子，通常和二维普通气体颗粒的行为类似。然而，在低温和强磁场极限条件下，电子表现出新的物理现象，这些现象反映了电子-电子相互作用、电子-半导体缺陷相互作用以及它们之间的相互影响。首先，让我回忆一下早期的研究工作，正是这些研究引导阿尔特·戈萨德(Art Gossard)、霍斯特·施特默和我在研究探险之路上，发现了分数量子霍尔效应(FQHE)[①]。

接着他详细而简明地介绍了这方面的研究。在演讲结束时，他对所有参与这一发现给予帮助的人表示深深的感谢：

我必须强调，最初若没有阿尔特·戈萨德的参与，霍斯特·施特默和我对分数量子霍尔效应的探索之旅就不会开始。如果没有朝气勃勃的研究生们和博士后助手们的辛勤工作、聪明奋进，没有贝尔实验室、普林斯顿大学和其他团体的同事们贡献和协作，要把此旅程坚持到今天也是不可能的，他们是……[②]这些材料领域的专家朋友们给了我最有价值的支持，使我的研究事业得以继续，他们教给我半导体材料和技术的基础知识，并常给我们提供实验中所需的样品。

他以简洁明快的语言，介绍了自己与施特默在1982年作出重大发现的经过。最后，他再次向许多同事、合作者，以及曾参与他的研究项目的学生表示衷心感谢。

① FQHE为Fractional Quantum Hall Effect的缩写。

② 崔琦在这儿提到41位同事和研究生的英文名字。本书作者在引用时删去。

12 月 10 日是诺贝尔逝世纪念日，隆重的颁奖仪式也就在这天的斯德哥尔摩的音乐大厅举行。参加颁奖盛典人员有王室成员、获奖人的家属、瑞典政要、各国大使和青年学生等。

1998 年诺贝尔奖颁奖典礼盛况（崔琦坐在前排最左边）

音乐大厅布置洁净典雅，场面却宏伟壮观。大厅的舞台中央，端放着诺贝尔的古铜色坐像。舞台上还有 6 排围成半圆形的座位，它们是供诺贝尔基金会的委员和其他重要人物坐的，在这些座位前方的左边有 9 把红色的椅子，是诺贝尔奖获得者坐的；右边有 3 把蓝色和金黄色的椅子是供国王、王后及国王姑母坐的。

大厅舞台下最好的位置是舞台前右方的第一排，崔琦的夫人就坐在那里，右边是她的两个女儿艾琳和朱迪思。坐在琳达左边的就是国王的妹妹克里斯蒂娜公主。

下午 4 点 45 分，大厅里肃静下来。伴随着音乐，国王、王后等王室成员面带微笑从舞台的右边款款进场，这时，全场起立。诺贝尔奖获得者们在两位小姑娘的引导下，从舞台的后方走出，崔琦走在最前面。这时厅内乐声、掌声交织一起。崔琦等获奖者按照既定的次序坐在自己的红椅子上。崔琦坐在最左边第一把红椅子，与观众离得最近。

接着，诺贝尔基金会主席用瑞典语发表了长篇讲话，介绍各位获奖者及其贡献。随后开始颁奖。

首先颁发的是诺贝尔物理学奖，崔琦是第一个领奖者。国王和所有的参加者都起立。国王走上颁奖台，崔琦走向国王，国王用左手把诺贝尔奖章和证书递给崔琦，然后两人右手紧握。这时响起了雷鸣般的掌声和小号声。

国王后退两步，崔琦首先向国王鞠躬，然后左转向诺贝尔委员会的委员们鞠躬，右转向观众鞠躬，最后转身回到自己的座位上。

在崔琦之后登台领奖的是施特默和劳克林。在一段轻松的音乐之后，依次颁发的是化学奖、医学奖、文学奖和经济学奖。

崔琦的斯德哥尔摩之行，不仅标志着他的科学研究成果得到了世界的广泛认同，也是全世界华夏子孙的一大盛事，正如华裔诺贝尔奖获得者杨振宁教授所讲：

崔琦从瑞典国王手中接过诺贝尔奖证书和奖章。

> 崔琦获得1998年诺贝尔奖的消息，虽然不出乎物理学界的意外，仍然给我带来了极大的欢欣。我相信这是所有华裔人士的共同感受。

## 谦谦君子

由于少年时代生活在中国，并熟读了《四书》、《五经》，因此崔琦对中国传统文化有着较深刻的领悟。尽管高中毕业后一直生活在美国，但他的为学为人却依然保留着受中国传统文化影响的印记。完全可以这样说，他仍是一位典型的中国学者。

谦虚、诚实、与人为善和尽力帮助他人，是崔琦做人的基本准则。他的这些基本准则的形成与他从小接受家庭的教育是分不开的。他父母亲身上所体现出的与人为善、替人解忧的高尚人品曾受到左邻右舍的高度赞扬，也对他产生了潜移默化的影响，并使他从小就懂得了什么是做人的美德。事实上，保持并发扬中国传统美德也是他走向人生辉煌的重要原因之一。

在参加1998年诺贝尔奖颁奖典礼后的第2天，即12月12日，崔琦在中国驻瑞典大使馆参加了为中国留学生举行的座谈会。他不仅谈到了自己的学习和科学研究，还谈到了为人处世之道，以及中国传统文化对他的影响。他认为，具有数千年悠久历史的中华文化是人类的宝贵财富之一，海外学子千万不能丢掉这笔财富，要好好地掌握它、继承它和发扬它。他还对留学生们强调说，要在相信自己的同时，也要相信别人。只有向别人敞开胸怀，才能赢得别人的信任和帮助。这一点对于到异国求学的中国人来说尤为重要，因为他们要承受比别人更大的压力。如果不能与周围的人建立良好的人际关系，就很容易陷入孤立。

尽管在科学研究上取得了辉煌成就，并赢得了诸多荣誉，但他一直保持着谦和与友善——穿着朴素，说话慢声细语，脸上经常挂着微笑，鼻梁上架着一副眼镜，处处表现出儒雅的学者风度。他心胸开阔，从容淡泊，心静如水……不愧是一位令人敬佩的科学大师。

1998年10月13日，当他获得诺贝尔物理学奖的喜讯传到普林斯顿大学时，在那里引起了很大的轰动。他由此成为该大学在物理学领域的第18位获奖者。但他获得的诺贝尔物理学奖，对于他所在的工程与应用科学学院来说，还是前所未有的。难怪学院院长非常骄傲和兴奋地说："现在我们终于有了这么一位。"

普林斯顿大学为他专门举行了庆祝会。面对师生的热烈祝贺，他只是微笑着点头道谢，感谢学校及同事们的支持与协助。当电机工程系举行的记者招待会临近开始时，却一时找不到他的踪迹，最终还是在实验室里发现了他。他是被校方"逼"上记者招待会的。而直到这时，他还未曾把自己获奖的消息告诉给已经外出的夫人和在外地的两个女儿。在记者招待会上，当记者问及他有何感想时，他回答说："不必把它看得太认真，生活依然继续，我也将像往常一样在普林斯顿大学教书、埋头于物理学研究，因为那是一个令我感到其乐无穷的世界。"

在整个记者招待会上，崔琦回答记者提问所占用的时间，加起来总共也不过三分钟。这与他在实验室里说起自己的科研项目时的那种侃侃而谈的表现真是判若两人。他那东方式的谦逊和一颗平常心给所有的人留下了深刻的印象。

1999 年 12 月，在香港中文大学访问期间，在大学师生们的要求下他谈及了自己的获奖。他说这是幸运使然，其实他自己并无任何的特质，只是对自己所研究的东西懂得一点点，在其他很多地方的知识甚至还比不上在座的大学生们。

他还说，自己教书 30 年来接触的许多人都是在中国长大的理科学生，他们往往比较缺乏自信，而且往往要知道会有什么收获才去做。相反欧洲学生具有冒险精神，只要认为很有意思、很有挑战性，就会踏踏实实地去做。

那么，对于中国年轻一代，如何才能成才呢？在 2001 年接受记者汤正宇的采访中，崔琦道出了他的人生经验：

> 我个人比较相信“信”、“望”、“爱”这三个字，也就是说要有信心、有爱心、有希望。我愿意告诉年轻人的是，要有信心，要相信自己的能力，相信自己能做事情。我特别想强调，我们中国在农业时代有一句话叫做“只问耕耘，不问收获”，就是要脚踏实地地做事，如果是做像我这样研究的，特别要自己领悟出每一个物理规律到底是什么意思，而不是光背或抄别人的。不能因为哪位名人说过或做过，就跟着照做，要自己去了解。我们以前传统文化比较注重背诵，我们 100 年前的考试都是八股文，做诗也是按照格式填进去，自己没有真正的了解。所以，我想一方面需要我们独立思考，另一方面又需要我们脚踏实地。

1951 年离开家乡到香港读书时，他曾给家里多次写信，介绍自己在香港的学习情况，说他很想家，很想回家。在美国读大学时，他把自己课余打工的所得全都寄给在家的父母，但由于种种原因，父母无法收到。在研究有所成就后，有一次姐姐崔珂去探望他，他拿出一本台湾“中央研究院”的红色院士证书，说是献给母亲的，姐弟俩还为此不禁伤心落泪。

关于崔琦对父母亲和家乡的怀念，崔琦的大女儿艾琳讲过许多感人的故事。艾琳说:“父亲少小离家,原以为是短暂的片刻,未料到却是生死离别,至今他仍存有复杂的悲伤情结,不忍再访故里而触景生情。”

艾琳还回忆了这样一件事情:有一年春天,他父亲在自家的后院发现了一只半冻僵的蝉,由此引起了他对家乡的久久回忆。小时候常以昆虫当作宠物的情景一幕一幕地浮现在他眼前。这只蝉后来一直被放在他父亲的桌子上的一只盒子里。

崔琦对故土的眷恋之情,也深深地影响着他的两个女儿,她们都曾上过中文学校。艾琳为了更透彻地了解和认识中国,曾参加了到武汉的交换生学习和在南京大学的学术交流。在武汉学习期间,她还亲自到父亲的故乡河南寻根问祖。使她大感吃惊的是,在这个小小的乡村里,竟然有许多人知道崔琦是一位世界级的大学者。

崔琦十分关心中国科学技术事业的发展,尽管他晚年以后心脏不好,经受不住长途旅行,但他还是于 1979 年、1984 年和 2003 年三度来北京讲学,1986 年和 1999 年两度访问香港。

2000 年 6 月,经中国科学院第 10 次院士大会无记名投票,崔琦当选为中国科学院第四批外籍院士。

在 2003 年 12 月访问北京时,崔琦又被清华大学聘请为名誉教授,被中国科学院物理研究所授予“中国科学院物理研究所讲座教授”荣誉称号。

在这次访问中,新闻记者采访了他。记者问:“有媒体报道,河南宝丰县正在您的老家范庄建造‘崔琦旧居’,您对此有何看法?”崔琦回答说:

> 首先我要感谢父老乡亲对我的厚爱,但我的意见一是一定不能让老百姓捐钱,二是最好把旧居辟为小学或图书馆,让它能对老百姓有用。

在崔琦身上,科学的求真与为人的立德,科学的求美与为人的温柔敦厚,达到了高度的和谐与统一,这是中西文化有机融合的典范。

# 荧光的奇迹——钱永健

当你做研究时，寻找一个你喜欢的课题，然后积极利用你的神经细胞；

当你得到一个结果时，不要过高估计你的结果；

寻找合适的团队，然后发挥他们的能力——为了你们共同的利益。

钱永健

钱永健

2008年10月8日，瑞典皇家科学院在斯德哥尔摩宣布，下村修、马丁·查尔菲与钱永健三人“因为发现和应用绿色荧光蛋白而共同获得2008年诺贝尔化学奖”。

## 家族和家庭

钱永健的父亲钱学榘（1915—1997）与我国著名科学家钱学森是堂兄弟关系，也就是说钱学森的父亲钱均夫与钱学榘的父亲是亲兄弟，有同一个祖父。他们的祖父在杭州经营丝绸业，但是经营不善，日趋没落。好在他的几个儿子都学业有成，如钱均夫留学日本，在日本东京高等师范学习教育学，以施展"兴教救国"的抱负，回国后在上海成立"劝学堂"，后出任过浙江省立第一中学校长、浙江省教育厅厅长等职。还有一个儿子钱家治也留学日本，回国后曾任杭州第七中学（前身是浙江安定学堂）教习兼董事。正是在钱家治的帮助下，钱学榘姐弟才能受到高等教育。钱学榘和钱学森都毕业于上海交通大学，并先后差一年都考取庚款留学美国：钱学森 1934 年到加州理工学院学习，钱学榘 1935 年到麻省理工学院（MIT）学习航空工程。

钱学榘出生于 1915 年，中学是在叔叔钱家治任职的浙江安定学堂（杭州七中的前身）读书，喜欢踢足球。1930 年考上国立交通大学机械系。大学读书期间显示出他的动手能力很强，而且学习一直因优秀而有奖学金。大学毕业后到清华大学当了一年的助教，在 1935 年考取清华大学庚子赔款留美官费生，到美国 MIT 学习航空工程。当时有人开玩笑说："留美官费生被你们钱家包了。"这是因为 1934 年，钱学榘的堂兄钱学森也刚刚考取留美官费生。

钱永健说："我父亲迷上了飞行和飞机，在当时这是非常走红时髦的工程技术。20 世纪 30 年代，他获得国家奖学金到美国留学。他来到 MIT 机械工程系，在这儿他获得飞机制造工程的学士学位。此后他立即回到中国，在中国从事飞机制造工作。"

钱学榘回国后，到贵州贵阳市大定发动机制造厂任工程师，制造飞机。正是在这期间，他认识了后来的夫人李懿颖，成就了一桩美好的姻缘。事情的经过是，他最好的朋友和同事李耀祖有一个美丽而聪慧的妹妹李懿颖，当时正在中国最优秀的北京联合医学院学习护士专业。钱学榘还没有亲自见到她以前（但想必看过她的照片），就开始急切地写信给她，向她表示爱情。当他们见面以后，李懿颖觉得他有一些书生气，不善于社交；但是对他的技术能力有很深的印象。尽管缺乏一种她向往的浪漫情愫，但她还是决定嫁给他。

1945 年，他们的第一个儿子钱永玉出生。此后不久，钱学榘接到命令让他作为联络员到美国去，争取美国给予中国空军更多的军事援助。他乘飞机飞越喜马拉雅山，到印度以后再乘船到美国。由于当时敌国的潜水艇常常攻击来往船只，所以船只为了避免受到攻击，只能沿着曲折路线行驶。等船到了美国的时候，日本已经宣布无条件投降。这样他到美国的任务就自行终结。他本应立即回国，但是他预计中国在抗日战争结束后，很可能又会卷入国共内战。于是他决定留在美国，并设法把妻子和儿子永玉接到美国。当时要得到美国的签证十分困难，因为包括禁止中国向美国移民的“排华法案”在1943年才刚刚撤销，每年只允许105个华人移民美国，而前面等候移民的还有几千人。直到1947年1月，他才终于设法把妻子和儿子永玉接到美国。

在美国，钱学榘一直找不到适合他的飞机制造专业工程师工作，因为这种工作需要安全许可证，但是作为中国人他没有这种证书。于是他只有到纽约一家小的进出口公司工作，后来又到西彻斯特（Westchest）一家工程咨询公司工作。这份工作可以让他们家衣食无忧，但是并不富裕。1949年10月，第二个儿子永乐（Louis，路易斯）出生。有了两个儿子，母亲希望有一个女儿，父亲的这种期望更加迫切。但是1952年2月，生出来的却又是一个儿子——钱永健。

1960年，钱永健全家搬到利文斯顿前的合影。左起：钱永玉（15岁）、钱永乐（11岁）、钱学榘、钱永健（8岁）和他的母亲李懿颖。

1959年发生过一件事，钱永健至今还记得很清楚。这年钱学榘转到新泽西州哈里森（Harrison）RCA真空管部工作，想在合适的乡镇寻找一处房子，希望这个乡镇不但交通方便，还要有好的公立学校让他的三个儿子能受到好的教育。他们在利文斯顿找到一处新建的房子。但是发展商却拒绝把房子出售给他们，原因是他们不愿意把利文斯顿变成一座中国城;而且说如果他们把房子卖给中国人,这房子周边的房子就卖不出去了,因为美国人大都不愿意有中国人做邻居。当年杨振宁购买房子的时候,也遇到完全相同的情形,杨振宁十分生气,准备打官司,被律师劝阻。但是钱学榘将这件事告到新泽西州州长罗伯特·梅勒(Robert Meyner)那儿。州长办公室给发展商去了一封信,警告他们:种族歧视是违法的。最后钱学榘顺利地在这个地区购得一处房子,不过它周边的房子那时已经卖完了。

1960 年,因为半导体正在取代真空管,RCA 的真空管部关闭。于是钱学榘到埃索(Esso,以后更名为埃克森——Exxon)研究和工程公司。在这儿钱学榘的工资比原来高,工作环境也很理想,所以他一直在这儿工作到 1983 年退休。

## 从小喜欢画画和美丽的颜色

钱永健曾经说:"我从小就喜欢画画,也喜欢美丽的颜色。8 岁那一年,爸妈送给一盒化学工具箱,我把不同的化学物质混合成漂亮的紫色,这就是我的第一个实验。"钱永健在不同的场所,经常提到他从小就喜欢美丽的色彩,这对于他今后的科学研究起了很重要的作用。例如在获得诺贝尔化学奖以后到台湾中央研究院演讲时,他的第一句话就是"我从小就喜欢色彩",在听众中引起一片笑声。

在《自传》中钱永健写道:

> 我最初的记忆可能是在 3—4 岁的时候,我就喜欢画一些想象中的城市,画中有蓝天下的高速公路,和街道下的隧道。也许这是我后来着魔于桥梁建筑和喜爱绘制地图的最初信号。

钱永健小的时候因为身体不是很好,有气喘的毛病,不能像两个哥哥那样常常在屋外玩耍,多半时间只能呆在室内,于是他的父母为他买来一套"吉尔伯特化学实验设备"。大约在 8 岁上小学的时候,他做了他有生以来的"第一个实验"。但是他觉得这些实验太单调乏味,无法吸引他。他喜欢在学校图书馆里翻阅化学书籍,有一次他惊喜地发现一本介绍初级化学实验的书,上面有一些十分吸引人的实验和插图。钱永健说:“遗憾的是,我现在忘记了这本书的书名和作者,不过我 8 岁前后,我在一个笔记本上画了许多实验草图,这本笔记本现在放在诺贝尔博物馆(Nobel Museum)里。”

据钱永健回忆,有两个实验他记得十分清楚:其中的一个是把某种金属盐的晶体(例如硫酸铜 $CuSO_4$)滴入硅酸钠溶液,最后会变成发光的紫红色染料。另一个实验是把一种强碱(例如氢氧化钠 NaOH)的含水溶液,与稀释的高锰酸钾混合,于是溶液呈现出美丽的深紫色;如果再把这种深紫色的溶液流过一个纸做的圆锥形漏斗,溶液的颜色会变为漂亮的绿色。

有意思的是,在获得 2008 年诺贝尔化学奖以后,他在瑞典斯德哥尔摩电视上重复了“这一惊奇而少为人知的”演示实验,他还兴致勃勃地对听众说:

> 我想以此说明是什么原因使我对化学感到兴趣。正是这两个试验使我早年和此后一生钟情于美丽颜色(pretty colors)。

当他做化学实验的兴趣越来越大的时候,他希望能购买到更好的化学仪器和玻璃器皿。好在那时只要家长签名,就可以通过邮购买到一些实验器皿或者化学用品。他的父母不仅不反对小儿子做各种各样的实验,反而以十分欣赏的态度让儿子在地下室完成各种化学实验, 即使后来发生一些小的危险,也没有强行制止。这样,钱永健在他家地下室完成过许多经典的无机化学实验,例如制备和燃烧 $H_2$;制备 $O_2$并且把钢丝放在里面燃烧;在烧瓶里制备 $NH_3$等等。他还在塑料容器里通过 $CaF_2+H_2SO_4$得到 HF,当他看到 HF 有蚀刻玻璃的能力时,真是兴奋不止。他还用一个变压器和蒸馏器来电解溶化 NaOH,把一个镍坩埚作为阴极,把一个废电池的碳棒做阳极,结果他得到很小的几粒非常纯的金属钠,把它放入水里会发出动听的“丝丝”声。对钱永健来说,那“丝丝”的声响简直是一首美丽的音乐。

像几乎所有的孩子那样,钱永健和他的哥哥也十分钟情于制造焰火,那艳丽的色彩和亮光,给他们带来极大的欢乐。当他们用粉状铝和铬酸得到焰火时,那种蔚为壮观的焰火让他们欢呼跳跃。不少文章说,他和哥哥永玉曾经因为制造爆炸物炸坏了家里的乒乓球台的一角,但是在钱永健写的《自传》里却没有提到这件事情。

1966—1967 年钱永健制备的氯与红磷反应的设备

钱永健倒是很详细地说过他在一次试验中的失败。他说："我最大的野心是用一个多级程序合成阿司匹林。"

为此他需要醋酸酐，而这少不了氯化乙醯，为此又少不了亚磷酸氯。为了获得亚磷酸氯，他用红磷在氯气里燃烧。因为他没有毛玻璃瓶塞，就试图用橡胶塞子在细颈瓶里完成这一反应。结果由于化学腐蚀作用把橡胶瓶塞腐蚀坏了，因此实验失败，没有得到亚磷酸氯。

由于没有抽风机，一些更加危险的实验就只能在后院的野餐桌上完成。对于少时的这些实验，在回忆中他说：

> 回忆往事，我想到一个 8—15 岁的孩子，在没有指导的情况下做这些危险的事情，不免后怕。但这也是一种非常好的训练，如何改进设备、计划和具体实验，解释一些模糊不清的结果，以及如何把实验做得更好一些。这些实验使得我有足够的自信。

钱永健在学校里特别害怕球类运动，例如足球、橄榄球、篮球和软式棒球。这可能是因为他比同班同学大都小两岁，而且瘦小，所以与大部分同学之间在兴趣方面有很大的不同。他喜欢安静，默默地做自己喜欢的事情，不太合群。但是到高中的时候，情形有了一些改变，在一次学校里选举学生会负责人的时候,他居然以绝对多数当选学生会财务管理。

像所有华人一样,他的妈妈希望三个儿子能够在课外学习一些中文,但是也和大多数华裔小孩一样,都觉得中文在日常生活中基本上没有任何实用价值,而且很难学,因此觉得学中文实在乏味,都不愿意多学。不愿意学中文还有一个重要的原因是,他们的父母都有很重的口音,让他们觉得好笑和不舒服,所以他们像所有移民孩子一样,希望与父母引以为自豪的种族和传统保持距离。结果他的中文水平至今仍然只相当于一个儿童的水平。钱永健开玩笑地说:"'整理你的屋子!'这句话我记得很牢。"有一次有一位同事说:"这枇杷真好吃。"钱永健大为惊讶:"琵琶是乐器,怎么能够吃呢?"还有一次,他似乎想显示一下自己的中文水平,在博士后李文红在做论文答辩时,钱永健一边介绍李文红,一边用中文把她的名字写在黑板上,然后对李文红说:"你一闻到酒就脸红,所以叫李文红。"参与答辩的人大笑。

## 西屋科学天才奖

钱永健第一次真正开始做研究,是 1967 年在俄亥俄大学举办的国家科学基金资助的"夏季研究计划"。他被指派到罗伯特·克莱因(Robert Kline)教授实验室工作,做与硫氰酸盐有关的实验。克莱因教授希望钱永健研究硫氰酸盐与金属相互作用时发生的一些变化。整个夏天钱永健都努力专注于这一研究,在暑期快结束时,他从一些不太清楚的数据里得到一些结论,但是指导老师克莱因教授完全不认同他的结论,指出他并没有做出正确的微观分析。

1967 年冬天,在利文斯顿读高中的钱永健,取得进入西屋科学天才研究班的资格,准备加入 1968 年的西屋科学天才奖竞赛。

"美国西屋科学天才奖"是美国影响较大的中学生奖,1942 年设立,由美国西屋电气服务公司提供经费,科学服务社主办,每年举行一次比赛,并向前 10 名颁奖。授奖的学科包括自然科学、行为与社会科学、工程技术、生物、医学等各个方面。

设立这个奖的目的在于发现具有科技创造潜力的美国青年,促进对于这些天才青年的培养与教育,并激发美国青年对科学研究技能与知识的兴趣,提高他们在科学技术方面的能力和水平,加深公众对科学技术在现代文明中所起重要作用的认识。

参赛的选手,必须提供一篇1000字左右的研究报告,而且这项研究必须是由本人单独完成的;另外还要提交由学校和本人填写的包括学生测试成绩的基本情况表,以及高中学历证书等等。如果在竞赛中使用了以前参加项目的有关资料,还必须由该项目主管科学家,出具证明其研究能力与创造能力的书面材料。评选工作由各学科专家组成的评选委员会及下设的专门小组负责,首先评出300名优秀者,从中再选出40名,然后集中到华盛顿面试,并在美国科学院公开展出其科研成果,最后评出前10名优胜者。

获得这个奖的第一名将获得奖学金20000美元,第二、三名可获得奖学金15000美元,都分4年发给;其余优胜者每人获得1000美元奖金。除此之外还向优胜者及其老师颁发奖状。优胜者所在学校还授予优胜者荣誉奖章,并向美国高等院校推荐。这个奖后来改名为"英特尔科学天才奖",原因是英特尔公司取代了西屋电气公司而成为了该奖的赞助机构,作为西屋科学奖的延续,到2011年它总共举办了70届。

这一奖项历来被称为科学界的"小诺贝尔奖",已经为美国选拔和挖掘出一大批高级科技人才。在以往的65位冠军得主中,已经有6位获得诺贝尔奖,3位获得美国国家科学奖(也称美国国家总统科学奖),10位获得麦克阿瑟基金奖,2位获得世界数学界最高奖——菲尔兹奖。

钱永健参加这一比赛时,由于一时没有其他研究题目,就把1967年夏天在俄亥俄大学做的研究课题上报。1968年40名最后参加决赛的选手集中到华盛顿特区,为此还有大幅的广告。钱永健在参观了各个选手的研究报告以后,很羡慕其他一些选手,他们似乎比他更加成熟,他们的研究计划和研究成果也比他的精彩和可靠。当时主裁判是格兰·西博格(Glenn Seaborg),他在1951年因为在无机化学方面的工作获得诺贝尔化学奖。

颁奖典礼时,参加竞赛的选手们都十分紧张,因为获奖者名单倒着顺序念,因此每一个选手既希望自己的名字念得越迟越好,又担心最后根本没有他的名字。结果出乎钱永健的意料:他获得了第一名。钱永健后来说:

"我直到今天还为我获得第一名感到困惑,因为我的研究方案和结果看来并不那么好。"

当他在电话里告诉他父亲时,他父亲的第一反应是这是一件好事情,因为他最近恰好在股票上损失了很多钱，这下学费不用发愁了！但让钱永健最高兴的事是，1960 年不愿意卖房子给他们家的房地产开发商，在一个广告中用了他的照片，用以证明这个地方学校质量很好——有获奖者钱永健为证！

## 哈佛大学——不喜欢化学

1968 年是钱永健高中毕业的一年，那时他看好美国的四所大学：哥伦比亚大学、MIT、加州理工学院和哈佛大学。他的父亲看好哥伦比亚大学，因为那个春天不少大学的学生有一些骚动，叛逆情绪高涨，而哥伦比亚大学一直比较平静，骚动不大，而且就在纽约市曼哈顿，离家近；但是钱永健并不在意这些，他像许多男孩子一样，想的是要尽量离开家（新泽西州）远一些。因此他看中了远在加州的加州理工学院，尤其是物理系的理查德·费曼教授，那是钱永健最钦佩的物理学大师。但是后来听说费曼不再上物理系的基础课，再加上这所大学的音乐系比起哈佛的要小，名气更是差得远，于是他对这所大学失去了兴趣，排除了这所大学。麻省理工学院（MIT）在马萨诸塞州，远近合适，但是因为两个哥哥都在那儿学习，而他已经厌倦了与他们竞争。最后，他选中了哈佛大学。

钱永健在回忆中说："后来的事实证明，哈佛的经历从整体上来说对我非常有益。同学的友谊对我的成长至关重要。1969 年春到 1970 年学生的抗议，使我首次知道了大麻、政治的不人道以及等等以前从未接触到的事情。"

钱永健在大学读书的时候，可不是一个"听话的好学生"。他进大学本来是想读化学系，但是钱永健沮丧地发现，哈佛大学的化学主修课据说是最好的课程，他却认为是最糟的课程，认为其设置和内容都非常僵硬。钱永健这样说："这些必修课程是如此地令我不满，我决定不学化学。"

再加之大学设立的课程如此多种多样，让他眼花缭乱，许许多多课程都非常非常地吸引他，因此在大学一年级的时候，他选读的课程范围之广，使别人几乎不知道他到底想学习什么，例如他选读了艺术史、视觉设计、经济学、殖民历史、宪法、生理学以及音乐理论和室内音乐演奏，等等，等等。

到二年级选择课程时，他开始钟情于分子生物学，这门课由沃尔特·吉尔伯特（Walter Gilbert）讲授，吉尔伯特后来在 1980 年"因为 DNA 排序的研究"获得诺贝尔化学奖。除此之外，钱永健还对海洋学、相对论、量子力学和天文物理学有兴趣。他曾经一度迷上了海洋学，最后他决定选择神经生物学为自己大学的专业主修课。选中神经生物学的原因，部分是他认为大脑和智力的研究今后可能是科学上很重要的问题；还有部分原因是大卫·休伯尔（David Hubel）和托斯滕·维塞尔（Torsten Wiesel）教授开设的课程非常优秀和吸引人，这些课程可以训练研究生成为神经学者。休伯尔和维塞尔在1981年"因为研究视觉系统的信息处理"获得1981年度诺贝尔生理学和医学奖。

二年级暑期快到时，钱永健曾经问休伯尔教授，能不能在暑期到他的实验室工作。休伯尔回答说已经没有空位置，连研究生都没有地方了；他建议钱永健到麻省眼耳附属医院找奈尔逊·江（Nelson Kiang）。

1971年暑期，江医生让钱永健接受了严格的听觉神经生理学训练，这些课题钱永健很感兴趣，此后40年里，他一直勤恳地在神经生物学问题领域里勤奋耕耘。

## 剑桥大学——发光染料研究

1972年，哈佛大学学业即将结束时，钱永健向休伯尔教授和江教授询问，到哪所大学攻读研究生课程比较好。他们回答说，最好的地方是麻省的坎布里奇和英国的剑桥。钱永健认为，为了扩大视野，他是该离开麻省坎布里奇的时候了。由于他成绩优异获得马歇尔奖学金（Marshall Scholarship），因此他决定利用这笔奖学金到剑桥去攻读研究生①。

1972年初他还没有毕业，也还没有获得物理化学学士学位时，就得知剑桥大学已经接受他为研究生了，而且指定的导师是理查德·休姆·阿德里安博士（Dr. Richard Hume Adrian）。以前钱永健没有听说过这人，于是他打电话给哥哥狄克，因为狄克不久前才在牛津大学获得心脏电生理学哲学博士学位，回到耶鲁大学任助理教授。狄克告诉弟弟说，阿德里安博士是英国最著名的肌肉电生理学家，他的父亲是埃德加·道格拉斯·阿德里安（Edgar Douglas Adrian），1932年"因发现神经细胞功能"获得诺贝尔生理学和医学奖。狄克还说，"理查德·阿德里安还是我博士论文答辩时请来的校外审查者。"

钱永健听了以后有一些犹豫："肌肉这块已经没有发展前途，我想研究大

① 麻省的坎布里奇（Cambridge的音译）是指波士顿的一个地区，哈佛大学、麻省理工学院都在该区；它与英国的剑桥（Cambridge）是同一个英文字。——译者注。

脑。”

狄克保证说:“理查德·阿德里安是一位真正的绅士,他一定会允许你自己选定的研究课题。”

钱永健听了哥哥的话决定先不表态,等到了剑桥再说。钱永健一直对音乐绘画有特殊的爱好,平时也喜欢画画。暑期到了,他决定利用这段时间到巴黎附近的枫丹白露学习音乐,在学习音乐期间,他非常努力。直到1972年10月结束这一学习,他才来到剑桥。

有趣的是,当他在丘吉尔学院吃第一顿午餐时,一位有贵族气派的老师坐到他桌子对面问道:“您是罗吉尔·钱,对吗?”

钱永健立刻就知道对面坐的是理查德·阿德里安博士,因为只有他的家人才知道他的全名“罗吉尔·钱”,一定是哥哥狄克告诉他的。

他们谈了几分钟以后,阿德里安博士突然问:“您真的认为肌肉研究没有发展前途吗?”

钱永健大吃一惊,一定也是狄克把他的想法私下告诉了阿德里安博士。钱永健承认:“是,我是这样想的。”

对钱永健的坦诚回答,阿德里安似乎有一些失望,但是他立即说:“如果您什么时候想转到我们系里某位神经生理学家的麾下,我绝不会反对。”

就这样,钱永健开始了他的研究生历程。不过他没有寻找另外的导师,因为他很快发现传统的神经系统电生理学并不合他的意愿。传统的论文计划,基本上与哈佛大学的休伯尔和维塞尔习惯的方法一样,把一个多细胞组成的微型电极置放到麻醉动物大脑里去,然后把不同的反应分类,写成一篇论文或者几本书。钱永健认为:

> 这样的实验有一些像冰上捕鱼:在湖水冰面上打一个洞,把鱼线放进冰面下幽暗的水中,然后在一边耐心地等待。大脑有成亿的神经元同时工作,所以我希望弄清楚大量神经元同时彼此发出信号和由此得到的信息。理想的情形是,给神经元着色,这样每当一个神经元发出一个作用电势时,就会发出可见光并且有不同的颜色。

我们知道,钱永健在成像技术中取得两项重要的成就,第一项成就是发明了一种更好的染料，可追踪细胞内的钙水平——即钙染料；另一项成就是绿色荧光蛋白（Green Fluorescent Protein，GFP）。前一项工作就是在剑桥开始，并最终取得重要成就的。

1972年冬天，钱永健突然决定设计和分析新的染料，用来作为研究神经元活动的工具。第一个方案是把染料射向钠通道（Sodium Channel）的近处；另外一个方案是制备一些“电色层染料”（Electrochromic Dyes），这样神经元膜上电势的变化，将会转化为吸收或发射极大波长的荧光。在这两种方案里，他都要涉及有机合成。这时他才后悔自己在哈佛大学的时候没有好好学习化学课程，而剑桥生理学实验室又没有人能够教他。幸运的是，这儿化学系有一位艾恩·巴克斯特博士（Dr. Ian Baxter），他是阿德里安朋友的朋友，对钱永健的第一个方案很有兴趣，并且同意业余地指导他。巴克斯特那时没有学生，却有时间、好心和耐心，有时一天几次来看望他研究的进程，给予耐心和必须的帮助。

钱永健惊讶地发现，当他为生物学的目的选择有机合成的时候，它居然觉得十分有趣和让他享受到巨大的愉快。他一直抓住这个研究项目不松手，即使后来遇到许许多多的困难，如巴克斯特很快就离开剑桥，他筛选出的染料比别的实验室的差，他都没有放弃，一直坚持这一研究。

到1975年，成功的第一道曙光终于来临——他开始注意到钙染料。

钙在多种生理反应中扮演关键角色，包括神经冲动调节、肌肉收缩、受精作用等。不过，计量细胞内钙水平的方法当时还相当原始，需要穿透细胞壁注射钙结合蛋白，这种方法通常会毁坏研究细胞。钱永健利用化学技术发明出有机染料，与钙质结合时会戏剧性地改变荧光。此外，钱永健还找到了给钙质“上妆”的方法，使染料无需注射即可穿透细胞壁。

1977年，钱永健获得哲学博士学位以后继续留在剑桥，在冈威尔&凯休斯学院（Gonville & Caius College）做博士后研究。那时他集中精力研究 $Ca^{2+}$ 信号，并且开始与提摩西·芸克（Timothy Rink）合作，芸克是生理学实验室一位新的成员。他们合作开始的时候研究 $Ca^{2+}$ 选择电极，接着研究生物测试和开发 $Ca^{2+}$ 荧光指示剂。

除了研究上的合作以外，更加重要的一件事是，芸克和他的妻子诺尔玛（Norma）邀请钱永健参加他们家的圣诞舞会，在舞会上他第一次遇见他们的

2004 年，温迪和她们家的狗吉瑞（Kiri）

表姐温迪（Wendy）。钱永健一看到温迪，居然觉得她就是他心目中的妻子，于是此后每个周末他都到伦敦北边温迪的家拜访她。芸克和诺尔玛几个月后惊讶地发现，他们在无意中居然促成一桩美好的婚事。温迪一直是钱永健生活中的至爱。

1980 年，钱永健发明检测钙离子浓度的染料分子；1981 年又改进染料引入细胞的方法。之后他陆续发明了更多、更好的染料被广泛应用。检测钙的方法有三种：选择性电极、水母素、钙染料。在钱永健的钙染料没有出现以前，具有空间检测能力的只有水母素，但当时水母素需要注射到细胞内，应用不方便，而钱永健的染料可以通透到细胞里面去。水母素和钙染料各有优缺点，但目前用钙染料的人居多。钱永健还发明了多种染料用于研究其他分子。

## 伯克利大学——继续剑桥的研究

1981 年底，钱永健在冈威尔&凯休斯学院的学业将要结束，因此他在 1979—1980 年就开始为寻找工作忙碌。因为温迪住在伦敦，开始他想到英国医学研究所应聘。但是还没有与有关人士交谈就立马被拒绝了。他这才发现，英国当时新政府正在施行厉行节约的计划，因此那时想在英国找到一份研究工作，如果不说不可能的话，至少也是极为困难。

钱永健开始想到，离开美国已经十个年头了，现在是应该回到美国的时候。他开始与美国有关机构联系，但所有求职信几乎都没有下文。生物系认为他是一个化学家，而化学系又认为他是一个生物学家。钱永健回忆中说：

> 现在用化学来解决生物学问题，有一个非常时髦的次学科分支名之曰“化学生物学”（chemical biology），但是在 1980 年，这种交叉

的科学分支只有在药物工业里才有。即使在这一行业里，每一位科学家要么是化学家，要么是生物学家，不能同时是两者。

最终机会还是来了。加州伯克利大学生理解剖系有一个空出来的助理教授的位置，这个系的研究委员会主席是特瑞·马晨（Terry Machen），他当时休假到剑桥，很快就了解钱永健的研究成就，而伯克利也正好有两个同事对 $Ca^{2+}$信号有兴趣。于是钱永健有机会造访伯克利，在造访期间他认识了对 $Ca^{2+}$信号有兴趣的两位同事，他们是理查德·斯坦哈特和罗伯特·朱克。幸运的是，这时钱永健在 $Ca^{2+}$荧光指示剂的研究取得了不错的进展，首次可以直接测量在淋巴细胞里的 $Ca^{2+}$，还可以用小的哺乳动物细胞来研究 $Ca^{2+}$信号。这一应用前景以及生理学的哲学博士的学位，终于使伯克利大学决定聘用他为助理教授。

在钱永健接受伯克利大学任命的时候，他并不知道伯克利已经处于相当严重的财政危机。他很快就尝到财政危机意味着什么。1982 年初，钱永健为了使他的实验室能够启动，只得到几千元的启动资金，而且每一分钱的使用都必须说明的确属于教学仪器更换。例如，为了申请一个 UV 灯（紫外灯），老的显微照明器必需从教学实验室作为废品报废。更让钱永健沮丧的是，系里居然不供应他必须用到的通风机！罗伯特·马西教授的实验室与钱永健的实验室相邻，他好心地告诉钱永健，有一个老的通风机，但是它的排风管一直通到这座建筑物的楼顶，而且这个排风管无法搬动。

以后钱永健在伯克利 7 年的研究中，他都是使用这唯一的木制通风机。它不到 4 英尺宽，前面的玻璃窗布满了电线。在这个通风不好的"实验室"里，常常充满了臭味。每当遇上有强烈气味和反应的实验，他们就只有到室外去做实验。钱永健说：

我提到这些严酷的事实，是希望年轻的科学家知道，完成某些好的研究并不一定需要耗费巨大的设备和启动资金。尽管有这些麻烦，我在伯克利的科学研究还是颇有成果的，包括与马晨、斯坦哈特、朱克以及其他人的合作。我……改进了的合成 $Ca^{2+}$指示剂和一种 $Na^{+}$指示剂，这些指示剂至今还在使用。当伯克利危机缓解以后，伯克利当局为我买了一个初级图像处理器，我费劲地用它编程序计算两个交替变动激发波长的荧光比值。这些真实时间比值揭示了单个活着细胞内部的$Ca^{2+}$、$Na^{+}$和pH信号，经常会有没有预料到的时空结果。

但是，随着研究的深入和取得不断地进展，他对设备资金的需要随之增加。他希望有一个有现代化通风设备的实验室，一个小小的暗室以便使用荧光显微镜，还希望得到霍华德·休斯医学研究所的资助。而这些在伯克利都不可能实现。因此在1989年，钱永健决定到加州圣地亚哥大学（University of California，San Diego，UCSD）去。

## 圣地亚哥大学——GFP研究接力赛

UCSD满足了钱永健的要求。虽然这所大学还相当年轻，但是也因此机会比较多，成长得比较快，比起伯克利来传统的束缚也比较少。他觉得这一些优势比"名声小一些"更加重要。确实，在UCSD钱永健迅速取得了重大的研究的成果。

1989年，钱永健来到圣地亚哥大学，至今还在这所大学工作。在这所大学，钱永健开始研究GFP，并最后因为这一研究取得重大成果，获得2008年诺贝尔化学奖。下面我们对GFP研究的过程，以及钱永健的成就，做一个简要的介绍。

### 1.荧光研究的往昔

人类观察并注意到生物发出荧光，有久远的历史。在中国古诗里，常常可以见到诗人对萤火虫的生动描述，例如（唐）白居易在《长恨歌》里写道："夕殿萤飞思悄然，孤灯挑尽未成眠。"杜甫在《萤火》一诗里写道："巫山秋夜萤火飞，帘疏巧入坐人衣。"（宋）贺铸在《宿宝泉山慧日寺》里写道："流萤逗深竹，白鸟巢青松。"

除了萤火虫发出荧光以外，还有海边的"发光水母"也会发出荧光。例如古罗马的普林尼（Pliny）在公元77年在他死前不久发表的37卷《自然史》里，就有对"发光水母"的记载。

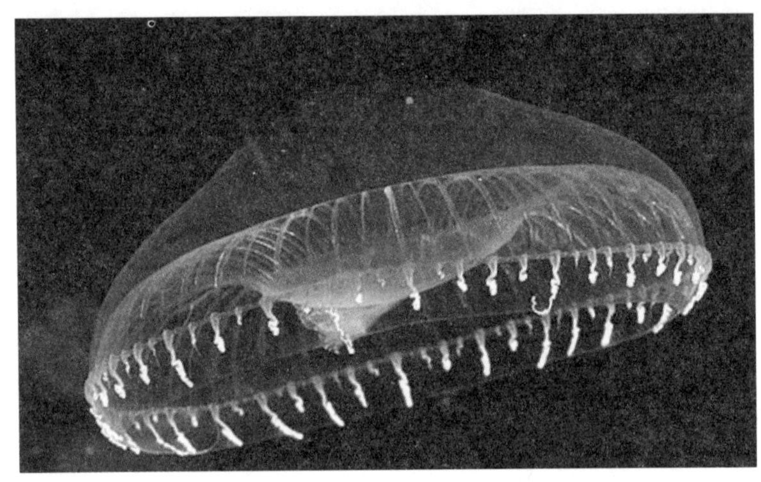

发光水母

但是对于荧光的深入研究，却是20世纪50年代以后的事情。人们熟悉的萤火虫，或者其他生物如发光水母发出的荧光，都是通过“荧光素”这一“底物”分子，在荧光酶的催化作用下氧化而发光，但是后来发现的绿色荧光蛋白（GFP），却与氧化机制完全不一样，蛋白质本身就会发光，不需要底物。这一发现是日本裔科学家下村修（Osamu Shimonmura）和他的导师弗兰克·约翰森（Frank H. Johnson）发现的。

2.默默无闻的下村修

1955年，加州大学圣巴巴拉学院的达文波特（D. Davenport）和同事尼科尔（Nicol）曾经发现水母可以发出绿颜色的光，但是不知道其发光的原因。直到1962年，这一研究才由普林斯顿大学的弗兰克·约翰森和日本学者下村修弄清楚。

下村修1928年生于京都，长于长崎。1945年他16岁时，美国的原子弹在长崎爆炸，他距离原子弹爆炸的地点只有12公里，为此他曾失明数周，却奇迹般地活了下来，而且长寿，在2008年80岁的时候获得诺贝尔化学奖。1951年，他毕业于长崎医科大学药学专门部。

1955年，27岁的下村修是名古屋大学教授平田义正的研究助理。平田给了他一个很困难的课题：一种名为海萤的软体动物，当它的残骸在磨碎后遇水会发光，这种发光的机制是什么？

平田义正教授把这样困难的任务交给一个缺乏经验的助手，似乎有一点非同寻常。当时研究这种发光物质的还有美国一个研究小组。幸运的是下村修一年后，在海荧的残骸中得到了一种发光物，这是一种蛋白质，它的亮度比磨碎的海荧残骸高出 3.7 万倍。这一研究结果发表后，在 1960 年被美国普林斯顿大学的约翰森教授看见了，他立即聘请下村修到他的实验室工作。平田教授大约看见美国教授聘请他的学生，一高兴之下居然把名古屋大学的有机化学博士学位授予给没有正式注册博士生的下村修。这又是一个非同寻常的做法。两次不同寻常的做法，日后成就了下村修的科学研究。

1960 年下村修来到美国普林斯顿大学约翰森实验室做博士后。在约翰森的实验室，下村修开始寻找另一种生物发光体水母的发光原因。在 1961 年的整个夏天，他们来到位于北美西海岸的星期五港湾，收集一种名为维多利亚多管水母。他们切下水母的发光边缘，将它们放到滤纸上挤压，得到挤压后的“压榨物”。

据说下村修用水母提取发光蛋白时，有一天下班要回家了，下村修将部分“压榨物”倒进水池，临出门前他关灯以后，无意中回头看了一眼水池，结果见水池有异常清晰的发光。这一偶然事件引起了下村修的注意。他意识到这可能是因为水池中有海水，海水中的钙离子与发光蛋白发生了化学反应。但奇怪的是，这些残留物发出的是蓝光，而不是水母的绿光。他紧紧抓住这一偶然的发现和设想，立即进行了深入的研究。功夫不负有心人，最终他确定是钙离子增强水母素发光。

1962 年，下村修和约翰森在《细胞和比较生理学杂志》上报道，他们从 1 万多只水母中分离纯化出几毫克的发出蓝色光的材料，并将它们命名为“发光蛋白质”。他们在文章里详细描述了提取发光蛋白质的过程，同时在一个注释中提到他们还分离出另一种蛋白质，这种蛋白质在日光下呈淡绿色、灯光下呈黄色、在紫外光下呈绿色。他们将这种蛋白质称为绿色蛋白，以后改称为“绿色荧光蛋白（GFP）”。这是人类第一次对 GFP 的描述，后来正是这一发现，使 GFP 成为生物学中应用最重要的明星分子；也是这一注释，奠定了下村修日后获得诺贝尔奖的基础。

1963 年，他们在《科学》杂志报道钙和水母素发光的关系。1963 年至 1965 年，下村修回日本名古屋大学任副教授，1965 年又回普林斯顿继续在约翰森实验室，直到 1980 年。

此后下村修更加专注地研究 GFP 的荧光性质。他发现 GFP 含有一个发色团，这是一种能吸光和发光的化学基团。在紫外光或蓝光的照射下，GFP 的发色团吸收光线中的能量，被激活后再释放出绿色波长的光。在水母体内，GFP的发色团将发光蛋白质的蓝光转换成为绿光，所以水母发出的是绿光。

而关于 GFP 发光的最重要的一点是，它不需要额外的蛋白质就能发光；相反，水母蛋白质或其他生物发光蛋白质都需要持续提供能量，分子才能发光。

于是下村修明白 GFP 为什么会发光了，可惜下村修本人对 GFP 的应用前景不敏感，也没有意识到它应用的重要性。但是他的这一发现实在是来之不易，当年为了研究的需要，下村修和约翰森在海边抓了一万多只水母，才得到足够的原料用于分离发光蛋白。而且，在后续的研究中为了进一步研究，他们需要的水母数量巨大，市场上根本就买不到。有一年暑期约翰森亲自开车带上下村修，历时六七天来到西海岸捕捞水母；平时下村修也常常带上家人和助手到海边捕捞。在 19 年间他们收集了大约 85 万只水母，这才使得研究可以继续下去。这一工作一直持续到 1980 年。

日本学者下村修在他的地下室里作研究。

1980 年约翰森教授退休后，下村修离开普林斯顿大学来到麻省的伍兹·霍尔（Woods Hole）海洋生物研究所，同时在波士顿大学做兼职教授，直至 2001 年退休。退休后，他又在家里的地下室继续作研究，发表文章都是以自己家庭地址为收件地址。到 2008 年获得诺贝尔奖以前，科学界几乎没有人知道或者注意到这位伟大的学者，他离开普林斯顿大学就足以说明普林斯顿大学可能根本没有把他当回事儿，但是他仍然一如既往地在自己家地下室研究他喜爱的生物学。

当诺贝尔奖网站主编问他为什么要这样做时，他说："我做研究不是为了应用或其他任何利益。我作自己的研究只是为了明白水母为什么会发光。"北京大学饶毅教授对下村修的评价是"纯粹的科学好奇心"，"他这个人不在乎名利，获得诺贝尔奖之前非常的不出名，经常在实验室的角落里做着自己感兴趣的事情。2001 年退休之后，他还继续在自己家的地下室作实验"。

不幸的是，约翰森在 1990 年以 82 岁的高龄去世，失去了获得诺贝尔奖的机会。

### 3.失意和无私的普拉瑟

由于下村修和约翰森都没有注意到 GFP 的应用价值，GFP 的研究一时陷入低潮，直到 20 世纪 80 年代末和 90 年代初，才开始有了质的突破。

1980 年，下村修来到伍兹・霍尔海洋生物研究所时，遇见一位同事道格拉斯・普拉瑟(Douglas Prasher)。普拉瑟在佐治亚大学做研究生的时候，就对水母发光蛋白质有着浓厚的兴趣，并且克隆了水母的发光蛋白。遇见下村修以后，他立即被 GFP 迷上了，并且想克隆 GFP 的基因。但是他发现申请研究经费非常困难，据说普拉瑟和他的妻子在弗吉尼亚艾肯偌德(Eckenrode)做研究时，五年里几乎没有基金资助。1985 年，普拉瑟和一位日裔科学家分别根据蛋白质序列得到了水母素的基因(准确地说是 cDNA)。1987 年，普拉瑟有了一个天才的猜想：用 GFP 作为其他蛋白质的信号指示。这时他也终于申请到一笔为数不多、为期三年的研究经费。1992 年，普拉瑟克隆出 GFP 的基因，他的研究经费也同时用完了。他把自己的研究成果发表在《基因》(*Gene*)杂志上。有了基因，在研究中就方便多了。

但是没有料到的是，普拉瑟文章发表以后，他却离开了科学界。原因是他根据自己上述研究继续申请科研经费时，评审者却认为此前没有蛋白质发光的先例，而且即使真有也没有任何价值。普拉瑟为此非常生气，一气之下离开了海洋研究所，到麻省空军国民卫队基地，后又去到农业部植物服务部工作。据说最后在俄克拉荷马州成为一个班车司机。

北京大学饶毅教授曾经在《美妙的生物荧光分子与好奇的生物化学家》[1]一文里叹息地说："当时他如果花几美元，就可以做一个一般研究生都能做，

① 饶毅：《美妙的生物荧光分子与好奇的生物化学家》，《科学时报》，2008年10月6日。

但非常漂亮的工作：将来自水母的GFP基因放到其他生物体内（如细菌），看到荧光，这就强烈提示GFP本身可以发光，无需其他底物或者辅助分子，也表明可以广泛用GFP。”

不过普拉瑟很是了不起，他把自己的研究成果后来毫无报偿地送给查尔菲和钱永健，使他们成就了伟大的发现。于是就有了下述的故事。

### 4.查尔菲的惊喜

马丁·查尔菲在哥伦比亚大学为他获得诺贝尔奖举行的新闻发布会上。

马丁·查尔菲（Martin Chalfei）1947年出生于美国伊利诺伊州的芝加哥。1965年进入哈佛大学，开始想学习数学，后来转到生物化学系学习，因为这一选择可以同时满足他对数学、化学和生物学的喜爱。1969年大学毕业，在外面闯荡了一些时候，又回到哈佛大学读研究生，1977年在罗伯特·佩尔玛（Robert Perlman）指导下获得哲学博士学位。1982年至今，查尔菲一直在哥伦比亚大学生物科学系任教。

1988年，查尔菲在参加一个学术会议时，有一位演讲者提到了GFP，这让查尔菲激动不已，以至于其他人的演讲他完全没有心思听。查尔菲立即想到如何把GFP用到他的线虫研究中，这需要GFP的基因，但是他一直没有得到GFP的基因，因此他的设想无法实现。幸亏他很快得知普拉瑟正在克隆GFP的基因，查尔菲在电话中找到了他。后来查尔菲回忆时说：“我们在电话上非常激动地聊了一个多小时，结论是我们应该马上合作，看看这种基因是否能在线虫里工作。”

但随后发生一系列的误会，两人失去联系，研究工作也因此被耽误了几年。

正是在查尔菲与普拉瑟交谈后，查尔菲与犹他大学的图勒·哈泽瑞克

（Tulle Hazelrigg）教授结婚，婚后到犹他大学工作了 9 个月。正是在这段时间，普拉瑟完成了他的基因克隆，他四处打电话找查尔菲却找不到，他不知道是怎么回事，还以为查尔菲已经离开学术界。

这时，查尔菲带着妻子回到哥伦比亚大学。1992 年 9 月，一位名叫希亚·尤斯克晨（Ghia Euskirchen）的研究生来到查尔菲的实验室，这位学生曾经做过荧光方向的研究。查尔菲希望她能做一个实验，将 GFP 加入到细胞中。于是，两人开始查荧光蛋白质的资料，他们在《基因》杂志上惊喜地发现，普拉瑟已经克隆了 GFP 的基因。

“奇怪，他为什么不与我联系呢？”查尔菲心里想。

他怀着忐忑的心情立即打电话给普拉瑟，希望能够得到 GFP 的基因。没有想到普拉瑟非常豪爽地答应了查菲尔的要求。从此查尔菲的研究过关斩将、一马平川，顺利地取得了重要的成就。

不过开始的时候还有一个小小的插曲。查尔菲收到普拉瑟的 GFP 的基因以后，在用自己实验室的显微镜观察时，竟没有发现荧光蛋白。这不免使他们大失所望。幸亏尤斯克晨细心，她考虑也许是查尔菲实验室的显微镜不够灵敏？于是她把细胞带到化学工程系的老实验室，那里有更好的显微镜。这一次荧光神话般生动地展现在她的眼前。尤斯克晨立即告诉查尔菲：成功了，在显微镜下看到线虫在紫外线的照射下发出绿光！

好险，这一重大的发现差一点被错过！尤斯克晨现在是耶鲁大学的科学家，她在接受《自然》杂志采访时说：“当时我们在查尔菲的实验室没能看见荧光蛋白。”

1994 年，查尔菲的设想成为现实。他巧妙地将绿色荧光蛋白接在仅有 6 个触觉感受器线虫的细胞的基因启动之后，得到了令人惊讶的实验结果：在紫外光的照耀下，这 6 个表达荧光蛋白的触觉感受器细胞，在蠕动的小虫内清晰地闪耀着绿光！惊喜之余，他把这一惊人的研究成果发表在美国《科学》周刊上。

查尔菲他们的发现，奠定了今天 GFP 革命性应用的基础：GFP 可以作为示踪剂，实时观察蛋白质在细胞内的运动和变化，细胞内的黑暗世界被照亮。从此科学家可以很方便地用活体监测细胞内的各种各样的反应，避免只有在“死物”上做研究的巨大缺陷。因此他们的文章发表以后，立即引起了轰动，很多生物学家纷纷把 GFP 引入自己的系统。在一个新的系统里表达 GFP，就是一篇不错的文章，能够在《自然》和《科学》这些顶尖的杂志上发表。但是有原创性的并不多。其中例外的是钱永健实验室发现的有多种色彩的变种，是当时非常重要的发现。

钱永健的发现，使得生物学研究进入了一个崭新的阶段。此前不能在活体观察的许多生物学现象，此后都可以通过荧光蛋白作为标记进行观测。随后的十多年中，荧光蛋白的基因被导入了大鼠、小鼠、斑马鱼、果蝇、酵母等各种模式生物中，成为生物学研究必不可少的工具。

## 钱永健的功绩

普拉瑟在离开科学界以前还做了一件大好事，他把 GFP 基因无偿地给了钱永健。

钱永健在关注 GFP 之前，也想到标记蛋白质的事情。他曾经设想，如果细胞自己能带有荧光岂不更好？也就是说，如果自行编码后的蛋白质对钙敏感的话，很有可能达到他设想的目的。他在网上找到了十几篇相关的论文，发现有人在水母里面发现了绿色荧光蛋白，并由普拉瑟克隆出来了。

于是，钱永健立即打电话给普拉瑟："我很感兴趣您的荧光蛋白基因，您可不可以把它提供给我？"

普拉瑟真是出人意外地慷慨，只提出以后钱永健发表第一篇论文挂上他的名字就行。钱永健惊喜之余说："我找到了他的电话号码并最终找到了他，令我非常惊异的是，他乐意将基因给我。"

资料很快寄了过来，像查尔菲一样，从 1994 年起始，钱永健的研究顺利地开展起来，并作出许多重大的突破。

钱永健是一位化学家，他在得到普拉瑟的 GFP 的基因后，立即开始研究这种蛋白质的发色团的结构。他首先要想知道的是：这个发色团在 GFP 的 238 个氨基酸中发生了什么样的生化学反应。以前的研究一般都认为它能产生荧光主要归功第 65、66 和 67 位的丝氨酸、酪氨酸和甘氨酸残基，它们彼此反应形成发色团。但是钱永健的研究却显示出，这种化学反应只需要氧气，在氧分子的氧化作用下，以上氨基酸残基最终形成有活性的发色团。这一发现完满地解释了这种发光反应为什么不需要其他蛋白质的参与。

借助 DNA 技术，钱永健把 GFP 上不同部位的氨基酸进行重组，创造出崭新的 GFP 变体，使它们能发出更强、更多色彩的光，如青绿色、蓝色和黄色等。这样，研究人员就能够同时给不同的蛋白质标记上不同的颜色，从而可以动态地检测它们的变化以及相互之间的作用。

这儿还有一个故事。钱永健虽然扩大了色彩的范围，却无法得到发出红光的 GFP，而红光更容易穿透生物组织，用处更大。幸运的是，两位俄罗斯科学家米哈伊尔·马兹和谢尔盖·卢克扬诺夫也参与了 GFP 的研究，他们在 1999 年从发出荧光的珊瑚中找到了 6 个与 GFP 类似的蛋白质，发现并克隆了第一个红色荧光蛋白。但是，这个红色的蛋白质太大而且太重，无法像其他 GFP 一样置入基因之中。钱永健的研究团队得知了俄罗斯科学家的研究成果后，通过基因工程改造了这种红色蛋白质，得到一种新型红色荧光蛋白变体。它更小更轻，也能够置入到其他蛋白质中。现在世界各地实验室常用的发出红光的 GFP，基本都是钱永健得到的这种衍生体。

复旦大学生命科学学院生物物理系丁滪先生在文章《照亮生命的明星分子——荧光蛋白》[①]中，对钱永健的贡献做了中肯的说明：

> 钱永健对于荧光蛋白的第一大贡献是改良和发明了大量的新型荧光蛋白衍生体。现在最广泛使用的绿色荧光蛋白衍生体 eGFP，就是钱永健实验室的早期研究产物——当绿色荧光蛋白的第 65 位丝氨酸突变成苏氨酸后，……其发光从 400 纳米的紫外光变成了 480 纳米的蓝光……。除了构建这一系列被广泛使用的荧光蛋白突变体外，钱永健还第一个提出了荧光蛋白发光团形成的机理，为后续的荧光蛋白改良工作提供了理论基础。1996 年，钱永健和雷明顿（S. Remington）一起，首先解析了绿色荧光蛋白的晶体结构。后来，钱永健进一步将绿色和红色荧光蛋白作为模板，创造了一系列的七彩荧光蛋白，这些荧光蛋白不仅仅从紫外到红外光谱范围的全覆盖，而且具有更亮的荧光，更强的光稳定性。

诺贝尔奖委员会在公报中说：在 GFP 的革命中，钱永健的重要贡献是他

---

① 丁滪：《照亮生命的明星分子——荧光蛋白》，《科学》，2009年第1期，49—51页。

延伸并丰富了研究人员手中的调色板，他创造了一个五彩缤纷的调色板，里面的发光蛋白质拥有彩虹的各种颜色。荧光蛋白相当稳定，即使在高浓度变性剂存在情况下，也能保持其荧光特性。

钱永健与他的“五彩缤纷的调色板”

结束这一节之前讲一个小小故事，这个故事是钱永健在一次讲话时提到的。有一年，钱永健实验室发现蛋白质的晶体结构。他们把这一研究成果寄给《科学》(*Science*)。钱永健说，审稿人对这篇文章十分冷淡：“谁会关心这些蛋白质？为什么水母能够这样？”

看来，钱永健的文章不可能发表了。但是与此同时，一个与他们竞争的小组在一次网上讨论时宣称，他们已经发现天然 GFP 的晶体结构，他们将于下个月发表在《自然生物技术》(*Nature Biotechnology*)上。钱永健把这个消息告诉《科学》的编辑。于是他的文章很快就发表了，抢先对手几个星期。钱永健诙谐地说：“这个故事的教训是：不要在网上闲聊。”还调侃地说：“《科学》有时也爱面子。”

## 获得诺贝尔化学奖

2008 年 10 月 8 日，瑞典皇家科学院在斯德哥尔摩宣布，下村修、马丁·查尔菲与钱永健三人因发现和应用绿色荧光蛋白而共同获得 2008 年诺贝尔化学奖。

每一位诺贝尔获奖者在谈到自己知道获奖时的情形，都各有自己特有的故事，让读者百看不厌。查尔菲说，他在2008年公布诺贝尔奖的早晨，在电脑里查看是“哪一头猪获得诺贝尔奖”，结果发现自己是“那头得奖的猪”！

钱永健的故事比较平淡，因为他从来就是一个非常低调的人。诺贝尔奖宣布的当天，钱永健在举行的电话新闻发布会上说：“现在全世界有成千上万的科研人员，以荧光蛋白以及衍生出的其他工具进行科研工作，我想我也会沐浴在那些荧光的温暖中。绿色荧光蛋白领域的研究是众多科研人员不断积累的结果，我很高兴和下村修、马丁·查尔菲分享这一荣誉，我自己则要感谢在我的实验室工作过的人，他们都做出了重要的贡献。”

当记者问他是否预料到自己能获诺贝尔奖时，钱永健说：“在这之前，网上有很多传言预测我今年能得奖，但那种预测通常成功率很低……这次我是运气好，被说中了。”

钱永健在接受奖状时的照片

“第一个分享这个好消息的人？当然是我妻子，因为她也被电话吵醒了。”

诺贝尔奖委员会在公报中特别提到钱永健的重大贡献，但钱永健特别强调说：“显然，普拉瑟被诺贝尔奖名单忽略了！但这个奖项一次最多只能给3个人，我相信委员会作了一个很艰难的决定。”

“在我们这个领域里还有许多其他科学家努力从事研究，而诺贝尔奖评选时只能挑选某几个人，并且不超过3个，而我正好在这样一个评选范围内被选中了。所以说我觉得自己实在是很幸运。”

钱永健对于自己突然曝露于聚光灯下，坦言感到有不小的压力，“因为所有人一下子都来关注你、媒体要求采访你，我不太习惯。”“我感觉自己有点像被汽车大灯照到的一只鹿，我今天肯定不如昨天聪明。”

他也诚挚地说：“获得诺贝尔奖并非是我多年来从事科研工作的原动力，我并非为了获得诺贝尔奖才去从事科学研究。因为对我而言，科学研究实在是非常有趣和重要的工作。我的夫人给了我很大支持。”

两个月以后的 12 月初，钱永健和他的妻子温迪、家人、朋友和同事飞到斯德哥尔摩接受诺贝尔奖。钱永健和查菲尔没有忘记普拉瑟的功劳和豪爽，他们邀请普拉瑟夫妇一起到斯德哥尔摩。

在斯德哥尔摩，瑞典人虽然对漫长的冬天感到厌烦，但是对每年 12 月 10 日的颁奖日，瑞典全国人民犹如举行一次盛大的狂欢节，人人欢舞雀跃。因为这个日子使瑞典人对自己的文化与传统感到非常自豪，提醒了他们有关人类重大的成就，以及他们国家在促进人类重大成就上起了重要的作用和所居的地位。每一位获奖者到了瑞典以后，都会不由自主地感受到这种伟大节日的庄重和与之而来的神圣感。

颁奖典礼在音乐大厅举行，这个意义最为重大的典礼结束后，紧接着就移师到市政大厅举行晚宴。晚宴虽然是非正式的，但是都得系上白色领结、穿上燕尾服。钱永健坐在“非常漂亮的”公主玛德琳（Princess Madeleine）身边，她是国王古斯塔夫十五世卡尔的最小的女儿。钱永健后来说：“我发现 26 岁的玛德琳公主对每个人出生的顺序如何影响人的一生很感兴趣，一再谈到长子、长女问题。”这位公主是国王最小的女儿，钱永健在交谈时小心翼翼。

晚宴上盘和碗全都是镀金的，酒杯都是瑞典制的“欧乐福”水晶杯。瑞典各地的志愿服务的侍者人数很多，大多都是年轻的大学生；大厅周边还设置一些区域，让本国或者外国学生参加。现场不断奏响古典乐曲和几首歌剧选曲。在晚宴上，每一个奖项都要推举一个代表简短致辞。钱永健代表化学奖的获奖者致答辞，钱永健特地谈到环境保护的重要性和迫切性[①]：

> 最近十年里，在太平洋西北水母聚集地观察到的数目在成千倍地减少。各地海洋学家相信这种剧减很可能源自于人口增加和工业发展带来的急速增加的污染。生物化学家收集物种不应对此负责。因为在 20 世纪 60—80 年代，水母只有一两种数目大大增加，

① *The Nobel Prize in Chemistry* 2008，Autobiography，http: //www. nobel. se/laureates/chemistry/2008.

而有 75 种左右的水母品种正在减少。幸运的是,GFP 的早期研究在人口剧增之前。但是其他潜在的科学突破,将因为人类造成的污染和全球气候温暖而不再发生。

当环境改善,或者说是“绿色化学”成为化学界的共识时,就不会有化学家为一个水母基因彼此竞争……珊瑚礁也同样在全世界范围内遇到危难,因为海洋的酸化和温暖。所以我最后的感谢应该献给水母和珊瑚:希望它们能够在未受伤害的栖息地长久地享受阳光!

## 获得成功的关键

钱永健在一次演讲时,谈到一个重要的问题,那就是“获得成功的关键”。钱永健平生一直谦逊低调,所以他在谈到成功的关键时特别指出:

当你做研究时,寻找一个你喜欢的课题,然后积极利用你的神经细胞;

当你得到一个结果时,不要过高估计你的结果;

寻找合适的团队,然后发挥他们的能力——为了你们共同的利益。

钱永健一直对人讲:他的成功源自于他对科学的着迷与对色彩的喜爱。他说:“科学可以给人带来很多本质的快乐,以度过一些不可避免的挫折,所以我觉得兴趣很重要。上世纪 60 年代,也就是我的中学时代,生活很忙碌,那时的我就已经喜欢并痴迷于科学了,其次就是色彩。一直以来我都特别喜欢颜色,颜色让我的工作充满趣味,不然我坚持不下来。如果我是一个色盲,我可能都不会进入这个领域。”

在《自传》中他再一次强调说:“我对描述灿烂鲜艳色彩的兴趣,与我儿童早期的兴趣有关系,而且我非常幸运的是这一兴趣与我的事业一致。”

除了兴趣,对科学事业的“专注”是另一种不可或缺的品格。一位古罗马诗人说过:“滴水穿石不是靠力,而是因为它不舍昼夜。”钱永健的学生、加拿

钱永健在演讲。

大阿尔伯塔大学化学系助教罗伯特·坎贝尔在接受记者采访时说："由于他在化学方面的专注，使得他能看清未来的科学发展方向，带头开拓新技术和新工具，最终使其成为基础生化研究中不可或缺的部分。"

钱永健还特别强调"多样性原则"。2009年12月2日，钱永健在荣获香港中文大学"荣誉理学博士"时，他作了一个演讲①。在演讲中他特别强调指出"多样性"的重要：

> 我相信许多原则是相通的。就以多样性为例，我们的实验室所选取的基因的能力，来自所有的物种。同样的道理，我相信多功能的社会组织，包括大学和企业，同样需要背景广泛的人才，包括男女和不同种族，才能有所裨益。我们的实验室有幸得到来自世界各地的人才加盟，包括香港、中国大陆、日本、印度、以色列、加纳、波兰、德国、瑞士、意大利、法国、西班牙、英国和加拿大。

钱永健重视多样性，所以他非常重视实验室人员每一个人的才能，让他们各尽所能、发挥所长。正是这种团队合作精神，才使得他们实验室能够取得这么多的成就。除此之外，钱永健还特别强调团队精神中的思想创新和学术自由：

> 知识创新也需要表达自由，撤除审查制度。1933年爱因斯坦离开德国，理由便是他只想"在政治自由、兼容并包、法律面前人人

① 香港中文大学授予钱永健荣誉理学博士时钱永健教授的讲辞，在《百度》上可以查到。

平等的国度生活。”……过去108年来获得诺贝尔科学奖的研究，大都是高度思想自由所孕育的产物。当然，诺贝尔奖有其局限和未臻完美之处，涵盖的只是少数的科研成果，惟胜于业经岁月洗礼，已广获认同，且与一些鼎鼎大名和显赫人物紧密联系。

……大学天职为促进思想创新及学术自由，其任务是从事能发前人所未发的研究，让学人随意质疑根深蒂固的理论。……丘吉尔说：“科学家不应役人而应役于人。”

# 光纤之父——高锟

具备观察力、求知欲、推动力、百折不挠的精神，再加上少许反思，足以引起我们踏上创新成功路。

高　锟

2009 年获得诺贝尔物理学奖的高锟

## 金山县书香人家

1933 年 11 月 4 日，高锟出生于上海附近的金山县（现在改为上海市金山区）张堰古镇一个书香之家。

金山地处杭州湾畔，位于上海、杭州、宁波及舟山群岛经济区域中心，是上海市的西南门户。这儿是风光旖旎、人杰地灵的物宝天华之地。谈到人杰地灵，这儿出过不少著名科学和文化人物，其中有著名的漫画家丁聪、国画大师程十发，以及出任过中华人民共和国第一任邮电部长的朱学范等，现在又加上高锟。

高锟家是著名的书香之家。他的祖父高吹万（1878—1958）是清末民初时期南社著名诗人，早年受业于名儒顾莲芳。清光绪二十九年（1903 年），与比他小一岁的侄子高天梅（又名高旭）在张堰镇出版《觉民》月刊，宣传民族主义思想。光绪三十二年（1906 年）又与柳亚子、田桐等创办《复报》月刊。曾主持国学商兑会和寒隐社，出版《国学丛选》。抗日战争中住宅毁于炮火，藏书被焚。

高万吹为人朴素和蔼，一身粗布长衫，自称"识字老农夫"，他曾把自己的一处家居称为"闲闲山庄"，门有一联："苟全性命于乱世，别有天地非人间。"他的一个孙子高铦记得，小时候常有人请祖父题字，他就帮着铺纸。"闲闲山庄"的藏书楼珍藏着高吹万三十多万卷的私人藏书，平日闲人免进，好奇的孙辈们只有等到每年祖父晒书的当儿，跟进去瞅瞅。抗战刚开始，他的家乡金山很快被日本军队占领，苦心经营的闲闲山庄顷刻被毁，三十万卷古籍藏书毁于兵祸，他失声痛哭："用甲正当亡国日，吾侪具是不祥人。"[①]不久，他移居上海海格路一楼房，把书斋取号"可读斋"，门贴一联："世间唯有读书好，天下无如吃饭难。"由此可见其此时困境。1958 年 7 月，高吹万病逝于上海。

高吹万著作宏富，主要有《吹万楼论学书》、《吹万楼文集》、《吹万楼诗集》、《谈诗国风札记》、《感旧漫录》、《金陵游记》等十多种。

高吹万有一个哥哥高望之和一个姐姐。高望之是清光绪甲午科（1894 年）的举人，一生重视教育，曾创办过实校学堂、寅宾学堂。高望之有三个儿子：君平、君定、君实；高吹万有四个儿子：君介、君藩、君湘和君宾。这七个后人个个出类拔萃，人称"高家七君子"。

高锟的大伯高君平就是高平子，君平是他的本名。因为他生平最佩服东汉天文学家张衡，而张衡字平子，故自号"平子"，以立志发扬光大张衡对祖国天文学的贡献。高平子是我国最早参加国际经度联合观测的学者，我国第一座现代天文台紫金山天文台的筹建者也是他。1983 年，在高平子病逝 13 年后，国际天文联合会第 18 届大会通过决议：将月球正面东经 87.8°，南纬 6.7°

① 幸好还抢出《诗经》的各类版本数十箱。1949年5月上海解放后他将这批图书捐献给国家，现藏复旦大学图书馆。

处的一座环形山命名为“高平子环形山”。

高吹万的四个儿子大多从事于学术研究，高锟的父亲高君湘在上海南洋大学（上海交通大学前身）法律专业毕业后留学美国，归国后成为上世纪40年代上海的著名大律师；高君湘的大哥高君介为一代诗人，解放后曾任上海文史馆馆员；高君湘的二哥高君藩曾在旧上海开银行，还是近代著名藏砚名家；高君湘的幼弟高君宾毕业于上海交通大学铁道管理专业。

在高锟一辈人中也是人才济济。高锟的胞弟高锫是加州理工学院的流体力学博士后，后来成为美国华盛顿天主教大学的终身教授，终身从事流体力学方面的研究。高锟的堂兄、高平子之子高启明曾赴法国留学，后成为台湾知名建筑师。而高锟的堂兄、高君宾之子高铦亦非寻常人，是中国社会科学院拉丁美洲研究所译审，原任学术委员会主任。他的译著颇丰。名著《后工业社会的来临》就是他翻译的；还有高锟的重要著作《光纤系统——工艺、设计与应用》一书出版后不久，在他的建议下很快翻译成中文出版，大大促进中国光纤事业的发展。

高锟的父亲和母亲金静芳于1923年（农历癸亥）9月结婚。他们的婚姻完全是按传统的老式方式进行。首先由媒人认为两家门当户对，接着就开始提亲；其后必需经过极重要的一步是——把两人的生辰八字经过一番掐算，如果认为十分相配，到年龄合适的时候就可以完婚。高锟在自传《潮平海阔：高锟自述》里对父母的婚姻这样写道：

> 两家人门当户对，一时传为佳话。我父亲高君湘，是一位以诗文鸣于时的文人第三子，我母亲金静芳是家中长女，一对新人二十出头，在当时来说，都受过高深的教育。
>
> 我父母虽在成亲那天才初次见面，可自我懂事以来，从未觉察他们之间有任何龃龉。我母亲秀外慧中，而我父亲虽在国内和美国接受大学教育，却始终恪守中国文化和传统。他们心曲互通，对彼此的角色和责任都默默相契。是以尽管新婚时无异于一对陌生人，这段婚姻再美满不过。难道真的是八字契合令他们赤绳紧系，还是媒人老于世故，早就认定他们珠联璧合？

1938 年高锟与弟弟摄于上海家中。

金静芳是金山北边 20 多里地的宝山县人，她的父亲金巨山(1881—1961，别名其源)也是近代著名学者，曾任江苏省议会议员，罗阳二等学堂校董，旦华学院校董等职，1956 年开始任职上海文史馆。他曾将数十年之心得写出《读书管见》一书。

金静芳和高君湘结婚后不久，高君湘就离开金山老家，到美国密西根大学攻读法学，1925 年获得法理学博士学位，兼法律硕士。回国后曾在上海任东吴大学法律学院教授，同时也是执业律师，曾供职于国际法庭。1948 年，迁居香港。译有(美)惠罗贝著《公司法》一书。

## 学前和小学教育

高锟和弟弟出生之前，母亲曾经先后生过两个孩子都因病离世，后来又流产过两次，到 1933 年高锟出生时，母亲的身体已经不是很好；两年后弟弟高铻出生。“锟铻”为古代一把著名宝剑之名，他们的父亲用这两个字为两个儿子取名，可见对他们期望之深①。由于兄弟两人都在婚后十年以后才出生，因此在家里备受关爱。加之父亲在上海的业务十分顺利，收入颇丰，所以家庭生活富裕，家庭教育也计划得非常周到。

① “锟铻”，古剑名，因产地昆吾山而得名。《列子・汤问》：“周穆王大征西戎，西戎献锟铻之剑，……其剑长尺有咫，练钢赤刃，用之切玉如切泥焉。”

那时高锆家和高锟家都在法租界，离得很近。高锆回忆说：“高锟和高锫小时候都很文静，他俩更喜欢‘秀’英文，因为除了上学，高锟家还聘了一名犹太裔的外文老师。”

高锟在回忆中也谈到家庭教育之事。他和比他小两岁的弟弟在他八岁之前，都是在家里接受教育，家里请了两位老师，一位老先生教他们古文，还有一位是菲律宾教师，教他们英文。高锆说“聘了一名犹太裔的外文老师”，有可能是高锟上学以后他父亲请的一位老师，为两个儿子补习外文。由此可见，他的父亲从他们很小的时候就非常重视对儿子的教育。虽然高君湘留学美国，有开阔的视野和现代教育思想，但是他还是遵照传统的方式给孩子进行启蒙，让他们背诵四书五经。高锟在背诵四书五经的时候，因为老师只让他们背诵，不讲解课文的意思，倒给喜欢思考的高锟留下很大的思考空间。高锟曾经语出惊人地说：

> 既然如此，我就可以随意以四书为我注脚了。
>
> 子曰：“学而时习之，不亦说乎！”我现在的理解是：“学以致用，是最令人快乐的一回事。”“温故而知新，不亦乐乎！”我认为那是说：“不断研究发掘，是发现新知识的方法。”孔子无疑是在“研究”概念出现之前，为现代“研究”一词下定义的第一人。

高锟事业有成以后，对少时他们家庭的教育方式十分满意，这从他的回忆里可以看得十分清楚：

> 父亲曾在美国住过一段时期，对当地的二人世界家庭颇为欣赏，不过，他对子女的管教既传统也现代。弟弟和我与父母的关系有点疏离，我们主要受家庭教师影响，他教我们古文，还有英文和各种普通科目。对于父母，我们不过像每天恭听大人物讲话，向他们汇报生活情况，谦逊有礼，克尽本分而已。我们年纪稍长，便自行寻找新鲜的事物去。
>
> 在半传统式中国式教养和半放任式西方教育下成长，我和弟弟都不自觉地养成自立能力。比方说，老师要我们背诵课文，却从不

加以解释；又要我们记诵乘数表。这样，我们就记住了中国不少出色的文学作品，乘数表也能由一一如一，背到九九八十一。后来我发觉，我挺喜欢记诵各种各样的事情，包括一连串的数字，像圆周率是 3.1415926……直到第 35 个小数位，我也可以背诵如流。

我也意外地发现，我不明所以背诵的古文，留给我自行解读其中涵义的空间，我喜欢怎么解就怎么解。孔子说："读书将以穷理，将以致用也。"我认为这些文章的作者是藉文字表达他们的思想，但文字往往不能完全涵盖他们要表达的意思，我们要完整地掌握作者的意念，必须探索文字的言外之理。孔子的话给我莫大的启发，促使我运用自己的思考，发挥对事物的独特见解。是孔子的哲学，令我成为一名出色的工程师。

1941 年秋天，高锟和弟弟开始上学。他们上的小学是一所由法国留学生创办的中法大学附属小学，当时名为世界学校。高锟读小学三年级。高锫念一年级。

在小学的学习给高锟印象最深的有几件事。

一是在抗战时期，教师中有不少是大学教授，他们没有随国民政府撤退到重庆。这些教师不但学养厚实，而且非常注意在国难当头之时培养学生的人格，充实学生的文化素养。老师让学生用法语唱法国国歌《马赛曲》：

前进，祖国的儿女，快奋起，光荣的一天等着你！你看暴君正在对着我们举起染满鲜血的旗，举起染满鲜血的旗！听见没有？凶残的士兵嗥叫在我们国土上，他们冲到你身边，杀死你的妻子和孩子……

还有法国民间歌曲《在亚维侬桥上》："在亚维侬的桥上，让我们跳舞，在亚维侬的桥上，让我们围着圆圈跳舞……"有时还朗诵法国著名诗歌，如《蚂蚁与蝉》。50 年后在上海老同学聚会时，高锟还用法语背诵出这首诗歌，让同学们大为惊讶！

上日语课的情形也让高锟难忘。高锟的日语学得不错，他有一次对一位

1942年高锟与父母和弟弟摄于上海一家照相馆。

日本人说日语，那个日本人还以为他是日本人呢。但是，对教日语的日本老师，学生的民族情绪还是使他们不像对其他老师那样尊重。他们对日语老师十分冷谈，常常采取蔑视的态度。有时当老师在黑板上板书的时候，学生会把粉笔向黑板上扔。这时日语老师会非常恼火，转身把粉笔扔向他认为值得嫌疑的学生。

给高锟印象最深刻的是中文老师。这位女老师教得非常认真，一再叮嘱大家一定要练习好书法。她很看好高锟的努力，曾经对他说："我很喜欢你写的字。"这句关怀鼓励的话，高锟一生都没有忘记。在回忆中他特别提到这件事：

> 50年后……旧同学聚会里，我们这位老师已经90多岁，她勾起我们许多美好的回忆。年轻时能与一群如此善良的人相处，对我有莫大的影响，日后我在履行责任时，也不忘付出爱与关怀。

## 小楼上的实验室

和许许多多在科学事业上大有成就的人一样，高锟从小喜欢动手。在小学六年级的时候，他开始与一位姓周的同学在他家的楼上做起化学实验了。化学本不是小学的课程，但是他们由于化学反应的千变万化、美丽的色彩和奇异的效果，十分入迷。他们两家的父亲都是律师，对自然科学知之不多，没有可能指导他们，于是他们私下买了一些通俗的化学书看，还买了一些简单的化学制品自己动手做实验。

周同学说："我们先来制作气体，氧气可以让燃烧更加猛烈，而氢气可以自己燃烧。"

翻开书籍看了有关章节以后，他们得知，水是由氧气和氢气结合而成( $2H_2O \rightarrow 2H_2\uparrow + O_2\uparrow$ )；当电流通过水的时候，水就会在两个电极上分别产生氧气和氢气。这个道理和实验看来都非常简单明了，于是他们把买来的两根碳棒作为电极，分别接在大电池的两极上，再把两根碳棒放进注满水的水盆里；电池接通以后，水里两根碳棒的周围就直冒气泡。他们按照书上说明的方法，把注满水的两个果酱瓶子瓶口各盖上一块玻璃片，然后瓶口向下放进注满水的水盆里，分别移到两根碳棒的周边，这时再抽开玻璃片，让冒的气泡直接冒到开口的瓶子里。随着气体的进入，瓶子里的水就被排挤到水盆里。瓶子里充满气体后，用玻璃片作为盖子在水里细心把瓶口盖紧，再把瓶子从水中取出，就得到两瓶子气体，一瓶是氧气，一瓶是氢气。然后把盖子移开，把点着的火柴放近瓶口，砰一声烧起来的就是氢气，如果只让火柴燃烧得更旺的就是氧气。

这些实验让他们十分兴奋。后来他们不满足于做实验，还想搞小发明，发明了一种可以爆炸的"泥球炸弹"。他们把红磷(P)和氯酸钾($KClO_3$)混合起来，填进湿润的泥土里，把它们晾干以后就制造出"泥球炸弹"。高锟是这样想的：红磷是易燃物质，氯酸钾是强力氧化剂，把它们混合起来，只要稍加摩擦就会燃烧爆炸。因此把干了的泥球炸弹扔向地面或墙上，泥球炸弹就会自动爆炸。当他们把炸弹扔到猫或者狗附近的地面时，突然的爆炸把它们吓得半死，这种景象真让两个小发明家乐坏了，笑得腰都直不起来。

后来由于不小心，高锟的一个堂哥在观看他们的化学实验时，被意外溅出的酸性液体灼伤了手，他的父母才惊讶地得知他们在楼上偷偷地做化学实验。在父母的严令之下，他们在楼上肆无忌惮的化学实验从此结束。

但是好动手的高锟不肯就此罢休，在禁止化学实验以后，他对无线电又发生了极大的兴趣。经过不少挫折以后，他最终制作出一个简单的收音机。当他从耳机里收到电台广播时，他的兴奋真是难于言表。后来他还成功组装过有五六个电子管的收音机。在自述里他写道："……那感觉真是妙极了。在什么也没有的空气里，竟然可以蕴藏音乐，简直是魔术。"

高锟在上海的旧居

以后回想起这些自己少年时期动手“实验”时，他非常感慨地说：

> 这段往事令我感受甚深，也可能在我心中埋下种子，日后萌发成对电机工程的兴趣。……西谚说：“猫儿丧命因好奇。”我和我的同学们少年无知，就像好奇的猫儿一样，幸好我们学会怎样学习而没有丧命。学校和老师们给我们很大的自由，让我们得以在理想的环境里学习。

高锟除了喜欢动手做实验以外，还非常喜欢读书，在7岁时就迷上了厚厚的《三国演义》，而且“肯定看了十次以上”。按说7岁的孩子一般不会迷上这本故事情节非常复杂，而且写的都是天下大事、充满计算谋略的名著，但是他不仅仅读了，而且读了“十次以上”！对这件事连高锟自己都有一些奇怪：“为什么当年只有7岁的我也深受吸引，至今我仍没法理解。”

由于仔细认真的阅读，因此对书里的故事乃至细小的情节，他真可谓“熟记于心”。

有趣的是有一个广为人知的“急转弯”智力题，曾经难住了许多大人，但是只有7岁的高锟早就能很快回答。这个问题是：“周瑜和诸葛亮的父亲各叫什么名字？”

高锟很快就回答说："周瑜的父亲叫周既，诸葛亮的父亲叫诸葛何。"

为什么呢？高锟说："这在书中有明显的暗示。周瑜是东吴的主帅，吴蜀联军在赤壁大败曹操水师，奠定天下三分的局面，但周瑜的计谋处处给诸葛亮识破，他因此曾经大叹一句：'既生瑜，何生亮！'这不就是答案了吗？"

他还补充说："这种语言游戏虽然取巧，却让我领悟到语言的灵活性，锻炼了我的思维。"

在学习英语上，也有一个有趣的故事。因为他喜欢看书，所以许多莎士比亚戏剧著作的中译本他都看过。在英语课堂上，老师对他常常能够用英语说出莎士比亚剧本概要，还能清晰地表述他对莎剧的理解，常常大为吃惊和称赞。高锟后来说："我其实是采用了很有效的一种外国人学英语的方法，我经过自行组织，运用文法正确的句子，有条理地把故事说出来。到我真正入学，很快就适应了学习的进度，在知识的海洋里自由畅泳。"

高锟对自然科学和文学都这样同样喜欢，而且入迷，因此弟弟高锫有一些不解，不知道哥哥将来到底想干什么。有一次他问高锟："你长大以后想做什么？是律师，还是科学家？"

"我想做一个化学家！"高锟几乎没有想就立即回答说。

高锫追问："那是为什么呢？"

高锟说："小时在上海，父母还没禁止我们做那些危险的化学实验前，我们不是做过许多实验？我发觉化学实在有趣。你可还记得，我们利用滴定法制造硫酸铜？实验后的第二天，化学液体变成了美丽的蓝色晶体。那简直是奇迹。现在学校里也有化学科，我知道得更多了。长大后，我要努力成为一名出色的化学家。"

弟弟说："我建议你把这愿望写下来，收藏在一个隐秘的地方，当有一天你成为著名的化学家，就可以把字条拿出来，证明你早'有言在先'了。"

1953 年高锟留学英国，后来高锫留学美国，他们一别就是 15 年，直到 1968 年高锟到美国加州帕萨迪纳，弟兄才再次见面。高锟那时已经在电讯公司工作，提起自己要当化学家的这件往事，两人都笑了。高锫说：

"我当然记得那一天，但你还没有实现最初的梦想呢。"

高锟回忆起这件往事时说：

我也笑了，那一刻，我们仿佛回到童年的日子，我们的笑，是那么天真幼稚。毫无疑问，我们清楚知道，我们的胸襟眼界都比往日开阔了。我也知道，学习的道路仍长。

## 圣若瑟的高材生

1948 年，高君湘处于两难之中。那时国民党军队一败涂地，眼看国民政府即将垮台，自己应该做如何打算呢？如果离开上海，他已经在这儿有十多年做律师的基础，事业很顺利，到另外一个陌生的地方再重新打开局面，其艰难是可想而知的；可是留下又会怎样呢——完全无法预料。最后在 1948 年“一个昏暗的秋日”，他带上全家四口离开了上海。高锟对离开上海的那一刻，有很深的印象：

我们登上离开上海的轮船，我清楚记得，船驶离码头时，我在甲板上遥望外滩天际，心里不知道是否还能再见同一景象。灰蒙蒙的天空令人更不好受，我们对离开熟悉的家园远赴异地，心里都像压下一块石头。

先是在台湾住了一阵子，看看有没有合适的工作机遇。可能是发现台湾并不适合自己的发展，就又迁往香港。对于定居香港，高锟认为：“这……无疑是我们一家的转折点。就父母亲而言，他们舍弃了崇高的社会地位，要重新在社会立足。就我们两兄弟而言，立即就要在完全不同的教育制度下，过全新的学校生活，适应完全用英语授课。”

到香港以后，高锟和弟弟由二舅介绍，都进入香港圣若瑟书院中学部。二舅的几个儿子也都在这所学校读书。圣若瑟书院是香港一所天主教兄弟会创办的男子学校，创校于 1875 年。在香港日治时期的 1941 至 1945 年间，书院被日本军人占用为军事临床医学训练基地。一些修士逃往越南，另一些则被监禁于集中营。幸运的是，战后书院沿袭以前的传统继续办学。

这是一所很好的学校，它的中学部现在已经在香港排名前六位左右。从这儿毕业的校友中，除了高锟以外，还有许多卓有贡献的著名人物。例如彭士禄，中国核潜艇之父，总工程师，60年代研制出中国第一艘核潜艇；施伟贤，资深大律师；夏佳理，律师，香港行政会议成员，前立法会议员；罗康瑞，瑞安集团主席；以及香港防癌会创办人何鸿超教授等。

这所学校的校训是"勤劳与美德"。校训总结了这所学院创办人圣若瑟的生活。在天主教里，圣若瑟是一位勤劳的木匠，还是耶稣的养父。这一校训表达了圣若瑟的精神。

高锟和弟弟，正如高锟所说"立即就要在完全不同的教育制度下，过全新的学校生活，适应完全用英语授课"。除了中文和中国文学课程用华语教学，其他所有课程都用英语上课；而同学们之间都用广东话交谈。但是高锟完全听不懂广东话，幸好在上海读书时英语学得很好，因此他总算可以与同学们用英语交谈。如果不是遇到一位也是从上海来的姓袁的同学，他也会和弟弟高锫一样很快学会广东话。因为他们两人可以自由地用上海话交谈，结果就没有很认真学习广东话。

虽然广东话给他造成一点点困难，但是高锟很快就适应了新的学校和香港的教育制度，"而且挺喜欢这儿的学校"。

高锟进这所学校时是4B班，接着升到第三班、第二班和第一班。在读完第二班之后，还要参加全港中学生会考，考试成绩合格就升到第一班，第一班就是可以考大学的预科班。这样在大学就只读三年级就可以大学毕业。这种分班的方法主要是想降低大学教育的成本。

这所学校的老师，很多是教会的教士，他们都受过专业训练，业务能力很强，而且非常尽职。给高锟印象最深的是化学老师。这位化学老师个头很小，讲起课来生动活泼，不仅给同学们印象很深，而且能够深深领会课程的内容。有一次他讲法国化学家勒夏特利埃（Henry Louis Le Chatelier，1850—1936）在1884年提出的一个原理"勒夏特利埃原理"。这个原理的意思是：化学平衡有一个很重要的判据性原理，即如果把一个体系（如一个化合物）原来处于平衡状态的条件加以改变，只要有可能，这个体系就会向着恢复原来平衡的方向运动；说通俗一点就是化合物里的各种元素之间在平衡时，它们之间相互施加的作用力将减至最小。

1950 年圣若瑟书院 4B 班同学合影(第三排右一为高锟)

在讲解这个原理时为了让学生易于理解,这位化学老师就让一群学生上讲台使劲推他,因为老师个头小,最后当然就把他推到讲台的一角。但是直接推他的最多也只有靠近他的两三位同学,而这两三位同学又被别的同学所推动。做完这个“游戏”后,化学老师说:“这种紧密结构,又称之为‘几何规律晶体结构’。”

高锟后来说:“老师以生动有趣的示范,在我的脑海中深深印上了晶体结构的形状。我得感谢他打开我们的心扉,让我们以这么简单的方法,认识一些复杂的概念。”

第二班学习结束参加会考时,高锟的成绩在全港前十名之中,因此他顺利升到预科班。高锟对于预科班有很高的评价,认为这是非常好的一种教育制度。预科班的学生除了要学习一些将来大学所需要的比较深奥的知识以外,还有一个重要的任务是成为老师的助手,委派为照顾低年级同学的“学长”,有时还帮助老师批改测试卷子。高锟认为这种帮助老师的制度实在很有价值:“这一方面可减轻老师的教学负担,另一方面又让我们懂得认真尽职地执行任务。”“当时我没有想过这责任的重要意义,回想起来,才醒觉这类活动有助于培育我们成为富有责任感的成年人,为将来进入社会做好准备。学校的确把我们当做成年人看待,我们也很重视和喜爱自己的这一角色。”

高锟还觉得预科班的学习方法,使他终生受益。因为在预科班里强调的是自我学习,而不像以前那样老师讲,学生听,记住老师讲的内容。预科班是老师引导学生，学生通过在图书馆寻找参考资料，或者与老师讨论的方法获得知识。

预科班的学习顺利结束后，高锟决定选择电机工程作为自己大学学习的方向。他说“虽然我对化学很入迷，但我还是想做个电机工程师”。至于为什么有这个选择，他自己“其实也不大清楚”。

但是那年香港大学电机工程系不招生，于是他选择了英国伦敦大学的沃尔维奇理工学院(Woolwich Polytechnic)。

1953年夏天，高锟与一同留学英国的同学们，乘“广州号”海轮离开从小没有离开过的家，一人来到伦敦。这年他20岁。

## 留学伦敦

在决定留学英国后，高锟把这件事告诉留在大陆的祖父。祖父得知后非常高兴，写了一首诗《赐锟孙出国留学英伦》送给孙子：

海漫漫兮天空，破巨浪兮乘长风。
男儿兮作健，前途兮无穷。
矧推及根本兮，冀他日勉臻夫大同。
我言固不能尽兮，还望尔学之发奋而为雄。

这几句诗说明高锟的远大壮志中有祖父的嘱托，有江南名儒的期许。后来高锟成就大大超出祖父的想象。高吹万先生如果在天有灵，一定大喜过望。

在《赐锟孙出国留学英伦》这首诗的前面还写有一个序：

尔初离父母便涉重洋，壮志可嘉，青年足畏。惟方今之时，正波骇涛狂之日，幸所适之国非洪水猛兽之邦，尔祖虽顽，亦为欣慰。尔欲获我一言以壮行色，但趋附流俗之语，非尔祖所能知也，姑将读书积感所得，声之以辞，俾时时玩诵焉，当历久而味愈出耳。

序里说“尔欲获我一言以壮行色”，说明这首诗是因为高锟请求祖父赠言而写。这首诗写于1953年，大陆完成土地改革后，继续发动“三反、五反”，因此祖父告诉孙子高锟：“惟方今之时，正波骇涛狂之日。”这似乎说明高万吹在当时一波又一波的政治风浪中很是狼狈。早在1950年，他就移居报馆的小阁楼上，弄得卷铺盖寄人篱下，度日如年。当年高万吹写有《移居卷窝》一诗以纪其事：“行灶煨来烟满室，积薪扫去屑铺楼，短床矮几真堪绘，冷炙残羹惜不投。”不过这些详细情形，高锟并不十分清楚。祖父“以壮行色”的诗，肯定给了他极大的的鼓励，“学之发奋而为雄”，雄心满满。

在海轮上高锟开始晕船，后来他居然总结出一套办法，使他免于晕船之苦。除了参与船上的一些活动，他还向同一客舱里的一位周博士请教。周博士是香港联合书院的老师，他见高锟热情好学，就利用乘船期间给高锟介绍张量分析。张量是一个数学的概念，在力学里它具有十分重要的价值，例如刚体的转动惯量就是一个张量，它的表达就是一个矩阵。这些重要的数学概念在中学没有学过，所以高锟学得非常认真和有兴趣。正是这种热爱知识的精神，使得他后来大有作为。

在一个阴沉的早上，海轮到达伦敦港，然后还要乘火车到伦敦的维多利亚车站。此后十年，高锟将在这儿学习和创业。开始，高锟感到一阵孤独感沉沉地压在自己身上。他曾经写道：

> 在伦敦的头几天，我有沉重的孤独感。在这个有上百万人口的大都会中，我只是渺小的一分子。我乘坐一个多小时公共汽车，由伦敦中部来到和域治区，再到普隆斯达区的窝达士利路。幸好英国文化协会已安排另行运送我的大件行李，我只是带着一个小小的行囊上路。……我带着行囊和一颗孤独的心，步向一间看来同样孤独空洞的住宅。

一个人离开从小没有离开过的温暖的家，来到一个几乎不认识任何人的城市，而且是外国的城市，总不免会有这种孤寂感的。但是这种孤寂感很快就消失了。高锟很快全身心地投入学习之中，即使在从住家乘车到学校短短的五分钟时间里，高锟都不让自己闲着。他有一个很妙的方法打发这短短的五分钟。因为每一次上车，他的车票上都有由四个数字的车票号码，例如

7873。看到这个号码以后，高锟的任务就是要决定这个数是不是质数，因此他需要立即用 2，3，5，7，11，13，17……这些质因数来除 7873。如果在五分钟里能够确定某个号码是质数，那就是胜利。但是像 7873 这样大的数字，在车上的五分钟是算不出来的。他后来试了一下，需要 15 分钟才能够确定 7873 是一个质数。有这样一些业余的乐趣，高锟当然是不会寂寞的。

开始他在一家出租屋只住一间很小的房间，他觉得不大舒服，但是不久一位房客退房，房主这时也很喜欢这个文静的学生，因此把这间空出来的较大的房子租给了高锟，这让高锟十分高兴，因为室内可以放一张比较大的书桌，这样就可以在桌子上放下他做工程设计所需要的大绘图板。

这是他第一次独立生活，因此可以独立自主地做出一些决定。他很高兴能够这样。每一个刚刚离开家庭的孩子在这时，想必都会感到一种莫名的冲动和愉悦感。也正因为是第一次可以独立地作出决定，就不免会做出并不正确的决定。高锟就做过一次很不合宜的决定。有一天，一位推销员向他推销一套 24 卷本的《大英百科全书》，他没有仔细算好账，只想到有一套什么知识都有的《全书》多么美妙！于是匆匆决定买下来，结果他根本付不起分期付款的钱。没有办法，只有再向父亲说明自己的鲁莽，请父亲帮忙付这笔钱。吃一堑长一智，此后高锟就再也不在冲动之下急忙作出决定。

读大学时，高锟与同学在野外露营。

有一个独自的决定他后来很满意。为了减少父亲的困难，他买了一些必要的设备干起了相片冲洗业务。虽然这个业务的收入不多,但是正如他后来自己所说:“我简陋的冲洗间,见证了我真正独立的第一步,我不但解决了一些财政困难,还让我在工程技术上派上了用场。”

他后来还获得一个意外的收获——成为伦敦大学同学会在议会大楼活动的“官方摄影师”!

一年后预科学习结束,这时高锟本来可以在伦敦大学的众多学院中,选择一个比沃尔维奇学院更著名的学院,例如大学学院、国王学院、帝国学院等等,但是高锟却仍然选择继续留在沃尔维奇学院学习。高锟的想法是:“在(沃尔维奇)理工学院,我和教师的关系更为密切,与他们有更多的直接交往,获益良多。”

他后来从没有后悔错失进入“名校”的机会。

1957年,高锟结束大学学业的学习,顺利毕业。毕业典礼在皇家阿尔伯特厅举行,身为伦敦大学校监的伊丽莎白王太后亲自主持,数以千计的毕业生一个一个都要在太后面前举帽致敬,然后接受毕业证书。整个过程中年已57岁的王太后一直保持和颜悦色、满面笑容、彬彬有礼,完全没有一点倦意或者懈怠。

高锟后来主持香港中文大学同样的仪式的时候,才深深知道当年王太后能够坚持完成整个仪式,“是如何难能可贵”。

## 国际电话电报公司

1957年高锟获得工程学士学位。毕业后,高锟到标准电话与电报公司工作,这家公司是美国国际电话电报公司(International Telephone and Telegraph Corporation,ITT)在英国的一家子公司。1960年,他被调到这家公司附属的标准电信实验室(Standard Telecommunication Laboratory, STL)工作,在这儿他一直工作到1970年。

20世纪是科学技术迅猛发展的时代,由于电子技术的崛起和发展,人类迅速由工业社会进入到信息社会,电子信息技术为人类打造了一个又一个人间奇迹。但是随着社会的迅猛发展,人类对于信息量的需要越来越大,不仅仅需要转送更多的信息,而且还需要传递的速度更快、质量更好。这时作为传递的载体“电子”开始力不从心,远远不能满足人类对传递速度和容量的需要。于是科学家开始把目光转向另一个信息的载体——光波。

从理论上来讲,光波的频率比起无线电波的频率高出上千倍。这意味着如果用光波作为传播信息的载体,那传播的速率和传输的容量将会提高上千万倍。这是多么诱人的前景!但是每一个中学生都知道:光是直线转播的,因此科学家长期以来都在研究如何设法限制或者控制光的传播路径。例如英国皇家研究院院长廷铎尔(John Tyndall,1820—1893)在1870年就做了一个简单的实验,观察光在水柱里如何传播。他利用一个下面有出口的水桶,当水从出口流出时,形成一个细细的水柱,他把光从茶桶上面照到里面出口处,然后在外面观察光波在流出的水柱里如何传播。他发现光波在水柱里按照一定的路径折射若干次以后,逐渐泄漏到水柱外。这也许是科学家第一次把光限制在一个载体内部传播的实验。

但是科学家长期以来,没有办法做到把光波限制在一定的容器里并且传播。虽然在1930年代,医学界就发明了光纤照明的技术,用于胃部成像、诊断和牙科手术的照明,但这种技术里使用的玻璃光纤对长距离通信技术,没有什么用处。因此在1960年代以前,通信技术仍然是无线电一统天下,很少有人对光通信抱有幻想。

但是到了激光技术在1959年发现以后,由于激光能够发射高强度和高聚焦的光源,因此可以把它泵入很细的光纤;再加上这种光源十分稳定,这就为科学家实现光通信技术的突破带来无限的生机。光通信技术的研究也由此进入工作日程。

正是在这时期发生一件事情,高锟差一点离开STL。虽说光通信技术已经开始引起科学界的关注,但是一时还不能明显看出它的前景。而这时高锟"相信(自己)已经完全了解当时已有的技术,因此是转变一下工作的环境的时候了"。正好这时有一家学院需要聘请一位讲师,于是高锟就向这家学院提出申请。那时他已经结婚,但还没有子女,所以对调换工作没有多大的顾虑。他和妻子到这家学院去参观了一下,觉得那儿优雅的环境十分适意,就交了25镑订金,答应一个月以后到任。这大约是1960年年初吧。

高锟回来后就给公司交上了辞职信。本来高锟觉得公司会很容易就批准他的辞职,但是他没有想到他的辞职居然引起了公司上层的注意。上司找他谈话,说公司不希望他离开,而且STL的总监还非常认真地对他说:"你应该做的事是研究，而不是学术工作。”

总监还答应高锟加入位于伦敦郊区夏洛（Harlow）实验所的光通信研究计划，还特别告诉高锟，这项计划由著名的科学家里夫斯（Alec Reeves，1902—1971）主持。

高锟觉得有一些为难，他已经给那所学院交了订金，答应立即上任。好在公司决定挽留高锟，总监一定觉得高锟是一位不可多得的干才，所以告诉高锟，与那家学院的一切事务，由公司的律师代为办理，高锟本人完全不用操心。结果高锟留在了位于夏洛的STL。也许可以说这一次挽留，一方面可以看出公司认准高锟的才干，另一方面也是高锟的造化，使他后来成就一项伟大的研究，并成为“光纤通信之父”。

到了STL后不久，他提出自己希望一边工作一边攻读博士学位。公司同意他的建议，于是他成为伦敦大学大学学院巴洛教授（Prof. Barlow）的研究生，他研究的题目是“类光学波导”（Quasi-Optical Waveguides），研究的方向是试图深入了解在封闭和开放式的波导系统中，微波和光波在通信中的功用。

1965年，高锟获得伦敦大学哲学博士学位。

## 磨难多的幸福婚姻

在标准电话与电报公司工作的头三年里，高锟不仅开始了真正的独立生活，而且在这期间他收获了爱情，获得美满的婚姻。在他写的《潮平海阔——高锟自述》一书里，开卷第一章写的就是他的美满婚姻——“邂逅”，由此可以想见高锟是多么珍视他的婚姻。但是，人们也许想不到的是在20世纪50年代的英国，他的求婚居然遭到他后来的岳母无理、坚决和无情的拒绝。幸亏他的女友完全相信自己的选择没有错，于是这两个年轻人采取了意料不到的行动——私奔！在1950年代的英国，居然会发生中国民间一直被人们喜闻乐见的私奔剧，真是惊人的奇事。

这里有一个动人的故事。

高锟进入标准电话与电报公司工作以后发现，同事们几乎全是白种人。有一天高锟意外地发现公司有一位唯一的女士——黄美芸，而且还是华人！这让他万分惊喜，很想立即认识她，但又十分犹豫。他心里先是想：“如果是来自同一个地方的人，不打个招呼，似乎不大礼貌吧。”

但是又一想：“我连周围同事还没有逐一认识，便走去向公司里唯一的女性献殷勤，会不会让人误会呢？”

犹豫几天之后，有一天他终于鼓起勇气走到黄美芸面前自我介绍说：“您好。我是高锟，是这里的见习工程师，几天前新来的。”

黄美芸好奇地看了一眼高锟：“您好，是香港来的吗？”

“对，来了也有四年了，刚毕业。您是工程师吗？”

1958 年高锟与黄美芸相识不久，在一次郊游时合影。

黄美芸笑着说：“是的。我们线圈设计组还有一位工程师。也许男人总以为女人只会做些编呀织呀，缠缠绕绕之类的事情。”

这是他们第一次谈话。在自述中高锟说：“冰山破开了，我们相遇了。”

接着，他们在一段时间相互接触后很快就进入了恋爱程序。但是，让高锟没有想到的是他和黄美芸的恋爱，受到黄美芸母亲毫无道理和坚决无情的阻止。在他们两人的感情日渐增加的时候，黄美芸曾经颇带伤感地对高锟说：“我对我们能否顺利走在一起没有太大的信心。”

高锟开始并没有十分重视黄美芸的担忧，认为只要两人愿意，难道这世上还有什么力量能够阻止他们的结合吗？他根本没有想到她的担心真的会成为无情的事实。

原来她的母亲虽然在英国居住多年，但是思想仍然保持中国古老而封建的那一套，坚持认为女儿的哥哥在没有结婚之前，妹妹是绝对不能够先结婚的。可是她的哥哥对自己的婚姻又一点都不着急，而黄美芸似乎又不愿意让母亲生气，更不愿意违背母亲的意愿在哥哥结婚之前完婚。

后来高锟炙热的爱情让黄美芸十分感动，有一天她对高锟说："如果我哥哥的婚姻没法解决，我就要面对母亲的反对。你会像白马王子那样，救我出险境吗？"

这可是天大的好消息！高锟当然极力保证自己一定会是一个勇敢的白马王子。同时他又觉得黄美芸想得太多，把她的妈妈想得那么不通事理。他怀疑地问："情况真的如此险恶吗？你也知道，你母亲以前还借自行车给我呢。我想她至少应该听听我们俩怎么说，我们甚至可以给你哥哥介绍一位女孩，这样，事情就会变得更加顺利。"

美芸说："我知道你一定会这样想，但是我的母亲不是你想象的那么仁慈，她会把我关起来，把你一脚踢出大门。"

美芸终于让高锟相信：他们必须作最坏的打算，并且同意实在没有办法就坚决私奔。

事情果然如美芸所料。在那决定他们命运的那一个晚上，高锟向美芸的母亲提出婚事，他开门见山，直截了当地说："我来请求您，允许我和美芸结婚……"

美芸的母亲脸色立即沉下来，还没有等他把话说完就声嘶力竭地喊叫："你竟敢抢走我的女儿，立即给我滚！要不然我就把你踢出去。你不要再来找我的女儿，以后永远都不行！"

高锟怎么也没有想到会出现这样一种尴尬的局面，他简直无法相信自己的耳朵，不能理解美芸的妈妈怎么会在一刹那间就变成一个如此可怕的女魔，那样子几乎是张牙舞爪地要扑来揍他。短暂的沉默增加了屋内的紧张气氛，这时一向文静的美芸鼓起勇气冷静地对母亲说："看来你不会同意我和锟的婚事，但是我决定要跟他一起走。"

"走吧，走吧！我再也不想见到你们这两个人了！"

美芸把钥匙从衣袋里拿出来，"砰"的一声抛到地上，就和高锟迈出了家门。

在"私奔"后不久，他们在1959年9月19日结下了美好的姻缘。近50年后高锟在回忆中还不忘他们美满的婚姻：

我们婚后第二天，便出发到西班牙度蜜月。……我现在仍然记得，我们是怎样珍惜旅途上的每一刻。在火车轻缓的晃荡中，我安然躲进睡乡。我们偶而互相对望，为能两相厮守而感到稳靠，又恍惚如梦。最后，我们抵达目的地，那是一家简朴的私人小旅舍，古色古香而又给人宾至如归的感觉。我们的房间在一楼，由门廊上去要爬两段楼梯。我要美芸先等我一阵子，让我把行李箱拿上去，顺道看一看房子。其实，我是要暗中盘算一下把美芸抱上房间是否可行。英伟的男子汉抱着他美丽的新娘子迈向美满幸福的婚姻，如此浪漫的电影场景一直在我脑中盘旋。我和美芸攀上第一段梯级后，便出其不意一把将她抱起，踉跄地冲进房门，差点没把她弄个人仰马翻。

谁说科学家只知道科学研究而没有儿女情长？高锟的这段文字，简直是最美妙、最动人的小说！有几个文学家能够写出如此动人的文字？

## 开辟新的世界

莎士比亚在他的名剧《裘力斯·恺撒》里有一句名言："世事的起伏本来就是波浪式的，人们要是能够趁着高潮一直往前，一定可以功成名就；要是不能把握时机，就要终生蹭蹬，一事无成。"

高锟对莎士比亚这句话解读是：

这是莎士比亚……的名句，在中学里读莎剧时，我一直牢牢的记住。这段话的意思很明显，就是："掌握时机是成就事业的关键。"从另一方面说，要等到各种时机成熟，新的机会才会水到渠成。我在电信事业冒起之际投身这个行业，社会上对传送大量信息，甚至活动影像的需求日渐迫切，这就是推动我向前发展的波浪。

1960年，高锟调到标准通信实验室工作之时，世界各地的通信研究机构都已经充分注意到，公众对改善通信设施有很强烈的要求。高锟所在的实验室的目标，正好是研究提高当时通信设备的功能，重点是发展毫米微波传送通信线系统。自小就喜欢自制收音机的高锟，在这种形势下当然会觉得得其所哉，全心投入研发新一代的通信设备。

到了标准通信实验室以后不久，高锟就提出了一个“异想天开”的新设想。当时学术界的信息传送研究都是以微波为传送载体，但是高锟在 1960 年进入这个实验室以后，就开始探寻如何用光波来传送信息。他认为，用光波传送的信息量可以比微波的传送量增加一万倍。他还指出，用光传送信息不是将光由 A 点射到 B 点就完事了，关键是要找到一种导体，以保证和保持光从 A 点到 B 点时不会受到任何阻碍。这个设想的关键是有没有足够透明的导体，来完成传送光波的任务。所以他的首要任务就是找到适合传送光波的导体。在此后六年的研究中，高锟发现“石英基玻璃纤维”就是适用于传送光波用的导体（简称光纤——optical fiber）。

1966 年 7 月，高锟在《英国电子工程师学会学报》上发表了他的文章：《介电波导管的光波传送》。在这篇划时代的文章里，他开创性地提出光导纤维在通信上应用的基本原理，描述了长程及高信息量光通信所需要的绝缘性纤维的结构和材料特性。简单地说，光在光纤中的传输损耗主要来源于材料中的杂质，而不是纤维结构的不完善。玻璃必须加以提纯，高纯度的石英光纤传输损耗可以降到很低，并具体计算出光在这种光纤中的传输距离可达 100 公里以上。他认为制造一种前所未有的透明玻璃是可以实现的，虽然当时还不清楚具体应该怎样做。

1966 年高锟在 STL 实验室工作时的留影

这一设想提出来之后，科学界立即有两种截然不同的看法。有人称之为“匪夷所思”，异想天开，根本不可能实现；但是也有人对他的设想构思大加褒扬，也分享了高锟对纤维光学前景的理念和信心。

就在科学界还在为高锟论文的可行性发生争论期间，英国邮政部有一位总裁高屋建瓴，相信高锟的设想有可能实现，并立即拨给他经费，这才使得高锟得以在困境中把实验研究进行下去。有了钱只是一个基础，要真正实现理论中的计算和预言，那还不知道要经历多少艰难风险。在这段研究期间，高锟可以说是日思夜想、殚精竭虑。正如他自己所说：

> 对我的研究计划，我无时无刻不记挂于心，深信新的发现将对业界产生深远的影响。即使晚上离开实验所回到家里，怎样提高玻璃的透明度，用什么方法进行实验，如何运用复杂的数学运算证明我的理论，始终萦绕脑际，不论醒着还是在睡梦中，种种问题仍挥之不去。很多时，午夜梦回，新的想法一闪现，我就霍然而起，迫不及待要告诉睡得昏昏沉沉的美芸。
>
> 她会在朦胧中说：“趁你还记得，你就把它们写下来吧。”
>
> 美芸在大学时接触过有关的物理理论，理所当然成为我第一个倾诉对象。跟她解说，有助我理清思路，并运用不那么技术性的方法解释我的意念。有时她会指出一两个关键的问题，是我从未想过的。当时她正在电脑部门，负责编写软件程式，解决我交给她的数学方程式。

此后在争论以及实验不断地改进中，高锟的设想逐步变成现实：利用石英玻璃制成的光纤应用越来越广泛，全世界掀起了一场光纤通信的革命。1970 年，美国康宁公司成功地研制出光纤（有趣的是，130 年前，这个公司正好是爱迪生发明电灯泡的地方），1972 年这家公司研制出第一条一公里长的光纤；1982 年光纤的第一个商业系统在英国和美国正式运行；再过 10 年，到 1992 年，光纤有了大规模的生产和世界性的应用，为人类“咨询时代”打开了大门，成为今日网络社会基础的科学成就。

从此，文字、音乐、照片和录像，不足一秒就可以传遍全球。高锟也因此被称为“光纤通信之父”(Father of Fiber Optic Communications)。

## 出任中文大学校长

曾经出任香港中文大学校长的金耀基先生说过:“光纤的发明是高锟教授在科学上的贡献,他的另一个贡献则在高等教育。其教育事业源自与香港中文大学的结缘。”

1987年到1996年,高锟曾经在香港中文大学出任校长之职达九年。在这之前的1970年到1974年,他还应当时中文大学校长李卓敏博士的聘请,在这所大学出任理学院电子学系的研究教授(reader)和系主任,并成为中文大学首任电子学系讲座教授。中大教职卸任后,从1974年到1987年,到美国就任ITT总部首席科学家;1982年,他因卓越的研究与管理才能而被ITT公司任命为首位“ITT执行科学家”,主要在康尼狄克州的先进技术中心工作;1985年在德国的信号工程实验室(Signal Engineering Laboratories, SEL)的研究中心工作。与此同时,他也担任耶鲁大学特朗布尔学院(Trumbull College)兼职教授及研究员。

1987年,高锟接受香港中文大学聘请他为第三任校长的职务。香港中文大学成立于1963年,它是以一大批中国著名学者和一批工商业界有志之士经过十多年的奋斗,在原有的崇基学院、联合书院和新亚书院三所大专院校的基础上,联合组成香港中文大学。这是香港第一所非殖民地大学。在此之前,香港只有一所大学——香港大学,这是一所标准的殖民地大学,基本宗旨是为香港培养政府官员,因而不重视科学研究。

中文大学在成立之初,就决心打破香港大学一贯的办学模式,办成一所研究型的综合大学。首任校长李卓敏教授以“结合传统与现代,融会中国与西方”为创校的使命,一方面强调中文大学以中文教学,另一方面则坚持大学不能没有科学研究。中文大学的校训是“博文约礼”,这四个字来自《论语》:“博我以文,约我以礼。”由校训的这四个字就可以看出中文大学的办学宗旨和所承担的使命。

1987年10月15日,高锟在中文大学邵逸夫堂,正式就任校长之职。在任校长之职期间,他为中文大学罗致了大批人才,使中大的学术结构和知识结构更加合理。在与内地科技界的交流合作中,他主张“一步一步把双方的联系实际化”。他的贡献就不在这儿多写，下一节还有中大校长刘遵义的评价。下面要讲的是人们一直颇有争议的一件事：如何对待学生的诉求。

1987 年 10 月 15 日在中文大学邵逸夫堂，高锟（前左）就任香港中文大学校长。

1993 年 3 月 11 日是香港中文大学的一个喜庆日——中文大学校庆开放日。这一天上午，在百万大道上举行开放日开幕典礼，迎接各方来宾和家长，请他们到学校参观指导。在开幕典礼上，高锟校长正准备致辞时，意外的事情发生了：几个手持横幅标语的同学们突然向主席台冲过来，高呼口号：“反对开放日！”“反对掩饰中大衰相！”还有一些支持者一拥而上向主席台冲来，有一些则和维持秩序的警察拉扯着。高锟本想继续讲话，但是有一个学生突然冲到高锟校长面前，一把抢过校长的麦克风，然后面向宾客、家长和同学高呼反对开放日的口号。还有一些学生把抗议书写在吹胀了的避孕套上，分发给在场的人士。

由于这件事突然发生，事先根本没有人预料到，所以混乱场面让在场的人士万分惊讶。校方举办开放日的目的本意是让市民了解大学，但是学生认为校方在粉饰太平、掩饰中大的衰败趋势。反对的学生认为：必须质疑中大学生的形象和失落的理想，戳破幻象，揭露校政的疏失。

对这样突如其来的混乱，高锟从来没有遇到过，因此一时间不免有一点错愕，麦克风被抢走后，他就站在一边。但是他没有生气，没有破口大骂，只是由学校辅导处的职员护送离开。

事后高锟对学生的行为的反应，特别引人注意。他在记者招待会上说，应该尊重学生的言论自由，还表示不会追究抗议的学生。

有人问:“校方会惩罚抗议的学生吗?”

高锟反问:“为什么要惩罚学生?”

第二天,香港各种报纸除了大张旗鼓地报道这次事件以外,还特地报道了高锟校长对记者的讲话。但是,校方还有不少高层管理人员不同意高锟校长的意见,强烈要求以纪律严厉处分学生,不能就这样纵容学生。他们坚持,教育不单是教知识,更是教育学生如何做人。捣乱喜庆典礼,侮辱校长,对学生家长和宾客缺乏尊重,这些都绝不是做人应该有的态度。这些意见似乎言之凿凿,很有道理。

但是校长高锟一直力排众议,认为学生这样做表达了他们的想法,而校方也由此知道他们在争取什么,因此对惩罚学生的意见坚决拒绝。他建议以后与学生多多交流,让学生参加大学管理层的会议,主动出席学生的质询会议,主张校方与学生一定要和谐相处。这样的处理开始不是很顺利,但是后来的效果证实高锟是非常正确的。

当时抢麦克风的学生叫谭惠鹏,多年以后他解释说,当年抢麦克风是“突发加冲动”。他不同意一些教授和大学高层管理人员批评高锟校长“软弱无能”,他认为“校长是包容,不是软弱;强硬派才会说软弱”。

他还说:“我一直尊重校长,现在这种感觉更加强烈。”

## 迟到的诺贝尔奖

2009年10月6日,当香港中文大学师生得知他们的老校长高锟教授获得诺贝尔物理学奖的时候,他们在大学里“高锟楼”的一侧,挂上了大幅庆贺的横幅。中文大学校长刘遵义为庆贺高锟获得诺贝尔物理学奖发表公开信:

> 各位同事、各位同学、各位校友:
>
> 今天,瑞典皇家科学院宣布将本年度诺贝尔物理学奖颁授给我们敬爱的前校长高锟教授,以表彰他对光通信理论的划时代贡献。高教授获颁诺贝尔奖是实至名归。这是香港中文大学、全香港、全国,以至所有华人的天大喜讯!我谨代表香港中文大学全体师生校友,向高锟教授申致最诚挚的贺忱,并衷心感谢高教授为中大带来崇高的荣耀!

香港中文大学科学馆北座命名为“高锟楼”。在得知高锟获得诺贝尔奖以后，在高锟楼的一侧，挂上了大幅庆贺高锟教授获得诺贝尔奖的标语。

高锟教授是研究光导纤维通信的先驱，素有“光纤之父”的令誉。他于1966年首度提出光导纤维在通信上应用的基本原理，同时开发了实现光通信所需的辅助系统，促成互联网的出现。现代人日常运用的高速网络通信，正是高教授对科技的伟大贡献。

高教授对中大贡献卓越，与中大结缘近四十载，高教授早于1970年本校初设电子学系之时，已受聘为该系教授，并任系主任职。他在任四年间，锐意发展电子学课程，更成为本校首位电子学讲座教授。

高锟教授于1987年至1996年出任中文大学校长，领导校务发展，取得长足进步，其间中大实施灵活的学分制，全面检讨本科课程，成立工程、教育两学院，致力改善教学质素；创设多个研究所，促进跨学科研究；提升校园主干网络，连接世界各地系统；与国际学术重镇保持密切联系，加强与本地工商界合作。中大今天得以成为区内以至国际上教研俱佳的学府，高教授厥功尤伟。

中大于1985年颁授荣誉理学博士衔予高锟教授，以表扬他在科研成就及促进高等教育的卓绩。高教授卸任校长一职之后，一直担任中大工程学荣誉讲座教授至今。中大将科学馆北座命名为“高锟楼”，并设立“高锟基金”，以发展学术研究，促进国际联系及学生活动。高教授对中大感情深厚，今年更把他所有共17项的奖牌慨赠予中文大学。

我跟所有中大人一样，深以高教授的辉煌成就为荣。谨此再次向高教授伉俪及其家人致以衷心的祝贺！

刘遵义谨启

2009年10月6日

武汉市《楚天都市报》记者在得知高锟获得诺贝尔物理学奖后，立即通过电话采访武汉邮科院原副院长、中国工程院院士赵梓森教授。赵梓森教授对记者说："1966年，高先生在英国发表论文，提出光纤通信理论，1970年，美国人拉出了世界上第一根光纤。我在杂志上偶然看到了这一消息，就认定了光纤通信可行，就拼了命去做。"

高锟提出光纤通信理论后的第13年，赵梓森在武汉邮科院的一间实验室里，完全依靠自主技术拉出了中国第一根光纤。谈到高锟获诺贝尔奖的意义，赵梓森评价："他改变了人类通讯史。"

高锟获得诺贝尔奖，中文大学师生的欢庆自然可以想象得到，但是知道高锟教授健康内情的人，都不免叹息说："要是早几年获这个奖该多好！"

2009年12月10日，高锟接受诺贝尔奖

为什么这么说呢？原来在2004年初，高锟的朋友们在一次搓麻将时，发现他的反应开始变得十分迟钝，就建议他到医院检查一下。这一查让黄美芸和朋友们大吃一惊：高锟患上了老年痴呆症！这以后，由于小脑的进一步萎缩，高锟的记忆和说话能力颇受影响。黄美芸在接受采访的时候伤心地说："这个病将他改变，以前那个人已经走了，不再在这里，哭也哭过一段日子，现在习惯了，知道这个人不再是以前那个人。"

黄美芸说，在获悉高锟获奖的消息后说，她的感觉"就像做梦"。在家中接受旧金山华语电视台访问时，黄美芸温柔地问他：“你知不知道你是光纤之父？而且获得诺贝尔奖了。”

高锟一脸茫然，只是重复道：“光纤……光纤之父。”

看来他已忘了自己心爱的尖端科学。

黄美芸和高锟育有一子一女，如今都在美国硅谷生活和工作。在得知父亲获得诺贝尔物理学奖的时候，他们特地赶回父母家中，面对记者们的祝贺，他们指着正为父亲按摩的母亲说：“其实，这个诺贝尔物理学奖不完全是父亲一个人的，它有一半属于母亲，没有母亲的支持与鼓励，父亲也很难取得这样的成就。”

采访的记者问高锟，妻子尽心照顾他，是否很爱她？高锟说了两次：“是，她很好的。”

回应言简意赅，尽显深情。

人们最担心的是他无法参加诺贝尔奖的授奖典礼，但黄美芸很有信心地说：“高锟一定会去瑞典领奖，毕竟这是极难得的荣誉。”

黄美芸的预计没有错，高锟的健康状况允许他出席诺贝尔奖的颁奖晚会。瑞典国王知道高锟教授的病情，所以在颁发奖章和奖金时，他没有让高锟像别的获奖者那样走到舞台中央一个大圆圈里的 N 字那里，而是特意向高锟走过去，把奖章、证书和奖金支票送到他的手上。这在照片上可以看得很清楚。

现在高锟夫妇定居美国加州旧金山附近的山景城，过着平淡和规律的生活。如今到了晚年，高锟的老人痴呆症加深，黄美芸要 24 小时贴身照顾。

“光纤之父”忘了光纤、顶尖科学家变得像小孩子那样单纯，让许多人唏嘘不已，但高锟的中学同学李文彬却认为：“精明还是痴呆已不重要。他的脑袋已完成造福世人的任务。”

他认为是上天为高锟安排了一个快乐的晚年——要高锟不用烦恼。

# 中国本土科学家第一次获得诺贝尔奖
## ——屠呦呦

我是搞研究的，只想老老实实做学问，把自己的事情做好，把自己的课题做好，没有心思想别的。我这把年纪了……从来没想去获奖。青蒿素的研究，其实不是我一个人的功劳，是我们团队的成果。

我第一次成功地用沸点较低的乙醚制取青蒿提取物……是在经历了第 190 次失败之后才出现的。

屠呦呦

2015 年 10 月 5 日，诺贝尔生理学或医学奖评委会宣布获奖者名单，2015 年诺贝尔生理学或医学奖授予中国科学家屠呦呦、爱尔兰裔科学家威廉·坎贝尔和日本科学家大村智。

瑞典卡罗琳医学院于 2015 年 10 月 5 日北京时间 17 点 30 分，在斯德哥尔摩“诺贝尔大厅”，由诺贝尔生理学或医学奖评选委员会秘书乌尔班·伦达尔宣布：2015 年诺贝尔生理学或医学奖授予中国科学家屠呦呦、爱尔兰裔科学家威廉·坎贝尔和日本科学家大村智，以表彰他们在药物治疗疟疾、盘尾丝虫病和淋巴丝虫病方面所做出的杰出贡献。

这是中国科学家首次在中国本土进行的科学研究而获得的诺贝尔科学奖，是中国医学界迄今为止获得的最高奖项，也是中医药成果获得的最高奖项。诺贝尔生理学或医学奖评选委员会主席齐拉特对记者说：

“中国女科学家屠呦呦从中药中分离出青蒿素应用于疟疾治疗，这表明中国传统的中草药也能给科学家带来新的启发。”

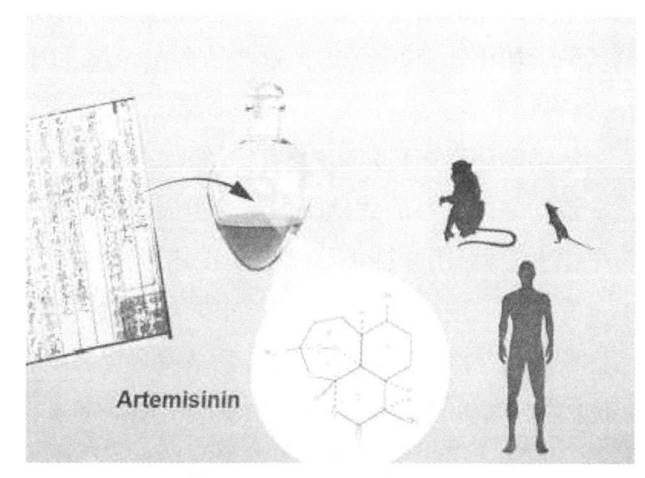


10月5日，在瑞典首都斯德哥尔摩，卡罗琳医学院“诺贝尔大厅”的大屏幕显示中国女科学家屠呦呦的科研成果。图中Artemisinin是“蒿素”的意思。

齐拉特还表示：经过现代技术的提纯和与现代医学相结合，中草药在疾病治疗方面所取得的成就“很了不起”。屠呦呦是诺贝尔医学奖的第十二位女性得主。评委们介绍了获奖科学家的贡献：屠呦呦发现了青蒿素——一种可以显著降低疟疾患者死亡率的药物。在上世纪60年代末，常用治疗疟疾的药物——通氯喹或奎宁已经失效，但疟疾患者却在持续增加。那时，中国的屠呦呦将目光转向了传统中草药学，并发现了植物青蒿中的提取物有疗效。屠呦呦翻阅古代典籍，找到提取的办法，并将该物质命名为青蒿素。青蒿素代表了一种新型的抗疟载体，能够在疟疾寄生虫发展的早期就迅速杀死它们，因此在治疗严重疟疾方面产生了前所未有的疗效。

诺贝尔生理学或医学奖评委之一让·安德森在接受人民日报记者专访时表示了祝贺：“恭喜屠呦呦，恭喜中国！这是诺贝尔医学奖历史上首次奖励寄生虫疾病的治疗领域。因为这3位科学家的贡献，千百万人得到了对症治疗的药物，这具有里程碑式的意义。”

安德森还说：“因疟疾死亡的人每年可以达到两亿人，屠呦呦以惊人的毅力发现青蒿素,是第一个证实青蒿素可以在动物体和人体内有效抵抗疟疾的科学家。青蒿素可以将受疟疾感染的死亡率下降20%,她的研发对人类的生命健康贡献突出。她的研究跟所有其他科研成果都不同,为科研人员打开了一扇崭新的窗户。……中医关于中草药有着丰富的知识,而西方科学家可以从分子生物学的角度对中草药进行分析提炼。屠呦呦既有中医学知识,也了解药理学和化学,她完美地把这些结合在一起。因此东西方医学研究携手合作,会得到丰硕成果。"

屠呦呦获得诺贝尔奖的消息一经公布,中国各大新闻报纸和网站立即被这一惊动中国人心的消息所占满。当天《人民日报》立即发表文章:《从中医药里挖掘宝藏,用一株小草改变世界,屠呦呦打开一扇崭新的窗户》。

文章里写道:"青蒿素是传统中医药送给世界人民的礼物。"

中国科学院院长白春礼在致屠呦呦的贺信中说:"您的获奖,是中国科学界的骄傲,我相信,这必将激励更多的中国科学家不断攀登世界科学高峰,为人类文明和人民福祉作出更多更大的贡献。"中国中医科学院院长张伯礼说:"我们应该学习屠呦呦研究员这种埋头苦干、潜心钻研、坚韧不拔、持之以恒的工作作风,去掉浮躁、淡泊名利,始终围绕科学目标脚踏实地勤奋工作。"

全国妇联给屠呦呦发来的贺信中说:"欣闻屠呦呦荣获2015年诺贝尔生理学或医学奖,这是全体中华儿女的光荣,更是全体中国女性的骄傲,全国妇联代表全国亿万妇女,向您致以热烈的祝贺和崇高的敬意。"

## 晚上看电视的时候,才知道得奖的

外界热闹,屠呦呦却出人意料地平静,"青蒿素的发现,是中药集体发掘的成功范例,由此获奖是中国科学事业、中医中药走向世界的一个荣誉。"

10月5日晚上8点18分,2015年诺贝尔生理学或医学奖揭晓近3小时后,有一位记者第四次才拨通了屠呦呦家的电话。这位记者一度以为他拨打的是一个错误的电话号码。正在犹豫之际,幸好第四次终于接通了。

"喂?"电话里传来的是一个有些低沉的女性声音。

"您好,请问是屠呦呦教授吗?"

"是的,您是哪位?"

"我是……不好意思这么晚打扰您,我们想简单采访一下您。"

“哦……今天已经有很多人打电话来了。”

“我只是想很简单地问问,尽量不耽误您休息。您是什么时候知道自己得奖的?”

“今天晚上看电视的时候才知道得奖的。”

获 2015 年生理学或医学诺贝尔奖的中国科学家屠呦呦

说起得知获得诺贝尔奖这件事，屠呦呦与很多诺贝尔获奖者在得知获奖消息后的反应大相径庭。开始屠呦呦还以为电视上说的是哈佛大学医学院颁发的华伦·阿尔波特奖的事,当确知是诺贝尔奖以后,她皱着眉头咕哝:“这个刚闹完,又出来个诺贝尔奖!”还仿佛这是一件陈年纠纷似地说:“就这点儿事呀,到现在都几十年了。”

电话那边记者不知道老太太想什么,还在继续追问:“这次能够获得诺贝尔奖,有意外的感觉吗?”

“没有什么特别的感觉。当然,有一些意外,但也不是很意外。”

“为什么这么说呢?”

“因为大家一起研究了几十年,能够获奖不意外。”

这时候一个男声接过电话说:“不好意思,她单位的同事来看她了。”然后这个男声对记者说“我是屠呦呦的爱人李廷钊”。李廷钊与屠呦呦是中学同学,也是宁波人。

“您是屠呦呦的爱人?请问对她的获奖您有什么想法?”

“就是为国家争光嘛。”

接着李廷钊说声对不起,因为要接待客人就挂断了电话。

## 中国本土科学家第一次获得诺贝尔奖

有的报道说这是中国科学家第一次获得诺贝尔科学奖,这种说法是不准确的。因为 1957 年杨振宁和李政道两位物理学家在获得诺贝尔物理学奖的时候,他们持的还是中国护照,因此他们获奖是以中国物理学家的身份获奖。

杨振宁在国内很多公共场所都一再提醒大家注意这一重要的事实："我获得诺贝尔奖的时候持的是中国护照！"正因为这样，后来有一年在瑞典召开诺贝尔奖获奖国的会议时，中国政府派了代表参加。

因此屠呦呦今年获得诺贝尔生理学和医学奖，不是中国科学家第一次获得科学奖，而只是第一个本土科学家获得这一大奖。这从屠呦呦的简历中可以清楚地看到这一点。

屠呦呦于 1930 年 12 月 30 日出生于浙江省宁波市。她的父亲经商，母亲没有工作，做家务。她出生后，父亲根据《诗经·小雅》的名句"呦呦鹿鸣，食野之蒿"，给女儿取名"呦呦"，寄托了屠呦呦父母对她的美好期待。"呦呦"是鹿鸣声，"食野之蒿"据宋代朱熹注称，"蒿即青蒿也"。

屠呦呦家位于开明街附近的旧居，现在已经成为宁波观光点。

为她命名的父亲，当时一定未曾想到女儿会与青蒿结下不解之缘。

她的家那时住在宁波开明街和莲桥街一带，离天封塔很近，那是非常典型的宁波老宅子，白墙黑瓦的两层老房子。当时家乡肆虐的疟疾，给儿时的她留下了深刻的印象；还有自幼耳闻目睹中药治病的奇特疗效，因此从小她对中药就有了深刻印象，这促使她后来去探索其中的奥秘。

1948 年，屠呦呦进入宁波有名的效实中学。效实中学创办于 1912 年，原来是一所私立中学，1938 年设分校于上海；1956 年改为公立，更名为"宁波第五中学"，1980 年又复名"宁波效实中学"。效实中学现在是浙江省一级重点中学，2000 年被批准为教育部"现代教育技术实验学校"，2014 年被确认为首批浙江省一级普通高中特色示范学校。

高三时屠呦呦转入宁波中学，这所中学也是一所中国著名的中学。在屠呦呦就读宁波中学时的 1951 届，更是一个具有传奇性的年级，出了一大批全国顶尖的专家学者、科学家、院士。据屠呦呦当时同学说，屠呦呦刚转入宁波中学的时候，在这么多优秀的同学中她各学科的成绩大多平平，但是高三时急起直追，顺利考入北京大学。宁波中学至今共出了11位院士，截至1951届时有7位，1951届后又有4位。

1951年，屠呦呦考入北京大学医学院药学系，她选择的专业是当时一般学生不太感兴趣的生物医学，但是她觉得生物医学专业最有可能接近探索具有悠久历史的中医药领域，符合自己的志趣和理想。从此她就和天然药物的研发和应用结下不解之缘。在大学4年期间，屠呦呦学习努力，取得了优良的成绩。在专业课程中，对植物化学、本草学和植物分类学，她尤其有兴趣。

1955年大学毕业后，屠呦呦分配在卫生部中医研究院（现中国医学科学院）中药研究所工作，一直工作到现在。

由屠呦呦的成长和求学经历来看，她全部的教育以及研究都是在国内进行，因此她是货真价实的中国本土科学家。而此前我们讲到的八位华裔诺贝尔科学奖获得者，除了杨振宁和李政道获奖时是中国公民以外，其他几位在获奖的时候都已经加入了外国籍。但是，杨、李二位受到的研究生教育（杨振宁是博士研究生教育，李政道是硕、博研究生教育），以及他们的研究都是在美国完成的，因此他们不能算是中国本土科学家。日本、印度也有少数获得诺贝尔奖的科学家是他们国家的本土科学家，如日本的汤川秀树和印度的拉曼，都和屠呦呦一样，是他们国家本土科学家。

2015年10月屠呦呦获得诺贝尔生理学或医学奖以后，母校效实中学的各地校友会共同倡议，将自筹制作资金为屠呦呦竖立铜像。铜像确定由著名雕塑家、南京油画雕塑院院长王洪志学生制作，铜像将放置在效实中学校园内。

## 在屠呦呦的心里，只有研究是第一位的

1964年美国悍然出兵越南后，越美双方都因地方性疾病——恶性疟疾造成严重减员。那时恶性疟疾致死人数甚至多于战斗减员的人数。但当时传统治疗恶性疟疾的药物都已经因为种种原因而失效，因此双方都急于寻找更有效的治疗恶性疟疾的方法。

1967年5月23日，中国人民解放军总后勤部和国家科委在北京召开了

抗药性恶性疟疾防治全国协作会议，组织60多家科研单位协力攻关，制定了三年科研规划，称为“523任务”（或称“523项目”，因为开会第一天是5月23日），屠呦呦参加的研发抗疟疾药物的这一项目，正是在战争背景下开展的。

屠呦呦回忆说：“那时这件事比打仗死伤人数还要高，以前的治疗方法因为抗药性都开始失效，因此双方都急于研究，寻找新的药物治疗。”越南当时处于战争期间没有精力做研究，就只好向中国求助。当时中越是“同志加兄弟”的亲密关系，中方答应了越南的请求。

在获诺奖后记者采访时，屠呦呦平静地说起接受“523任务”的事情时说：“交给你任务，对我们来说，就是努力工作，把国家任务完成。任务一来孩子一扔，就走了。”

屠呦呦被派去海南岛，在苏联学过冶金的老伴李廷钊被派去云南的“五七”干校。一家人天各一方。老伴李廷钊曾低调地说：“别人抗美援朝命都丢了，我们作这点贡献算什么！”

没有人比李廷钊更了解他的妻子，她不怎么会做家务事，买菜做饭都要丈夫帮忙。有一次坐火车外出开会，她想在中途停靠的时候下车走走，竟然忘了按时上车，结果被落在了站台上。

屠呦呦常常开玩笑地说：“别人还以为我有生活秘书，其实他就是我的秘书。”

自这一任务开始，屠呦呦和她的研究组就开始了长期从事中药和中西药结合研究。屠呦呦创造性地从《肘后备急方》等中医古典文献中获取灵感发现了青蒿素，并由此开创了疟疾治疗新方法。

屠呦呦领导科研组从系统整理历代医学入手，收集二千多种方药，归纳编纂成《抗疟方药集》，又从中选出200多方药，以现代科学组织筛选，不断改进提取方法，终于在1971年发现抗疟新药“青蒿素”对鼠疟、猴疟均具有100%的抗疟作用。此后在全国协作下，验证病例2000多起，确证青蒿素为“高效、速效、低毒”的抗疟新药，特别对抗氯喹恶性疟有特效。接着她又首先发现“双氢青蒿素”，研制出“复方双氢青蒿素”，把药效扩展到免疫领域。

青蒿素的发现不仅找到了一个抗疟新药，而且为寻找抗疟药开辟了一条新的途径，促使世界上很多国家对青蒿素展开进一步的研究，挽救了全球发展中国家数百万人因为疟疾而带走的生命。

屠呦呦因为这一重大贡献，多次受到国家高规格嘉奖。1984 年她被国家授予第一批“中青年有突出贡献专家”，1990 年第一批享受政府特殊津贴，1992 年由中国中医研究院授予最高荣誉奖和终身研究员称号，1994 年被中央国家机关授予“十杰妇女”称号，1995 年出席全国劳动模范和先进工作者表彰大会，由国务院授予“全国先进工作者”称号，同年以“中国政府代表团”代表的身份出席“第四届世界妇女大会”，并再次出席全国科学技术大会。2004 年获泰国“玛希顿皇家医学奖”（Prince Mahidol Award）。2011 年获得“拉斯克－狄贝基临床医学研究奖”（Lasker DeBakey Clinical Medical Research Award）。

拉斯克奖是国际上很有名的大奖，这个大奖被科学界誉为诺贝尔奖风向标，也就是说获得这个奖的科学家绝大部分不久将有极大的可能获得诺贝尔奖。当宁波中学校友会会长陶瑜瑾说：“她非常低调，在获奖后，很多亲友和相关单位都向她发来贺电，也表示要前去拜访，也有人通过我表示了这个意思。但是她都婉言谢绝了，更是拒绝了媒体采访，她一直说谢谢大家，心意我领了，但请大家理解。”

屠呦呦获拉斯克奖

屠呦呦说过的一段话，尤其让陶瑜瑾感动：

> 我是搞研究的，只想老老实实做学问，把自己的事情做好，把自己的课题做好，没有心思想别的。我这把年纪了，从来没有想到去国外，也从来没想去获奖。青蒿素的研究，其实不是我一个人的功劳，是我们团队的成果。

陶瑜瑾说：“我也是做科研的，非常理解屠呦呦的这种心情，在她的心里，只有研究是第一位的，只有造福患者是最重要的，名利之类看得非常淡泊。”

## 屠呦呦的重大贡献

人民日报驻南非记者蒋安全、倪涛和李志伟在2015年10月7日《人民日报》报道：疟疾是威胁人类生命的一大顽敌，在青蒿素问世和推广前，全世界每年约有4亿人次感染疟疾，至少有100万人死于这种病。但如今，以青蒿素类药物为主的联合疗法已经成为世界卫生组织推荐的抗疟疾标准疗法。世卫组织认为，中国作为抗疟药物青蒿素的发现方及最大生产方，在全球抗击疟疾进程中发挥了重要作用。尤其在疟疾重灾区非洲，青蒿素已经拯救了上百万生命。根据世卫组织的统计数据，自2000年起，撒哈拉以南非洲地区约2.4亿人口受益于青蒿素联合疗法，约150万人因该疗法避免了疟疾导致的死亡。

只有80多万人口的科摩罗被称“月亮之国、香料之国”，是非洲一个位于印度洋上的岛国。自2007年科摩罗在中国广州中医药大学的帮助下开始实施“青蒿素复方快速灭疟项目”以来，感染疟疾的病例已从2006年的10.8万多例，下降到2014年的2154例。科摩罗副总统兼卫生部长福阿德·穆哈吉，对本报记者盛赞科中两国灭疟项目取得的巨大成功。他说，这对我们所有的家庭来说都是一个福音，过去科摩罗每个家庭都时常会有人因为疟疾住院，住院率高达42%。去年科摩罗因疟疾住院的人数已降为零，并且不再有任何死亡病例。这不仅是在卫生领域，更是在社会、经济发展领域取得的巨大进步。

塞内加尔记者阿达马·盖伊的《中国与非洲》一书，开篇就把青蒿素的发现与非洲联系在一起，认为“非洲应当铭记这一发现”。他在书中写道：“在非洲大陆每30秒就有一名儿童死于疟疾，而两千多年来……没有任何一款抗疟药品像青蒿素这样孕育如此之大的希望。”

由此可以看到，以屠呦呦研究组为首的研究成果，多么重要。

屠呦呦作为这一药物的主要发现者，她的贡献归纳起来主要有以下4点。

### 1.抗疟新药青蒿素的第一发明人

1972—1973年，屠呦呦研究组在海南昌江疟疾区做首次临床研究，证实青蒿素具有胜于氯喹的满意疗效，抗疟新药——青蒿素由此诞生！1972年在分离得到青蒿素单体后，他们又开始进行青蒿素的化学结构研究，先后与中国科学院有机所和生物物理所协作，最终用X衍射方法确定了青蒿素的立体结构（结构图可参看下面屠呦呦编著《青蒿及青蒿素类药物》一书封面上青蒿素结构图）。青蒿素是一个具有过氧基团的新型倍半萜内酯，也是一个与过去抗疟药结构完全不同的新抗疟药，打破了过去认为"抗疟药必须含氮杂环"的断言。为此青蒿素的发现不仅找到了一个能解决抗疟疾的新药，而且为寻找新的抗疟药开辟了一条新的途径。1985年青蒿素获卫生部实施新药审批办法后的第一个《新药证书》（86-X-01号）。1981年应WHO（World Health Organization，世界卫生组织）要求，北京召开"青蒿素"专题的国际会议，屠呦呦以"青蒿素的化学研究"为题，第一个作报告，获得高度评价，认为"青蒿素的发现不仅增加一个抗疟新药，更重要的意义还在于发现这一新化合物的独特化学结构，它将为合成设计新药指出方向"。由此带动国际抗疟领域工作的新进展，也促使世界上很多国家对青蒿素展开进一步的研究。青蒿素是当前中国被国际承认的唯一创新药物。现在世界多国均已广为应用，产生很大的社会效益和经济效益。

### 2.首先发现双氢青蒿素

在研究青蒿素化学结构中，屠呦呦于1973年首创其还原衍生物——双氢青蒿素。这在青蒿素类药物研究上有重大的意义：（1）确证青蒿素结构中羟基的存在；（2）由双氢青蒿素结构中的羟基得以制备各类青蒿素衍生物，增效并扩大生物活性，促使当今国内外对青蒿素类药物研究不断深入，更好为人类保健作贡献；（3）经屠呦呦负责的科研组7年努力，得以创制出临床药效高于青蒿素10倍，且复发率低至1.95%的新一代抗疟药，被认为是当前青蒿素类药物之优选药物，现已大批生产，经销国际市场，被认为是"国际上治疗各型疟疾的较理想口服治疗药"。

### 3.机理方面的进一步研究

为防止青蒿素抗药性的产生，保护青蒿素的临床使用寿命，避免滥用，与首都医科大学合作，就"双氢青蒿素对约氏疟原虫在蚊体内发育的影响"进行研究，发现青蒿素影响约氏疟原虫配子体感染性，但对蚊体内子孢子增值期不起抑制作用，即未能抑制卵囊继续发育到子孢子。提示青蒿素类药物不能用于疟疾预防。这一研究结果为当前有人将其用于预防提出了警示。

4.药效扩展至免疫领域

经研究发现，双氢青蒿素在免疫领域具有良好的双向调节作用，既能降低B细胞高反应性以减少免疫复合物沉积所致的自身免疫病，又可提高T细胞的免疫功能。在北京医学院有关部门支持下，双氢青蒿素已经用于治疗红斑狼疮和光敏性疾病。经临床100例疗效初步观察，总有效率94%，显效率44%。

## 屠呦呦获诺奖带来的启示

1.集体与个人贡献的关系

在1979年发表的关于青蒿素的第一篇英文报道中，包括屠呦呦在内的所有作者和研究人员都隐去了自己的名字。正是不署名这件事引起后来无穷的争论。

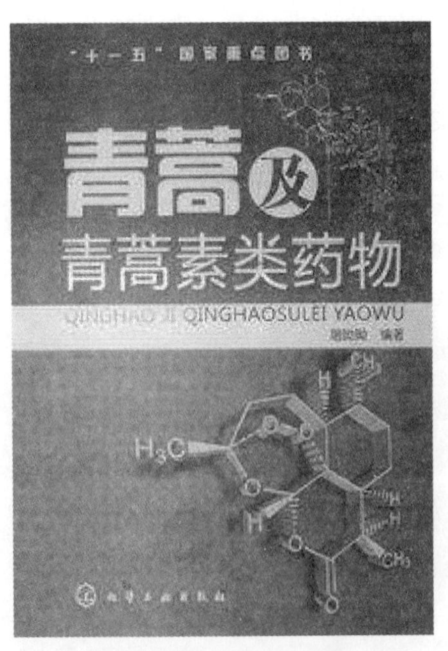


《青蒿及青蒿素类药物》，屠呦呦编著，化学工业出版社，2009年。封面右下方是青蒿素分子结构图。

著名科学家饶毅教授说："在'文革'期间，中国的所有文章(无论是论文还是报刊上的文章)，除了毛泽东的出版物和马列经典外，几乎都不标明作者，特别是个人作者，要么不标作者，要么用集体作者。为了平等而取消标明作者，带来其后更多争论，颇具讽刺意味。"

无论是拉克斯奖，还是这一次的诺贝尔奖颁发给屠呦呦之后，在国内都先后掀起了激烈的争论。反对者认为把发现青蒿素的功劳记在屠呦呦一人名下显然有失公道，认为这一发现绝对应该是集体的功劳。还有不少人认为青蒿素是自己首先发现的……如此等等,一时争论得不可开交。

面对疑问,屠呦呦曾对媒体表示:“青蒿素的事乱了,大家都要说是自己弄的,实际上这可能吗?科学就应该讲究实事求是的,所以呢我就不想再谈这些问题了,你要是信任的,就相信我的那本书[①],那里面已经说得很清楚了,我这本书实事求是,是根据事实写的。”

国内这边争吵不休,国外倒是抱打不平起来。全球最大的、以研究开发为基础的跨国制药企业之一的葛兰素史克中国研发中心副总裁鲁白告诉《时代周报》记者说:“屠呦呦创造了用乙醚来制取青蒿素的方法,这是最原创最重要的发现,后来对青蒿的研究贡献也很多,但都是‘锦上添花’。”

之所以国内有这样激烈的争论,大部分国人认为这一争论实际上应该归咎于我国在 1980 年代以前,过分强调集体主义和严厉批判个人主义价值观所致。1980 年荷兰学者霍夫斯泰德的“文化维度理论”中认为,个人主义与集体主义是文化维度中的一个重要的维度。他认为价值观念与文化是密切相融的,不同文化背景下的人有不同的价值观念。集体主义中存在一个“群体取向”的维度,也就是说,在重视国家、社会利益的情况下,个人利益可以忽视,“自我”可以缺乏和丧失。而在个人主义中,强调“我”而不是“我们”。

正因为如此,屠呦呦参加的“523 项目”,在 1978 年最终官方认定的结论是:“这是我国科技工作者集体的荣誉,6 家发明单位各有各的发明创造。”

至今还有很多人坚持这一认定。持这种观点的人认为屠呦呦的署名和屡次获奖,是对集体主义的“叛离”。屠呦呦获得拉斯克医学奖后,更是为这一争议加油添火,重新点燃更加激烈的争议:“难道应该把集体研发出的强有力抗疟药物归功于一个人?”到了屠呦呦获得诺贝尔奖的时候,争议就越来越严重,争论点聚焦于:“以集体项目收获极高的个人荣誉,这合理吗?”

与此同时也有人提出:“科学研究是一种探索性很强的活动,为了尽快实现科研集体的预定目标,就要求这个集体中的个人必须最大限度地发挥能动作用。”

互联网上不少人开始对中国集体主义价值观普遍性的认知进行了反击,

① 指的是屠呦呦编著的《青蒿及青蒿素类药物》一书。本书是第一部系统阐述青蒿素的发现和发展历程的专著。系统论述青蒿的本源,青蒿素的原创发明,其第一个衍生物——双氢青蒿素的创制及其后的青蒿素类药物研究,旨在明确表达青蒿素的发现和发展历程。

在大量评论中，超过九成的网友力挺屠呦呦，对集体主义制度抹杀科学家个人功劳表示不满，认为屠呦呦获奖理所当然，应该反思的是中国现行科研制度。

这一争论表明，国内舆论已经开始为个人主义正名。不少网友引用诺贝尔生理学或医学奖组委会秘书格兰·汉森的意见：

> 毕竟，个体才能做出发现，而不是组织。在组织和机构变得愈发重要和有权力的时代，从中辨识出真正具有创造力并改变了世界的个体也变得愈发重要。

个人主义价值观作用正日益受到重视，类似屠呦呦这样"集体主义中的另类"肯定会越来越多，尤其在青年一代之中。

北京大学饶毅教授严正表示：青蒿素的发现被归功于屠呦呦是因为：屠呦呦提出用乙醚提取，对于发现青蒿的抗疟作用和进一步研究青蒿都很关键；具体分离纯化青蒿素的钟裕容，是屠呦呦研究小组的成员；其他提取到青蒿素的小组是在会议上得知屠呦呦小组发现青蒿粗提物高效抗疟作用以后进行的，获得纯化分子也晚于钟裕容。

可以肯定的是，这一争论将有益于中国科学事业的发展！

### 2.中国传统医学与现代科学之间的关系

屠呦呦获得诺奖还引发了中西医之争。公开的资料显示，给屠呦呦得到灵感的《肘后备急方》是古代汉医方剂著作，为东晋时期葛洪所著，是中国第一部临床急救手册。书中对天花、恙虫病、脚气病以及恙螨等的描述都属于首创，尤其是提倡用狂犬脑组织治疗狂犬病，被认为是中国免疫思想的萌芽。

有趣的是《肘后备急方》本身并没有特别突出用青蒿治疗疟疾这一药方，但屠呦呦和其研究团队研制成功后，这本药书也以此为卖点，在封面上大字标明"国家一类药物'青蒿素'就源自该书治疗疟疾的一首单方"。

因此屠呦呦的获诺奖，使得传统医学和现代医学之争的硝烟再次燃起，中西医的拥护者们各执一词，争得不可开交，以至于在中国中医科学院在屠呦呦获奖后的新闻发布会上，院长张伯礼也被问到了这个问题。

张伯礼说：中医药有几千年的历史，是老祖宗给留下的非常有价值的一座宝库，有很多东西都值得后人深入挖掘。但是，张伯礼也坦言，中医药毕竟是几千年前留下的东西，现在研究必须取其精华，同时结合现代的科学技术方法，把二者巧妙结合。“中医原创的思维、原创的经验和现在的科技结合，就是原创性的成果。实际上，青蒿素的研究就是这条路径。”张伯礼表示，“屠老师得奖对我们研究的方向和策略是个鼓舞，我们会更加大胆、深入地提取中医药的精华，更加大胆地结合现在的科学技术，做出更多贡献，解决更多问题，不但服务于中国人民，也服务于世界人民。诺奖的大门已经打开了，中国科学家们会不断去冲击，会不断有人获得这个奖项。”

屠呦呦接受诺贝奖证书

“目前对我们误解的地方太多。比如某些人本身对中药并不了解，讲很多不负责任的话。”的确，很多完全不懂中医的人，在不同论坛上发表很多误导听众的意见，这种现象必须制止。张伯礼呼吁社会给中医药一点时间，让中医科研工作者静下心来努力去工作，拿出过硬的、可信的证据，就会逐渐被大家所接受。在他看来，中医药被广泛认可，只是一个时间问题。

### 3.质疑院士评选机制

屠呦呦的获奖，还引来了对国内院士评审机制的质疑。能够获得国际上大奖的科学家，却不是院士；而且几次参加评选都没有评选上。这件事本身就是一个巨大的讽刺！这种现象必然会使得许多人对院士评选机制产生疑问。不少人认为评选中过多地关注论文，而不是实际贡献。中国工程院院士的张伯礼对此很遗憾地说：“青蒿素的成果在国内外一直是被公认的，屠老师个人却很长时间没有得过大奖，或者说得到一个应该有的名分。”“不能唯论文论，更要看到一个人实际的业绩。”

4.失败乃成功之母

屠呦呦团队获得的成功，是在历经了190次的失败之后才迟迟而至的。

2015年，屠呦呦一篇题为《青蒿素的发现——中药的馈赠》论文，在世界最著名的科学月刊《自然》上发表，屠呦呦在文中谈到献身科研过程中一些鲜为人知的故事。

“我们调查了2000多种中草药制剂，选择了其中640种可能治疗疟疾的药方。最后，从200种草药中，得到380种提取物用于在小白鼠身上的抗疟疾检测，但进展并不顺利。”

屠呦呦获奖时坐在第一排右起第三位

“西晋葛洪的处方给了我灵感。1971年10月4日，我第一次成功地用沸点较低的乙醚制取青蒿提取物，并在实验室中观察到这种提取物对疟原虫的抑制率达到了100%。这个解决问题的转折点，是在经历了第190次失败之后才出现的。

“青蒿素治疗疟疾在动物实验中获得了完全的成功，那么，作用于人类身上是否安全有效呢?为了尽快确定这一点，我和同事们勇敢地充当了首批志愿者，在自己身上进行实验。在当时没有关于药物安全性和临床效果评估程序的情况下，这是用中草药治疗疟疾获得信心的唯一办法。

“在自己身上实验获得成功之后，我们课题组深入到海南地区，进行实地考察。在21位感染了疟原虫的患者身上试用之后，发现青蒿素治疗疟疾的临床效果出奇之好。

“很难描述自己的心情，特别是在经过了那么多次的失败之后，当时自己都怀疑路子是不是走对了，当发现青蒿素正是疟疾克星的时候，那种激动的心情是难以表述的。成功是在历经了190次的失败之后，才姗姗来迟的。”

当时由于科研条件简陋环境差，盛放乙醚浸泡青蒿的大缸，时时发出刺鼻的气味……后来，屠呦呦还因此得了中毒性肝炎。但是这些困难都没有吓倒屠呦呦和她的研究小组成员们。

正是这种不畏失败的精神，不畏艰难的精神，使她和她的研究组获得成功，并获得来之不易的荣誉。